Fußball-WM

2002

Alle Spiele
Alle Tore
Alle Teams

Ullstein

Die WM 2002 war

kämpferisch

Miroslav Klose im Duell mit dem südkoreanischen „Fußball-Krieger" Tae Young Kim, der wegen gebrochener Nase mit Gesichtsmaske spielt

Die WM 2002 war

dramatisch

Hoch gewettete Favoriten schieden frühzeitig aus: Frankreich, Argentinien, Italien, Spanien. Auch die Portugiesen (Foto) mussten ins Gras beißen

4

Die WM 2002 war
leidenschaftlich
Kameruns Trainer Winni Schäfer durfte so nur einen Sieg seiner Mannschaft (I:0 gegen Saudi-Arabien) bejubeln

Die WM 2002 war

mitreißend

Oliver Neuville und seine Mannschaftskameraden kämpften sich ins Finale und in die Herzen der Fans

Die WM 2002 war
farbig
Der tunesische Referee Mourad Daami
staunt über den spektakulären Fallrückzieher
des Ekuadorianers Marlon Ayovi

Die WM 2002 war

tragisch

Michael Ballack schießt
Deutschland ins Finale. Darf aber
im Endspiel wegen seiner
zweiten Gelben Karte (Sperre)
nicht dabei sein

8

Die WM 2002 war

versöhnlich

Sensationell das Vordringen
Deutschlands bis ins
Endspiel – vor allem dank
Kahn. Rudi Völler tröstet
den Pechvogel des
Finales

Die WM 2002 war
triumphal
Brasilien gewinnt zum
fünften Mal die
Weltmeisterschaft.
Ronaldinho (l.)
und Rivaldo küssen
den Cup

INHALT

Endlich WM!
Lasst die Bälle tanzen

Rudi, haudi Saudi

Jungs, ihr macht uns stolz!

WM-Held Klose
Für sie schließt er seine Tore

Winni heute wirst du rasiert!

2:0 Jaaa!
Wir haben Winnis Skalp

Werden wir jetzt Weltmeister?

Jaaaa!
Nein!

Fritz Walter †
Jungs, jetzt holt für ihn den WM-Titel!

Ami, go home!

Finale!!!
Ballack
Weinkrampf in der Kabine

Yes, wir sind im Halbfinale
1:0 Kahn schlägt Amerika

Kampf, Kampf, Kahn!

Finale!!!
Ballack
Weinkrampf in der Kabine

Brasilien, na und...

Kahn verspricht
Wir werden Weltmeister!

1954, 1974, 1990... es ist wieder Zeit
Bitte komm nach Hause!

Kahn, unser tragischer Held
Hier tröstet ihn seine Mutter

Liebe Leser,

unsere Nationalelf, unsere Helden. Wer hätte das gedacht, dass unsere Jungs so weit kommen. Von Spiel zu Spiel haben sie sich immer mehr in unsere Herzen gestürmt.

Die Fußball WM 2002 - vier Wochen lang haben wir mit Völler & Co gezittert und gefeiert. Und BILD war immer dabei. Für alle Fans haben wir das Beste aus BILD und aus dem „BILD Spezial" zur WM noch einmal als Buch zusammengefasst. Alle Spiele Tag für Tag. Alle Mannschaften, alle Spieler, alle Tore. Erleben Sie die WM noch einmal.

Viel Spaß!

Ihr BILD-Team

Tanz, Feuerwerk und gute Laune

Feuer und Flamme für die WM: Ein grandioses Feuerwerk stimmt auf das Turnier ein

Mitwirkende in traditionellen, farbenprächtige Kostümen

Südkoreas Präsident Kim Dae-Jung und der japanische Premierminister Junichiro Koizumi

So
wünschen wir uns eine
Eröffnungsfeier! Knackige
40 Minuten. Vollgepackt mit Feuerwerk, Tanz,
Kultur und guter Laune. 2300 Teilnehmer
zauberten eine Gänsehaut-Atmosphäre ins World-
Cup-Stadion. Motto: „Aus dem Osten". Und der
Wettergott hob sich den Nieselregen auch für das Spiel
auf. Fedor Radmann vom deutschen WM-Organisations-
Komitee: „Eine tolle Veranstaltung!" Jede Menge
Fußball-Prominenz auf der Tribüne: Unter anderem
Franz Beckenbauer, Michel Platini und
Eusebio.

Beschwingt feiern asiatische Tänzerinnen am
Eröffnungstag im World-Cup-Stadion von Seoul

Mit Pauken, aber ohne
Trompeten

Phantasievoll gekleidete junge Frauen
bezaubern auf dem Rasen

Deutschland schießt WM-Rekord

ALLE SPIELE
ALLE GRUPPEN
TAG FÜR TAG

GRUPPE A
Frankreich, Senegal, Uruguay, Dänemark

GRUPPE B
Spanien, Slowenien, Paraguay, Südafrika

GRUPPE C
Brasilien, Türkei, China, Costa Rica

GRUPPE D
Südkorea, Polen, USA, Portugal

GRUPPE E
Deutschland, Saudi-Arabien, Irland, Kamerun

GRUPPE F
Argentinien, Nigeria, England, Schweden

GRUPPE G
Italien, Ekuador, Kroatien, Mexiko

GRUPPE H
Japan, Belgien, Russland, Tunesien

Die WM-Schlagzeile des Tages

Gruppe A 31. Mai · 20.30 Uhr		Seoul (KOR)
Frankreich –	Senegal	0:1

Frankreich: Barthez – Thuram, Leboeuf, Desailly, Lizarazu – Vieira, Petit – Djorkaeff (60. Dugarry) – Wiltord (81. Cisse), Henry, Trezeguet

Senegal: Sylva – Coly, Diatta, P. M. Diop, Daf – Cisse – Moussa Ndiaye, Diao, P. B. Diop, Fadiga – Diouf

Tore: 0:1 P. B. Diop (30.) **Ecken:** 10:0 **Schiedsrichter:** Ali Bujsaim (Vereinigte Arabische Emirate) **Zuschauer:** 62.561 **Gelbe Karten:** Petit – Cisse **Gelb/Rote Karten:** keine **Rote Karten:** keine

Tabelle Gruppe A		Tore	Punkte
1	Senegal	1:0	3
2	Dänemark	0:0	0
3	Uruguay	0:0	0
4	Frankreich	0:1	0

WM-NEWS

Umfrage: Viertelfinale drin

■ Jeder zweite Deutsche (52 Prozent) glaubt, dass unser Team mindestens bis ins Viertelfinale kommt. Ergebnis einer Forsa-Umfrage für BILD-WOCHE. 25 Prozent sehen Rudis Jungs im Achtelfinale, 13 Prozent im Halbfinale. An den WM-Titel glauben aber nur 2 Prozent.

Beckham ist fit

■ Englands Superstar David Beckham ist fit. Nach überstandenem Mittelfuß-Bruch wird der Kapitän am 2. Juni gegen Schweden spielen. Beckham: „Die vielen guten Wünsche, von der Familie bis zur Königin, haben mir geholfen."

Kein Bier in Japan

■ Deutschen Fans droht beim ersten Spiel in Sapporo ein Bierverbot. Ein Polizeisprecher: „Sollten einige Fans im Vorfeld Ärger machen, gibt's kein Bier."

Kein Keane-Ersatz

■ Irland darf für seinen suspendierten Star Roy Keane keinen Spieler nachnominieren. FIFA-Sprecher Cooper: „Keane ist nicht verletzt, also darf er nicht ersetzt werden." Kamerun-Trainer Winni Schäfer findet, dass sein erster WM-Gegner „ohne Keane viel gefährlicher ist. Die Iren werden noch mehr zusammenrücken."

1. Mega-Sensation – Medizinmann-Zauber oder was?

Papa Bouba schoss den Weltmeister ab

Happy Senegal

Papa Bouba Diop (2.v.r.) schoss Titel-verteidiger Frankreich k.o., tanzte danach mit den Mitspielern um sein Trikot

Der Fluch der Eröffnungsspiele – jetzt hat es auch Frankreich erwischt! Mit gesenkten Häuptern schlichen die Spieler des Titelverteidigers nach der sensationellen 0:1-Schlappe gegen Senegal vom Platz, sind damit das sechste Weltmeister-Team seit 1974, das sein Auftaktspiel nicht gewinnen konnte.

62 561 Zuschauer im World-Cup-Stadion von Seoul feierten begeistert die erste Mega-Sensation der WM – und den ersten Helden des Turniers: Papa Bouba Diop (24). Der Mittelfeldmann macht mit seinem Treffer in der 30. Minute den historischen Sieg für Senegal (erste WM-Teilnahme) perfekt, jubelte nach dem Abpfiff: „In ganz Afrika ist heute Feiertag!" In Senegals Hauptstadt Dakar tanzten Zehntausende auf den Straßen, feierten den süßen Triumph über ihre ehemalige Kolonialmacht Frankreich.

Mon dieu – Papa Bouba schoss den Weltmeister ab! Oder war es doch die Hexenkraft eines senegalesischen Medizinmannes? Der hatte behauptet, die Verletzung von Frankreichs Super-Star Zinedine Zidane (Muskelfaserriss) durch einen Trommelzauber bewirkt zu haben.

Der Mann wusste, was er tat! Denn ohne ihren Mittelfeld-Dirigenten vergeigten die Franzosen das Spiel komplett. Behäbig und ideenlos (ganz schwach: Zidane-Ersatz Youri Djorkaeff) rannten sie gegen das afrikanische Abwehr-Bollwerk an. David Trezeguet (23.) und Thierry Henry (67.) trafen Pfosten und Latte. Nationaltrainer Lemerre trotzdem zuversichtlich: „Es ist nichts passiert. Wir gewinnen die nächsten beide Spiele und kommen weiter."

In dieser Form müssen die Franzosen allerdings aufpassen, dass sie nicht schon nach der Vorrunde wieder abreisen...

Der erste WM-Held

Papa Bouba Diop

BILD hat es prophezeit

Die BILD-Überschrift vor dem Eröffnungsspiel: „Stolpert heute schon der Weltmeister? Vieles spricht für die erste Sensation"

Hilflos!

Zinedine Zidane (kl. Foto l.) musste den Siegtreffer Senegals (Bild unten) von der Bank aus verfolgen

Zu früh gefre Winni!

Gruppe E
01. Juni · 15.30 Uhr — Niigata (JPN)

Irland	–	Kamerun	1:1

Irland: Given – G. Kelly, Breen, Staunton, Harte (77. Reid) – McAteer (46. Finnan), Kinsella, Holland, Kilbane – Duff – Keane

Kamerun: Boukar – Song, Kalla, Tchato – Geremi, Foe, Wome – Lauren, Olembe – Eto'o, Mboma (69. Suffo)

Tore: 0:1 Mboma (39.), 1:1 Holland (52.) **Ecken:** 8:8
Schiedsrichter: Toru Kamikawa (Japan) **Zuschauer:** 33.679
Gelbe Karten: McAteer, Finnan, Reid – Kalla **Gelb/Rote Karten:** keine **Rote Karten:** keine

Tabelle Gruppe E

			Tore	Punkte
1		Deutschland	8:0	3
2		Irland	1:1	1
3		Kamerun	1:1	1
4		Saudi-Arabien	0:8	0

Gruppe A
01. Juni · 18.00 Uhr — Ulsan (KOR)

Uruguay	–	Dänemark	1:2

Uruguay: Carini – Sorondo, Montero – Mendez, Rodriguez (86. Magallanes) – Garcia, Guigou – Recoba (80. Regueiro) – Varela – Silva, Abreu (88. Morales)

Dänemark: Sörensen – Helveg, Laursen, Henriksen, Heintze (57. N. Jensen) – Töfting, Gravesen – Tomasson – Rommedahl, Grönkjaer (70. Jörgensen), Sand (88. Poulsen)

Tore: 0:1 Tomasson (45.), 1:1 Rodriguez (46.), 1:2 Tomasson (82.)
Ecken: 8:7 **Schiedsrichter:** Saad Mane (Kuwait) **Zuschauer:** 30.157 **Gelbe Karten:** Mendez – Heintze, Laursen **Gelb/Rote Karten:** keine **Rote Karten:** keine

Tabelle Gruppe A

			Tore	Punkte
1		Dänemark	2:1	3
2		Senegal	1:0	3
3		Uruguay	1:2	0
4		Frankreich	0:1	0

WM-NEWS

Teure Schwalben

■ Schauspielernde WM-Kicker müssen blechen. Für Schwalben verhängt die FIFA Strafen von 2000 Schweizer Franken (1367 Euro). Aber nur, wenn's der Schiri gesehen hat. Der TV-Beweis zählt nicht. Die Summe gilt auch für das zerreißen gegnerischer Trikots und die zweite Gelbe Karte.

Top-Stürmer

Kameruns Patrick Mboma schoss die Führung in der 39. Minute. Dafür gab's ein Sonderlob von Legende Roger Millar

Er jubelte, dass die Haare nur so flogen. Doch am Ende zog Kameruns Trainer Winni Schäfer doch ein langes Gesicht...

1:1 zwischen unseren Gruppengegnern Irland und Kamerun. Das ist gut für uns. Wir sind Tabellenführer, die anderen haben 2 Punkte Rückstand. Und: Beide hatten eine rabenschwarze Halbzeit. Premiere-Kommentator Lothar Matthäus: „Wir müssen uns vor keinem fürchten."

Eine Partie mit zwei grundverschiedenen Halbzeiten.

Kamerun begann stark, leichtfüßig, spielte seine technische und läuferische Überlegenheit aus. Vor allem das Sturmduo Eto'o und Mboma wirbelte die irische Abwehr durcheinander. Kameruns Legende Roger Millar: „Das ist eines der besten Sturmpaare dieser WM."

Was die beiden in der 39. Minute zeigten, war tatsächlich Weltklasse. Eto'o setzte sich auf der linken Seite durch, passte auf Mboma, der aus fünf Metern zum 1:0 traf. Kameruns Trainer Winni Schäfer hüpfte in seinem dunklen Anzug an der Außenlinie wie ein Gummiball auf und ab. Zu früh gefreut, Winni! Oder: Ir(r)en ist menschlich...

Denn bei den Iren, von denen bis dahin nichts zu sehen war, erwachte nach dem Seitenwechsel der Kampfgeist. Kamerun ließ sich den Schneid abgrätschen.

Die Afrikaner völlig aus dem Rhythmus: „Wir haben uns da viel zu sehr hinten reindrängen lassen", so Rigoberto Song. Die von ihm organisierte Abwehr zeigte unter dem Druck deutliche Schwächen.

Wie beim 1:1 in der 52. Minute durch Matt Holland aus 25 Metern. Möglich wurde das Tor erst durch die zu kurze Kopfball-Abwehr des künftigen Bochumers Raymond Kalla. Die Iren hätten sogar siegen können, doch der Knaller von Robbie Keane klatschte gegen den Pfosten (83. Minute).

Die Iren feierten das Unentschieden wie einen Sieg. „Mit dieser Moral und diesem Einsatz brauchen wir uns vor Deutschland nicht zu fürchten", so Trainer Mick McCarthy. „Wir haben keine Angst."

Winni Schäfer nach dem Spiel enttäuscht: „Ich wollte es zwar eigentlich nicht, aber ich befürchte, dass das letzte Spiel gegen Deutschland das entscheidende wird."

Zu spät

Der Ire Matt Holland (l.) versuchte vergebens, Kameruns Super-Stürmer Mboma am Torschuss zu hindern

Tomasson schießt Urus ab. Und erinnert an 1992

Da wurde der Außenseiter Europameister

Danish Dynamite hat die WM-Lunte gegen Uruguay gezündet – und im Angriff explodierte Jon Dahl Tomasson (25/Rotterdam)!

Der Doppelpack-Däne: Das 1:0 ein präziser 8-Meter-Schuss unter die Latte (45.), der 2:1-Siegtreffer ein exakter Kopfball, Unterlatte, drin (83.). Tomasson: „Denen haben wir es gezeigt. Jetzt wollen wir ins Achtelfinale. Vor der EM '92 war Dänemark ja auch nur Außenseiter, und es kam alles anders."

Zur Erinnerung: Damals gewann Dänemark den Titel. Müssen wir jetzt wieder mit Dänen rechnen?

Tomasson, Tomasson – den Namen kennen wir doch. Genau, im UEFA-Cup-Finale gegen Dortmund (4:2) krachte Kohlers letzte Grätsche in seine Beine. Rot für Kohler, Pott für Rotterdam.

Zurück zur WM. Da ist Frankreich jetzt in dieser Gruppe A auf dem letzten Platz. O lala!

Dieses 2:1 der Dänen (u.a. mit Schalkes Sand) gegen die Urus ist auf jeden Fall ein Gewinn für die WM. 30 000 Fans im Sonnenparadies Ulsan in Partystimmung. Und das Ausgleichstor der Urus sehen wir spätestens bei der Wahl der schönsten WM-Tore wieder: Garcia lässt den Ball dreimal in der Luft tanzen, und Rodriguez knülzt ihn aus 18 Metern volley in den Winkel (47.).

Nicht zu halten

war Stig Töfting (r.) von dem Uruguayer Dario Silva. Später musste der dänische Stürmer mit Verdacht auf Fußbruch ins Krankenhaus

Kanonier Tomasson

ballert sich auf das gegnerische Tor ein

Der Doppelpack-Däne

Tomasson trifft in der 46. Minute zum ersten Mal

Betretene Miene nach dem Schlusspfiff

Afrikameister Kamerun verpasste den Sieg gegen Irland

Die WM-Schlagzeile des Tages

Gruppe E
01. Juni · 20.30 Uhr **Sapporo (JPN)**

Deutschland –	S.-Arabien	**8:0**

Deutschland: Kahn – Linke, Ramelow (46. Jeremies), Metzelder – Frings, Hamann, Ziege – Schneider, Ballack – Klose (77. Neuville), Jancker (67. Bierhoff)

Saudi-Arabien: Al Deayea – A. Al Dosari, Zubromawi, Tukar, Sulimani – K. Al Dossari (46. I. Al Shahrani), A. Al Shahrani, Noor – Al Temyat (46. Khathran) – Al Yami (77. Al Dosary), Al Jaber

Tore: 1:0 Klose (20.), 2:0 Klose (25.), 3:0 Ballack (40.), 4:0 Jancker (45+1.), 5:0 Klose (69.), 6:0 Linke (72.), 7:0 Bierhoff (84.), 8:0 Schneider (90+2.) **Ecken:** 10:1 **Schiedsrichter:** Ubaldo Aquino (Paraguay) **Zuschauer:** 32.218 **Gelbe Karten:** Ziege, Hamann – Noor **Gelb/Rote Karten:** keine **Rote Karten:** keine

Tabelle Gruppe E		Tore	Punkte
1	Deutschland	**8:0**	**3**
2	Irland	**1:1**	**1**
3	Kamerun	**1:1**	**1**
4	Saudi-Arabien	**0:8**	**0**

WM-NEWS

Schwimmender Knast

■ Vor Hokkaido liegt die „Hooligan Maru". Ein schwimmender „Rowdy-Knast" mit Platz für 630 böse Buben. Auf Japans Nordinsel spielen in der Vorrunde neben Deutschland auch England und Argentinien.

Müller an der Linie

■ Schiri-Assi Heiner Müller (Nalsbach-Bilsdorf) feiert am 2. Juni sein WM-Debüt. Er steht bei Argentinien gegen Nigeria an der Linie. Sein „Chef" ist der Franzose Gilles Veissiere.

Letzte Verwarnung

■ Bevor betrunkene oder grölende Fans von Japans Polizei kassiert werden, kriegen sie als letzte Verwarnung noch die „Gelbe Karte". Darauf steht auf Englisch: „Bitte Ruhe!" Sollte das nicht helfen, folgt Rot...

Sex-Verbot

■ Robert Waseige ist knallhart – die Frauen seiner Spieler müssen bis Ende der Vorrunde zu Hause bleiben. Der Belgien-Trainer: „Danach können wir über das Thema reden."

Lauter Schläfer

■ Abwehrspieler Daniel van Buyten ist der einzige Spieler im Quartier der Belgier mit einem Einzelzimmer. Der 1,94-Riese spricht im Schlaf. Manchmal schreit er sogar...

1:0 20. Minute: Miro Klose segelt in eine Ballack-Flanke. Saudi Sulimani schaut zu

Tor-Held Klose

Den Kuss für sein Mädchen...

8:0 92. Minute: Das letzte Tor. Der 18-Meter-Freistoß von Bernd Schneider in den rechten Winkel

2:0

. Minute: Das gleiche
ch einmal: Klose
öpft die Flanke
von Ballack rein

3:0

40. Minute: Diesmal
macht er's selbst.
Ballack schädelt die
Kugel unhaltbar
unter die Latte

4:0

45. Minute: Die
Vorarbeit kam von
Frings, Carsten
Jancker vollstreckt

Geballte Power!

Carsten Jancker hat sich nach
seinem Tor das Trikot vom Leib
gerissen. Michael Ballack (r.)
gratuliert

5:0

69. Minute:
Klose und sein
drittes Ding –
wieder mit
dem Kopf. Die
Saudi-Abwehr
machtlos

...den
Salto für
Deutschland...

6:0

72. Minute: Thomas
Linke haut Zieges
Eckball rein

7:0

84. Minute: Ein Kunst-
Schuss! Oliver Bierhoff
trifft aus 25 Metern

Rudi, haudi Saudi...
...hatte BILD gefordert.
Aber mit einem 8:0 hat-
ten selbst die Super-Opti-
misten nicht gerechnet.

Es war der höchste deutsche
Sieg in der WM-Geschichte. Und es ist
ein wunderbares Gefühl, schon nach
dem Auftakt-Spiel sagen zu können: Wir
sind wieder wer!

Balsam auf die deutsche Fußball-Seele
nach der katastrophalen WM '98 (Aus
gegen Kroatien) und nach der desas-
trösen EM 2000 (Aus in der Vorrunde).

Ob zu Hause, in der Kneipe, beim
Grillfest – 12,2 Millionen Deutsche feier-
ten trotz der frühen Anstoßzeit um 13.30
Uhr und trotz der Aussperrung von drei
Millionen digitalen Zuschauern den
krachenden WM-Start am Fernseher.

8:0 gegen die Saudis. Mehr Spaß
kann man eigentlich beim Fußball nicht
bekommen. Und die Stimmung schwenkt
um. Nachdem die WM-Erwartungen im
Lande des dreimaligen Weltmeisters
vorher im Keller waren, klettern sie nach
diesem Hammer-Sieg wieder nach
oben.

Franz Beckenbauer: „Wenn es darauf
ankommt, stehen doch alle hinter der
Nationalelf."

Das 8:0 begeistert das eigene Land –
und schockt den Rest der Fußball-Welt.

Die WM-Schlagzeile des Tages

Stirbt England in der Todes-Gruppe?

Gruppe F
02. Juni · 18.30 Uhr   Saitama (JPN)

England – Schweden **1:1**

England: Seaman – Mills, Ferdinand, Campbell, A. Cole – Hargreaves – Beckham (63. Dyer), Heskey – Scholes – Owen, Vassell (74. J. Cole)

Schweden: Hedman – Mellberg, Jakobsson, Mjällby, Lucic – Linderoth – Alexandersson, Ljungberg – Magnus Svensson (56. A. Svensson) – Larsson, Allbäck (80. A. Andersson)

Tore: I:0 Campbell (24.), I:1 Alexandersson (59.) Ecken: 2:3 Schiedsrichter: Carlos Simon (Brasilien) Zuschauer: 52.721 Gelbe Karten: Campbell – Allbäck, Jakobsson Gelb/Rote Karten: keine Rote Karten: keine

Tabelle Gruppe F

		Tore	Punkte
1	Argentinien	1:0	3
2	Schweden	1:1	1
3	England	1:1	1
4	Nigeria	0:1	0

Gruppe B
02. Juni · 16.30 Uhr   Busan (KOR)

Paraguay – Südafrika **2:2**

Paraguay: Tavarelli – Caceres, Ayala, Gamarra – Arce, Struway (86. Franco), Caniza – Acuna – Alvarenga (66. Gavilan), Campos (72. Morinigo) – Santa Cruz

Südafrika: Arendse – A. Mokoena, Issa (27. Mukasi), Radebe, Carnell – Sibaya – Nzama, Fortune – T. Mokoena – McCarthy (78. Koumantarakis), Zuma

Tore: I:0 Santa Cruz (39.), 2:0 Arce (55.), 2:1 T. Mokoena (63.), 2:2 Fortune (90+I., Foulelfmeter) Ecken: 4:3 Schiedsrichter: Lubos Michel (Slowakei) Zuschauer: 25.186 Gelbe Karten: Caceres, Caniza, Tavarelli, Franco – A. Mokoena, Issa, McCarthy, Zuma Gelb/Rote Karten: keine Rote Karten: keine

Tabelle Gruppe B

		Tore	Punkte
1	Spanien	3:1	3
2	Paraguay	2:2	1
3	Südafrika	2:2	1
4	Slowenien	1:3	0

WM-NEWS

Statistik lügt

■ Laut offizieller FIFA-Statistik hatten wir beim 8:0 gegen die Saudis nur einen Ballbesitz von 52 Prozent. Das erstaunte selbst FIFA-Sprecher Keith Cooper: „Wie die Statistiker darauf gekommen sind, bleibt ihr Geheimnis."

Becks ist back

In 7-Meilenstiefeln lief, kämpfte und flankte David Beckham für England. In der zweiten Halbzeit traten im Fuß leichte Schmerzen auf. Es war sein erster Auftritt nach 7 Wochen

Kopf-an-Kopf-Duell in der Hammer-Gruppe F

Schweden (mit Stürmer Markus Allbäck, l.) und England (mit Sol Campbell) sind nach der ersten Partie gleichauf

Alter Schwede – war das hammerspannend... In der „Todes-Gruppe" F steht England nach einem glücklichen 1:1 gegen Schweden mächtig unter Druck! „Ich hätte gedacht, wir könnten dieses Spiel gewinnen. Jetzt wird es sehr schwer", stöhnt Insel-Coach Sven Göran Eriksson (ausgerechnet ein Schwede). Und: „Für uns geht es jetzt am Freitag gegen Argentinien schon um alles." Stirbt England in der Todes-Gruppe? Trotz Superstar

Trotz Beckham-Comeback nur 1:1

David Beckham, der nach seinem Fußbruch wieder dabei ist? Weiße Schuhe, getönte Irokesen-Frisur, gelbe Kapitänsbinde. 63 700 Zuschauer im packe-vollen Saitama-Stadion sahen diesen Beckham und seine Zucker-Ecke von rechts – in der 24. Minute. Kollege Sol Campell wuchtete seine ganzen 95 Kilo in den Kopfball – 1:0! Die Schweden bis zur Pause schwach. Aber dann... 59. Minute: Fehler Mills, Nutznießer Niclas Alexandersson. Der Everton-Legionär trifft aus 18 Metern – das 1:1. Ein Nerven-Spiel. Nach 63 Minuten wird der mittlerweile platte Beckham ausgewechselt. Interessiert die Schweden nicht, sie stürmen: Lucic (61./64.) scheitert zweimal an Englands Keeper Seaman. Auf der Gegenseite trifft der schwache Owen nur das Außennetz (70.). England im Glück: Sekunden vor Schluss steht Hendrik Larsson völlig frei vor Seaman – und vergibt. Auf der Insel beginnt jetzt das große Zittern...

Einsatz total

Roque Santa Cruz (l.) blockt den Schuss des Südafrikaners Lucas Radebe (r.) ab

Bayerns Roque bärenstark! Aber es reicht nicht...

Die einen haben einen bärenstarken Roque Santa Cruz im Sturm, die anderen einen mächtigen Voodoo-Zauber im Rücken... Nach dem 2:2 im Duell unserer möglichen Achtelfinal-Gegner Paraguay und Südafrika ist klar: Diese Teams dürfen nicht unterschätzt werden! Wie ein Sturmwind wirbelte Paraguays Bayern-Star Santa Cruz die Abwehr der Afrikaner durcheinander: Das 1:0 (39.) besorgte er persönlich per Flugkopfball, das 2:0 (55.) hämmerte Arce mit einem Traum-Freistoß in den Winkel. Da passte kein Ess-Stäbchen mehr zwischen Ball und Latte... Nur gut, dass der südafrikanische Voodoo-Priester Lawrence „Großer Bär" Ngubane Beschwörungsformeln gemurmelt hatte. Für Paraguay lief es nach der Pause wie verhext: Erst traf Struway ins eigene Tor (63.). Dann versenkte Fortune in der Schlussminute einen Foulelfer zum 2:2.

Jubel über Führungstor

Roque Santa Cruz schoss das 1:0 für Paraguay

Fußball WM 2002

Rehhagel: Ich hoffe aufs Finale

Die WM-Schlagzeile des Tages

Gruppe F
02. Juni · 14.30 Uhr   Ibaraki (JPN)

Argentinien –	Nigeria	1:0

Argentinien: Cavallero – Pochettino, Samuel, Placente – Zanetti, Simeone, Sorin – Ortega, C. Lopez (46. Gonzalez) – Veron (78. Aimar) – Batistuta (81. Crespo)

Nigeria: Shorunmu – Sodje (73. Christopher), West, Okoronkwo, Babayaro – Yobo – Okocha, Kanu (47. Ikedia), Lawal – Aghahowa, Ogbeche

Tore: 1:0 Batistuta (63.) **Ecken:** 11:4 **Schiedsrichter:** Gilles Veissiere (Frankreich) **Zuschauer:** 34.050 **Gelbe Karten:** Samuel, Simeone – Sodje **Gelb/Rote Karten:** keine **Rote Karten:** keine

Tabelle Gruppe F

		Tore	Punkte
1	Argentinien	1:0	3
2	Schweden	1:1	1
3	England	1:1	1
4	Nigeria	0:1	0

Gruppe B
02. Juni · 20.30 Uhr   Gwangju (KOR)

Spanien –	Slowenien	3:1

Spanien: Casillas – Puyol, Hierro, Nadal, Juanfran (82. Romero) – Baraja – Luis Enrique (74. Helguera), Valeron, de Pedro – Raul – Tristan (67. Morientes)

Slowenien: Simeunovic – Galic – Milinovic, Knavs – Novak (77. Gajser), A. Ceh, Pavlin, Karic – Zahovic (63. Acimovic) – Osterc (56. Cimirotic), Rudonja

Tore: 1:0 Raul (44.), 2:0 Valeron (74.), 2:1 Cimirotic (82.), 3:1 Hierro (88., Foulelfmeter) **Ecken:** 5:5 **Schiedsrichter:** Mohamed Guezzaz (Marokko) **Zuschauer:** 28.598 **Gelbe Karten:** Valeron – Karic, Cimirotic **Gelb/Rote Karten:** keine **Rote Karten:** keine

Tabelle Gruppe B

		Tore	Punkte
1	Spanien	3:1	3
2	Paraguay	2:2	1
3	Südafrika	2:2	1
4	Slowenien	1:3	0

WM-NEWS

Schwalben-Strafe
■ Sloweniens Sebastjan Cimirotic sorgte für eine negative WM-Premiere: Als erster Spieler muss er für eine Schwalbe im Spiel gegen Spanien, die ihm die Gelbe Karte einbrachte, eine Strafe von 1360 Euro zahlen.

Batigol jagt WM-Re

Batigooooooool! Ganz Argentinien feiert Super-Stürmer Gabriel Batistuta.

Mit seinem Kopfballtreffer sicherte der 33-jährige Profi vom AS Rom seinem Team den 1:0-Auftaktsieg in der Gruppe F gegen Nigeria. Der goldene Treffer des „blonden Engels" – bereits das zehnte WM-Tor von Batistuta (bei seinem dritten Turnier). Damit hat er sich in die Top Ten der ewigen WM-Torjägerliste geballert, ist jetzt dicht auf den Fersen von Rekordhalter Gerd Müller, der in zwei Turnieren 14-mal erfolgreich war (siehe Kasten). Batigol jagt den Torrekord – und Argentinien seinen dritten WM-Triumph! Beeindruckend, wie Nigeria teilweise an die Wand gespielt wurde. Die „Super Eagles" aus Afrika ließen sich von den Gauchos rupfen wie flügel-lahme Enten. Sie hatten es nur der mangelhaften Chancenverwertung der Argentinier zu verdanken, dass sie nicht komplett zerlegt wurden. Immer wieder allerhöchste Gefahr bei den „Eck-Schüssen" von Kapitän Veron auf den langen Batistuta. Zweimal scheiterte er knapp (37., 47.), dann klingelte es schließlich im Kasten von Keeper Shorunmu (63.).

Argentiniens Stürmer-Star

Gabriel Batistuta war kaum zu bremsen

t Gerd Müllers

kord

Die meisten Tore bei Weltmeisterschaften

14	Gerd Müller	GER	WM '70/'74
13	Just Fontaine	FRA	WM '58
12	Pele	BRA	WM '58-'70
11	Sandor Kocsis	HUN	WM '54
	Jürgen Klinsmann	GER	WM '90-'98
10	Gabriel Batistuta	ARG	WM '94-'02
	Teofilo Cubillas	PER	WM '70-'78
	Grzegorz Lato	POL	WM '74-'82
	Gary Lineker	GBR	WM '86/'90
	Helmut Rahn	GER	WM '54/'58

Fassungslos wendet sich der slowenische Stürmer Sebastjan Cimirotic (v.l.) nach der Gelben Karte ab. Der Spanier Carlos Puyol beklatscht die Entscheidung des Schiri

Olé!
Spanien besiegt Auftakt-Fluch

Unglaublich. 52 lange Jahre war das 1. WM-Spiel wie ein rotes Tuch für die Spanier, nie konnten sie es gewinnen. Gestern um 15.20 Uhr war die schwarze Serie endlich beendet – 3:1 gegen WM-Neuling Slowenien. Olé, Spaniens Auftakt-Fluch ist besiegt! Coach Camacho: „Ich bin froh, dass wir diesen armseligen Rekord gebrochen haben. Vor allem freue ich mich für unsere Fans." Doch statt jubeln hieß es erst mal zittern: Die konterstarken Slowenen probten den „Zwergenauf-

stand". Fulminant zog Mittelfeld-Ass Zlatko Zahovic aus 22 Metern ab. Casillas parierte (25.). Erst nach 44 Minuten glänzten zwei Weltstars: Luis Enrique tankte sich durch, Raul drosch den Abpraller ins Netz. 1:0! Spanien nun immer besser. Valeron traf zum 2:0 (74.). Doch Sloweniens Cimirotic verkürzte (82.), sechs Minuten Spannung – bis Hierro (88./Elfmeter) den Auftaktfluch endgültig wegschoss.

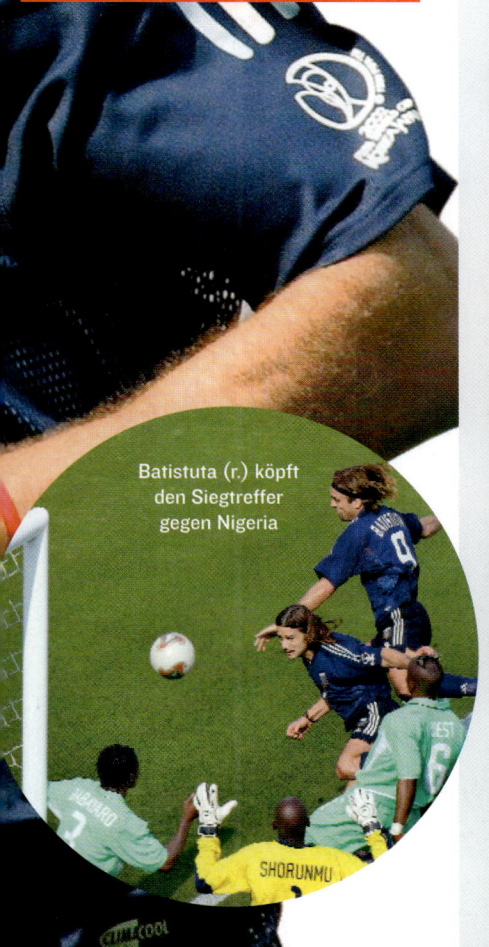

Batistuta (r.) köpft den Siegtreffer gegen Nigeria

Akrobatische Flugeinlage
von Spaniens Abwehrspieler Carlos Puyol

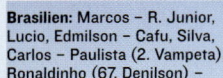

Die WM-Schlagzeile des Tages

Gruppe C
03. Juni · 18.00 Uhr — **Ulsan** (KOR)

🇧🇷 Brasilien – 🇹🇷 Türkei — **2:1**

Brasilien: Marcos – R. Junior, Lucio, Edmilson – Cafu, Silva, Carlos – Paulista (2. Vampeta), Ronaldinho (67. Denilson) – Rivaldo, Ronaldo (73. Luizao)

Türkei: Recber – Özat – Özalan, Korkmaz (66. Mansiz) – Akyel, Unsal – Kerimoglu (88. Erdem), Belözoglu – Bastürk (66. Davala) – Sükür, Sas

Tore: 0:I Sas (45+2.), I:I Ronaldo (50.), 2:I Rivaldo (87., Foulelfmeter) **Ecken:** 4:3 **Schiedsrichter:** Young Joo Kim (Südkorea) **Zuschauer:** 33.842 **Gelbe Karten:** Denilson – Akyel **Gelb/Rote Karten:** Unsal (90+4.) **Rote Karten:** Özalan (86.)

Tabelle Gruppe C		Tore	Punkte
1	🇧🇷 Brasilien	2:1	3
2	🇨🇷 Costa Rica	0:0	0
3	🇨🇳 China	0:0	0
4	🇹🇷 Türkei	1:2	0

WM-NEWS

Friedens-Botschafter

■ Brasiliens Fußball-Idol Pele will sich dafür einsetzen, dass bei der WM 2006 in Deutschland Spieler aus beiden Teilen Koreas in einem Team antreten können.

TV-Renner

■ Das WM-Fieber steigt. SAT.I hatte mit seiner Zusammenfassung nach dem ersten Brasilien-Auftritt 3,35 Millionen Zuschauer. Das Live-Spiel gegen die Türkei (ARD) sahen 3,23 Mio.

Ball-Kritik und Ball-Lob

■ Einige Torhüter haben sich über den WM-Ball Fevernova beschwert. Sie stört die hohe Geschwindigkeit und das unberechenbare Flugverhalten. Begeistert von dem Leder sind dagegen die Techniker wie Zidane und Beckham.

Luxus pur

■ David Beckham und seine Frau Victoria haben sich für I,7 Millionen Euro ein Heim auf der palmenförmigen Kunstinsel vor Dubai gekauft. Prominente Nachbarn sind die Filmstars Robert de Niro und Brad Pitt.

Töfting-Entwarnung

■ Aufatmen bei den Dänen. Der Verdacht auf Fußbruch hat sich bei Stig Töfting nicht bestätigt. Trotzdem ist es fraglich, ob der Ex-HSVer im zweiten Gruppenspiel gegen Senegal auflaufen kann.

Geschenkter Sieg viermaligen Weltn

Wie hatten wir uns doch auf Brasiliens ersten WM-Auftritt gefreut. Und wie wurden wir enttäuscht. Statt Ramba-Zamba-Zuckerhut-Zauberei nur zähes Fußball-Einerlei. Dass am Ende gegen die tapferen Türken ein geschenkter Sieg herauskam, hatte der viermalige Weltmeister dem Schiri zu verdanken. „Diese Ungerechtigkeit schreit zum Himmel", klagte Türken-Trainer Günes nach der 1:2-Niederlage. Zu Recht. 87. Minute: Der Türke Alpay reißt dem eingewechselten Luizao außerhalb des Strafraums am Trikot. Der Brasilianer taumelt geschickt in den Strafraum. Prompt pfeift der Südkoreaner Young-Jo Elfmeter, zeigt Alpay Rot. Rivaldo hämmerte das Geschenk ins Netz. 2:1 für Brasilien – es lag ein fader Beigeschmack über diesem Sieg. Erst haben wir uns vor dem Anpfiff über die überherzliche Begrüßung der brasilianischen Elf durch FIFA-Präsident Blatter gewundert (Küsschen für Carlos und Ronaldo!). Dann über die Überheblichkeit und Arroganz, mit der die Brasilianer die Türken wegzaubern wollten. Da standen viele Künstler, aber kein Dirigent. Der schulterverletzte Emerson wurde schmerzlich vermisst. So muss vor diesen Brasilianern wirklich keiner mehr Angst haben. Und Ronaldo? Großspurig hatte er angekündigt: „Wer auf mich als Torschützenkönig wettet, der wird Millionär." Nun, die Primadonna mit der Zahnlücke machte – nach der Türken-Führung durch Sas (45.) – wenigstens den 1:1-Ausgleich (50.), aber sonst muss auch von ihm mehr kommen, soll es seine WM werden. Zwei völlig unterschiedliche Rollen spielten die beiden Leverkusener. Lucio, bei Bayer bekannt für seine Sturmläufe über das gesamte Feld, wurde vom brasilianischen Coach Scolari in die eigene Hälfte eingesperrt.

Bastürk dagegen durfte bei den Türken zaubern. Der Schluss-Akt passte zur überheblich-glücklichen brasilianischen Vorstellung. Ünsal schoss Rivaldo ans Bein. Der Brasilianer hielt sich theatralisch den Kopf und Ünsal sah Gelb-Rot.

Liebe Brasilianer, verzaubert uns wieder mit dem Ball und nicht mit solchen Mätzchen.

Jubelpyramide

Der Torschütze des Führungstreffers Hasan Sas (Mitte verdeckt) und seine türkischen Mitspieler als Freuden-Denkmal

für den
eister

Da blitzt seine Torgefährlichkeit wieder auf

Ronaldo rutscht in eine Rivaldo-Flanke, erzielt in der 50. Minute das 1:1. Richtig tolle Tricks zeigten die Brasilianer allerdings nur beim Aufwärmen...

Die richtige Ecke erahnt, aber dennoch chancenlos

Brasiliens Mittelfeldstar Rivaldo verwandelt den zweifelhaften Elfmeter bombensicher gegen den türkischen Schlussmann Recber Rüstü

Der Torwart-Krieger

Mit Bart und Kriegsbemalung: Der türkische Torhüter Rüstü wollte Ronaldo & Co. mit seinen schwarzen Strichen untern den Augen Furcht einflößen. Mit dieser Bemalung unter ihren Helmen spielen sonst nur die Footballer. Der Türken-Torwart verhexte lange die Brasilianer. Bis der Jo-Jo-Schiri Rivaldo den Sieg-Elfer schenkte...

Die WM-Schlagzeile des Tages

Gruppe G
03. Juni · 15.30 Uhr   Niigata (JPN)

Kroatien	–	Mexiko	0:1

Kroatien: Pletikosa – Zivkovic, Simunic, R. Kovac – N. Kovac, Soldo, Tomas, Jarni – Prosinecki (46. Rapaic) – Suker (65. Saric), Boksic (68. Stanic)

Mexiko: Perez – Carmona, Marquez, Vidrio – Torrado – Morales, Luna, Caballerro, Mercado – Borgetti (68. Hernandez), Blanco (79. Palencia)

Tore: 0:I Blanco (60., Foulelfmeter) **Ecken:** II:3 **Schiedsrichter:** Jun Lu (China) **Zuschauer:** 32.239 **Gelbe Karten:** keine **Gelb/Rote Karten:** keine **Rote Karten:** Zivkovic (59.)

Gruppe G
03. Juni · 20.30 Uhr   Sapporo (JPN)

Italien	–	Ekuador	2:0

Italien: Buffon – Panucci, Nesta, Cannavaro, Maldini – Zambrotta, Tommasi, di Biagio (69. Gattuso), Doni (65. di Livio) – Totti (74. del Piero), Vieri

Ekuador: Cevallos – de la Cruz, Hurtado, Porozo, Guerron – Chala (86. Asencio), Méndez, Obregon, E. Tenorio (59. M. Ayovi) – Aguinaga (46. C. Tenorio) – Delgado

Tore: I:0 Vieri (7.), 2:0 Vieri (27.) **Ecken:** 5:8 **Schiedsrichter:** Brian Hall (USA) **Zuschauer:** 3I.08I **Gelbe Karten:** Cannavaro – Porozo, de la Cruz, Chala **Gelb/Rote Karten:** keine **Rote Karten:** keine

Tabelle Gruppe G

			Tore	Punkte
1		Italien	2 : 0	3
2		Mexiko	1 : 0	3
3		Kroatien	0 : 1	0
4		Ekuador	0 : 2	0

WM-NEWS

Beistand von oben

■ Giovanni Trapattoni (63) kann sich als einziger Nationaltrainer auf Beistand von ganz oben verlassen. Seine älteste Schwester, Maria Trapattoni (72), die unter dem Namen Schwester Romilde im Kloster des Ordens der kindlichen Maria in Mailand lebt, betet bei jedem Spiel der Nationalmannschaft für ihren Bruder. „Ich bete jetzt, wo er in Japan ist, ganz besonders für ihn", sagte die Schwester italienischen Reportern.

Erste Rote Karte im WM-Turnier

Der chinesische Schiedsrichter Jun Lu verweist den kroatischen Abwehrspieler Boris Zivkovic des Feldes

Auweia! Kroatien ging mit 5 Bundesliga-Legionären ein

Das Verlierer-Gen von Bayer Leverkusen – jetzt steckt es auch in der kroatischen Nationalmannschaft!

Bei der 0:1-Pleite gegen Mexiko verschuldete ausgerechnet Bayer-Verteidiger Boris Zivkovic den spielentscheidenden Foulelfer (60./Blanco verwandelte). Und flog nach seiner Notbremse auch noch als erster Spieler der WM vom Platz.

Bitter: Wegen der nun drohenden Sperre und dem möglichen Vorrunden-Aus Kroatiens ist die WM für Zivkovic vielleicht schon beendet...

Der WM-Halbfinalist von 1998 war nur noch ein Schatten vergangener Tage. Auch die fünf neben Zivkovic eingesetzten Bundesliga-Legionäre Simunic (Hertha), Soldo (Stuttgart), Suker (1860) und die Kovac-Brüder Niko und Robert (beide Bayern) ohne Elan gegen engagierte Mexikaner. Nationalcoach Mirko Jozic trotzig: „Ein Kampf ist verloren, aber der Krieg noch nicht."

Foul-Strafstoß gegen Kroatien

Der mexikanische Torjäger Cuauhtemoc Blanco verwandelt den Siegestreffer

Davor Suker
1860 München

Josip Simunic
Hertha BSC Berlin

Zvonimir Soldo
VfB Stuttgart

Robert Kovac
Bayern München

Niko Kovac
Bayern München

Doppelpack von Vieri gegen den WM-Neuling Ekuador

Italiens Helden

Vorbereiter Francesco Totti (o.) und
Torjäger Christian Vieri (u.)

Die einen wollten nicht, die anderen konnten nicht. Das 2:0 von Topfavorit Italien gegen Ecuador machte Spaß – zumindest die erste halbe Stunde... Nach einem furiosen Start mit einem Doppelpack von Christian Vieri (7., 27.) spulten die „Azzurri" nur noch ihr Pensum runter, überließen Ekuador das Spiel. Die trafen aber nur das Außennetz durch Mendez (29.). Aufregender als der müde Kick war das Schweigen der Italiener bei ihrer Nationalhymne. Heimische Politiker hatten gefordert, die „maulfaulen" Spieler per Gesetz zum Singen zu zwingen. Die kritisierten Kicker protestierten auf ihre Art und Weise, zuckten während der „Hymne von Mameli" nicht einmal mit ihren Lippen. Schließlich spuckte Kapitän Paolo Maldini dann doch noch große Töne: „Im Finale werden wir wieder singen!"

Vieri setzt sich gegen Ekuadors Abwehrspieler Augusto Porozo durch

Die WM-Schlagzeile des Tages

Gruppe C

04. Juni · 15.30 Uhr		Gwangju (KOR)
🇨🇳 China	– 🇨🇷 Costa Rica	**0:2**

China: Jiang – Xu, Fan (74. Yu), W. Li, Wu – Sun (26. Qu), X. Li, T. Li, Ma – C. Yang (66. Su), Hao

Costa Rica: Lonnis – Marin, Wright, Martinez, Castro – Wallace (70. Bryce), Solis, Centeno – Gomez – Fonseca (57. Medford), Wanchope (80. Lopez)

Tore: 0:1 Gomez (61.), 0:2 Wright (64.) **Ecken:** 6:2 **Schiedsrichter:** Kyros Vassaras (Griechenland) **Zuschauer:** 27.217 **Gelbe Karten:** T. Li, Xu, X. Li – Marin, Solis, Gomez, Centeno **Gelb/Rote Karten:** keine **Rote Karten:** keine

Tabelle Gruppe C

		Tore	Punkte
1	🇨🇷 Costa Rica	2:0	3
2	🇧🇷 Brasilien	2:1	3
3	🇹🇷 Türkei	1:2	0
4	🇨🇳 China	0:2	0

Gruppe D

04. Juni · 20.30 Uhr		Busan (KOR)
🇰🇷 Südkorea	– 🇵🇱 Polen	**2:0**

Südkorea: W. J. Lee – J. C. Choi, Hong, T. Y. Kim – N. I. Kim – Song, Yoo (61. C. S. Lee), E. Y. Lee – Park – Hwang (50. Ahn), Seol (90. Cha)

Polen: Dudek – Hajto, J. Bak (51. Klos), Waldoch, Michal Zewlakow – Kozminski, Kaluzny (65. Marcin Zewlakow), Swierczewski, Krzynwek – Zurawski (46. Kryszalowicz), Olisadebe

Tore: 1:0 Hwang (26.), 2:0 Yoo (53.) **Ecken:** 10:2 **Schiedsrichter:** Oscar Ruiz (Kolumbien) **Zuschauer:** 48.760 **Gelbe Karten:** Cha, Park – Krzynowek, Hajto, Swierczewski **Gelb/Rote Karten:** keine **Rote Karten:** keine

Tabelle Gruppe D

		Tore	Punkte
1	🇰🇷 Südkorea	2:2	3
2	🇺🇸 USA	0:0	0
3	🇵🇹 Portugal	0:0	0
4	🇵🇱 Polen	0:2	0

WM-NEWS

„Menschliche Bombe"

■ Südkorea hat Stürmer Cha Du-Ri im eigenen Team zu einer „menschlichen Bombe" erklärt, weil er im Training schon einige Mitspieler verletzte. Zuletzt verpasste der Sohn vom ehemaligen Bundesliga-Profi Bum-Kun Cha einem Co-Trainer einen Rippenbruch.

Asien-Tag bei der WM – Teil 1

China patzt

Sportart verwechselt

Im Chinesen Weifeng Li (r.) kommt gegen Fonseca der Kickboxer durch

Von wegen Hokuspokus, Milutinovic...

Der Zauber von Weltenbummler und China-Coach Bora Milutinovic scheint verflogen. Im Duell der Fußballzwerge gab's für das Riesenreich eine 0:2-Pleite gegen Boras Ex-Team Costa Rica. Ganz stark: Ronald Gomez. Das 1. Tor schoss der Mittelamerikaner selbst (61.). Das 2. bereitete er vor (65.). Und ein 3. (90.) verhinderte er – zu ballverliebt. Der Reihe nach: Im 1. Durchgang passierte ein bisschen mehr als gar nichts. Die einen (China) flink, die anderen trickreich. Und beide schussschwach. Echte Torchancen: Mangelware. In der 56. Minute verzieht Frankfurts Yang Chen. Dann kommt Medford rein. Mit ihm neuer Schwung. Die Folge: Der Doppelpack durch Gomez (61.) und Wright (69.). Und Bora steht bei seiner 5. WM vor dem Aus.

Costa Rica verdirbt China das WM-Debüt

Stürmer Ronald Gomez (o.) wird von den Team-Gefährten für seinen Treffer zum 1:0 gefeiert

Asien-Tag bei der WM – Teil 2

Koreas erster Sieg bei einer WM

Ein ganzes Land im Freuden-Taumel!

Südkorea schlug im Auftaktspiel Polen mit einer beeindruckenden Leistung 2:0 und schrieb Geschichte. Nach vier Remis und zehn Niederlagen war es der erste Sieg der Asiaten bei einer WM-Endrunde. Und der hätte sogar noch höher ausfallen können. Die Truppe von Holland-Coach Guus Hiddink spielte wie aufgedreht, überrannte die Polen in einem Höllen-Tempo. Das 50.

Länderspieltor von Hwang und ein Treffer von Yoo brachten den hochverdienten Sieg. „Ich bin stolz auf meine Jungs, sie haben eine geschlossene Mannschaftsleistung geboten", freute sich Hiddink. Bitter aber die Vorstellung der Polen, die ohne Niederlage durch die WM-Qualifikation marschiert waren. Trainer Engel einsichtig: „Jetzt spielen wir in unserer Gruppe nur noch um Platz 2".

Der erste Torschütze

Koreas Sturmspitze Hwang Sun-Hong spielt in Japan bei Kashiwa Reyso

Begeisterung pur!

Südkoreanische Fans in Seoul verfolgen das Vorrundenspiel vor einem Großbildschirm und bringen sich vor Spielbeginn in Stimmung

Die WM-Schlagzeile des Tages

Gruppe H
04. Juni · 18.00 Uhr   Saitama (JPN)

 Japan –   Belgien   2:2

Japan: Narazaki – Matsuda, Morioka (7l. Miyamoto), K. Nakata – Toda, Inamoto – Ichikawa, Ono (64. Alex) – H. Nakata – Yanagisawa, Suzuki (68. Morishima)

Belgien: de Vlieger – Peeters, van Buyten, van Meir, van der Heyden – Simons – Vanderhaeghe, Walem (68. Sonck), Goor – Wilmots – Verheyen (83. Strupar)

Tore: 0:l Wilmots (57.), l:l Suzuki (59.), 2:l Inamoto (68.), 2:2 van der Heyden (75.). **Ecken:** 2:4 **Schiedsrichter:** William Mattus (Costa Rica) **Zuschauer:** 55.256 **Gelbe Karten:** Toda, Inamoto – van der Heyden, Verheyen, Peeters, van Meir **Gelb/Rote Karten:** keine **Rote Karten:** keine

Tabelle Gruppe H		Tore	Punkte
1	Japan	2 : 2	1
2	Belgien	2 : 2	1
3	Russland	0 : 0	0
4	Tunesien	0 : 0	0

WM-NEWS

Zwei auf der Kippe
■ Russland bangt vor seinem Auftaktspiel gegen Tunesien um zwei wichtige Spieler. Regisseur Alexander Mostowoj leidet noch an Knie-Problemen und Alexander Smertin hat eine Rippenprellung noch nicht auskuriert.

Chancen 50:50
■ Die USA hoffen vor dem Auftakt gegen Portugal noch auf den Einsatz von Kapitän Claudio Reyna (Oberschenkel-Zerrung) und Stürmer Clint Mathis (Knie-Probleme). „Bei uns beiden stehen die Chancen 50:50", erklärt Reyna.

Todes-Spiel
■ Nach der Auftakt-Pleite gegen Senegal schottet sich Titelverteidiger Frankreich ab. Superstar Zinedine Zidane war beim Geheimtraining wieder am Ball, aber sein Einsatz gegen Uruguay kommt wohl noch zu früh. Stürmer David Trezeguet bezeichnet diese Partie bereits als „Todes-Spiel".

Böse Kritiken
■ Die englischen Zeitungen hauen nach dem l:l gegen Schweden auf ihr Team ein. „Halbherzig, halbfit und auf dem halben Weg nach Hause", schreibt der Guardian. „Man hat uns erzählt, Beckham wäre fit. Das Spiel hat gezeigt, dass alles nur ein Märchen war", lästert die Daily Mail.

Asien-Tag bei der WM – Teil 3
Zwei blonde J und ein Zorro

Japan-Fans zeigen Flagge
Japanische Zuschauer im Stadion von Saitama beim Abspielen der Hymnen

Blondes Haar – und schon ein Star. Die geblondeten Torschützen Suzuki und Inamoto und Vorbild-Kämpfer Miyamoto (wegen Nasenbeinbruch mit Zorro-Maske) lassen das Gastgeberland träumen... „Nun ist alles möglich. Wir glauben an uns", jubelte Japans Trainer Philippe Troussier nach dem 2:2 gegen Belgien – der 1. Punkt in der WM-Geschichte Japans! Aber erst mal glänzte das berühmte Schalke „Kampfschwein" Marc Wilmots als Kunstschütze. „Willi" trifft mit Fallrückzieher. 1:0 (57.)! Dann ging's Schlag auf Schlag: In Kamikaze

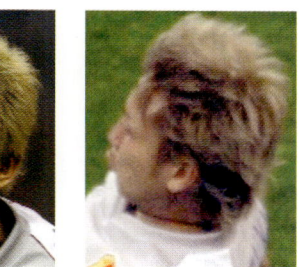

Junichi Inamoto (l.)
Takayuki Suzuki (r.) und
Tsuneyasu Miyamoto, der
Mutige mit der Maske

apaner
ärgern Belgien

Manier gleicht Suzuki aus (59.). 68.:
Inamoto setzt sich kraftvoll durch – 2:1!
Die Freude währte ganze 7 Minuten:
Peter van der Heyden überlupft mit
gaaanz viel Gefühl Narazaki. Ausgleich.
Das 2. Tor des starken Inamoto (90.)
wurde nicht gegeben – angeblich ging
ein Foul voraus. Na ja...

Traumtor von
Marc Wilmots

Mit einem spektakulären
Fallrückzieher erzielt der Belgier
das I:0 und wird von seinen
Mitspielern bejubelt

Die WM-Schlagzeile des Tages

Gruppe H
05. Juni · 15.30 Uhr   Kobe (JPN)

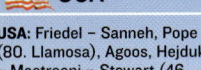 **Russland** – **Tunesien**   **2:0**

Russland: Nigmatullin – Onopko – Solomatin, Nikiforow, Kowtun – Titow – Semschow (46. Chochlow) – Karpin, Ismailow (78. Aljenitschew) – Pimenow, Betschastnich (55. Sitschew)

Tunesien: Boumnijel – Trabelsi, Jaidi, Mkacher, Bouzaine – Bouazizi, Badra (84. Zitouni) – Gabsi (67. Mhadhebi), Ben Achour, Sellimi (67. Baya) – Jaziri

Tore: I:0 Titow (59.), 2:0 Karpin (64., Foulelfmeter) **Ecken:** 4:7
Schiedsrichter: Peter Prendergast (Jamaika) **Zuschauer:** 30.957
Gelbe Karten: Semschow, Aljenitschew – Gabsi, Jaziri **Gelb/Rote Karten:** keine **Rote Karten:** keine

Tabelle Gruppe H

			Tore	Punkte
1		Russland	2:0	3
2		Japan	2:2	1
3		Belgien	2:2	1
4		Tunesien	0:2	0

Gruppe D
05. Juni · 18.00 Uhr   Suwon (KOR)

USA – **Portugal**   **3:2**

USA: Friedel – Sanneh, Pope (80. Llamosa), Agoos, Hejduk – Mastroeni – Stewart (46. Jones), O'Brien, Beasley – McBride, Donovan (75. Moore)

Portugal: Baia – Beto, Couto, J. Costa (73. Andrade), Jorge (69. Bento) – Petit – R. Costa (79. Gomes) – Figo, Conceicao – Pinto, Pauleta

Tore: I:0 O'Brien (4.), 2:0 J. Costa (29., Eigentor), 3:0 McBride (36.), 3:I Beto (39.), 3:2 Agoos (7I., Eigentor) **Ecken:** 4:7
Schiedsrichter: Byron Moreno (Ekuador) **Zuschauer:** 37.306
Gelbe Karten: Beasley – Beto, Petit **Gelb/Rote Karten:** keine **Rote Karten:** keine

Tabelle Gruppe D

			Tore	Punkte
1		Südkorea	2:0	3
2		USA	3:2	3
3		Portugal	2:3	0
4		Polen	0:2	0

WM-NEWS

Fernseher dunkel
■ Lettland, Gastgeber des diesjährigen europäischen Schlager-Grand-Prix, schaut bei der WM in die Röhre. Kein Sender konnte, sprich wollte, TV-Rechte erwerben.

Klare Ansage
■ Russlands Trainer Oleg Romantsev hat seinen Rücktritt angekündigt, falls sein Team die Vorrunde nicht übersteht.

Nach Russlands Sieg träumt Putin vom Titel

Russlands Präsident Wladimir Putin ist stolz auf den Ball mit den Autogrammen der russischen Nationalmannschaft

Sah schön aus
Akrobatische Freudeneinlage der russischen Spieler nach dem I:0

Staatschef Putin forderte einen Sieg – Befehl ausgeführt... Putin ordnete außerdem an: „Selbstaufopferung und attraktiven Fußball." Befehl verweigert. Russland (ohne Celta-Vigo-Star Mostovoj) war beim 2:0 gegen Tunesien nur das bessere von zwei Schlaffi-Teams. Dabei ging's munter los. 20-m-Vollspann-Hammer von Karpin. (30.) Keeper Boumnijel kann nur fausten. Es folgt, gäääähn, langweiliges „Nimm-du-den-Ball-ichweiß-nicht-wohin-damit-Geplänkel". 31 000 Zuschauer machen die Welle – aus Zeitvertreib. 21. Minute: „Fast-Eigentor" für Tunesien: Nikiforow und Kowtun sind sich uneins. Riesendusel für Russland. Dann der Dopplepack: Boumnijel patzt beim Abwurf. Titow trifft aus 20 Metern ins Tor (59.). Nur 5 Minuten später: Joker Sitschew wird von Jaidi gelegt – Elfmeter. Karpin versenkt – 2:0. Und Staatschef Putin gibt die nächste Order: „Natürlich rechnen wir mit dem Titel..."

Blitz-Tor und WM-Rekord
Amis putzten Figo weg

Paukenschlag in der 4. Minute

Frühe Führung für die Amis. O'Brien (Nr. 5) schmettert den Ball volley zur 1:0-Führung ins Tor der Portugiesen

WM-Blitz-Tor, WM-Rekord mit erstmals zwei Eigentoren in einem Spiel. Und dann dieses sensationelle 3:2 der USA gegen Geheimfavorit Portugal. Das Land der unbegrenzten Möglichkeiten hat fast Unmögliches geleistet. Auch, weil der portugiesische Torwart Vitor Baia unmöglich gehalten hat. Dann blieb auch noch Superstar Luis Figo ganz blass. Er ist zwar wieder gesund, aber längst nicht fit. Der Dirigent war nur ein 90-Minuten-Stehgeiger: „Das Spiel war schlecht. Das Resultat war schlecht. Alles schlecht." US-Trainer Bruce Arena schwärmte dagegen: „Wir haben in der ersten Halbzeit großartigen Fußball gespielt und danach hervorragend gefightet." 4. Minute: Ecke Stewart, McBride köpft aufs Tor, Baia kann nur abklatschen und O'Brien hämmert den Ball aus drei Metern rein. 1:0 – das bisher schnellste Tor dieser WM... 29. Minute: Landon Donovan (von Leverkusen an San José ausgeliehen) mit scharfer Flanke. Jorge Costa fälscht ab. Baia schaut nur verdutzt hinterher. Eigentor zum 2:0. 36. Minute: Der nächste Paukenschlag. Sahne-Flanke von Anthony Sanneh (Nürnberg) auf Brian McBride. Baia schaut nur zu. 3:0. „Das war wie im Traum. Wir haben nicht groß nachgedacht, sondern einfach die Dinger reingehauen", jubelt Torschütze McBride. Beto gelingt nach Figo-Ecke noch vor der Pause das 1:3 (39.). Jeff Agoos lenkt eine Pauleta-Flanke zum 2:3 (71.) ins eigene Netz. Das zweite Eigentor macht das Spiel spannend. Aber richtig dramatisch wird es nicht mehr. Portugal wirkt verkrampft, lustlos – und verliert verdient.

Eigentor!

Super-Star Luis Figo ärgert sich über den Patzer von Agoos (71. Minute), US-Stürmer Landon Donovan dreht jubelnd ab

Fußball WM 2002

Ballert, bis sie grün werden!

Die WM-Schlagzeile des Tages

Gruppe E
05. Juni · 20.30 Uhr — **Ibaraki (JPN)**

Deutschland – Irland	1:1

Deutschland: Kahn – Linke, Ramelow, Metzelder – Frings, Hamann, Ziege – Schneider (90. Jeremies), Ballack – Klose (85. Bode), Jancker (75. Bierhoff)

Irland: Given – Finnan, Breen, Staunton (88. Cunningham), Harte (74. Reid) – G. Kelly (73. Quinn), Holland, Kinsella – Kilbane – Duff, Keane

Tore: 1:0 Klose (19.), 1:1 Keane (90+2.) **Ecken:** 2:2 **Schiedsrichter:** Kim Milton Nielsen (Dänemark) **Zuschauer:** 35.854 **Gelbe Karten:** keine **Gelb/Rote Karten:** keine **Rote Karten:** keine

Tabelle Gruppe E		Tore	Punkte
1	Deutschland	9:1	4
2	Irland	2:2	2
3	Kamerun	1:1	1
4	Saudi-Arabien	0:8	0

WM-NEWS

Nix Amore...
■ Italiens Trainer Giovanni Trapattoni dämpfte die Freude seiner Spieler über die Anreise ihrer Frauen: „Für Erfolg müssen wir uns Regeln auferlegen." Regel 1: Kein Sex vorm Spieltag.

Appell an die Saudis
■ An die 0:8-Saudis hat sich jetzt Prinz Sultan Ben Abdel Aziz gewandt. Der Verteidigungsminister rief das Team aus Riad an: „Ich fordere euch auf, alles zu tun, um der Welt ein positives Image unseres Landes zu zeigen."

Seltsamer Reporter
■ Ein Radio-Reporter aus Ekuador hatte sich sein Haar in den Landesfarben gelb-rot-blau gefärbt. Als er auch noch in Fan-Gesänge einstimmte, ließ ihn der Sicherheitsdienst überprüfen. Er habe einen seltsamen Eindruck gemacht...

Das war un

Und dabei hatte alles so gut angefangen...

Erster Klose-Auftritt nach 6 Minuten. Seine Flanke von der Torauslinie pflückt Torwart Given runter.

16. Minute, Kloses zweiter Auftritt. Unser neuer Stürmer-Star verhakt sich im Strafraum in Stauntons Beinen, fällt schwalbenverdächtig. Kein Elfer. Zu Recht.

19. Minute. Ballacks Zuckerpass über 35 Meter fällt wie Watte auf den Kopf von Klose. Er ist Harte davongewitscht, köpft gegen die Laufrichtung von Given ins Netz. 1:0 – ein Zuckerwatte-Tor! Und natürlich der Salto Klosale!

Dann stockt uns zweimal der Atem. Sprinter Kahn ist schneller, rettet 25 Meter vor dem Grätsche (21.). Ein als Duff, Tor mit Holland-Geschoss zischt knapp rechts vorbei (24.).

Eine Minute vor der Halbzeit noch einmal Riesen-Glück für Deutschland. Matt Hollands Fallrückzieher im Fünfmeterraum wird ein Luftschlag.

Nach dem Wechsel ist der Rhythmus bei der deutschen Elf raus. Es geht zu wenig nach vorn.

57. Minute. Irischer Blitzangriff. Flanke Finnan, Kopfballvorlage Kilbane, Duff schießt aus 7 m – Kahn fliegt, rettet mit der Leiste! Der Druck der Iren wird stärker. Da reißt Ballack mit neuem Zuckerpass ein Loch in Irlands Abwehr. Jancker plötzlich allein vor Given. Prima, er hebt

Der Ausgleich in letzter Sekunde
III Sekunden in der Nachspiel-Zeit: Keane (21, Leeds) mit rechts...

Sein Tor lässt Deutschland zittern
Irlands Robbie Keane feiert seine erstes WM-Tor mit einem Radschlag

teririsch

vorbei. Leider auch am Tor (68.). Es wäre das Tor zum Achtelfinale gewesen... Es kommt ganz anders.

83. Minute. Stellungsfehler Nr. 1 von Ramelow. Der quirlige Holland allein vor Kahn – unser Torwart-Titan rettet wieder. Schon zu diesem Zeitpunkt hat Kahn Schlimmeres verhindert. 90. Minute. Rudi tobt an der Außenlinie. Als ob er's geahnt hätte... Nachspielen. 92. Minute. Ramelows Stellungsfehler Nr. 2. Oh Gott. Er versucht, den Ball mit einer langen Grätsche wegzuschlagen, säbelt aber vorbei. Keane hämmert den Ball über Kahn ins Netz. 1:1.

Keane ist schon am Fünfmeterraum. Kahn wirft sich dem Iren entgegen, wird von Keane auch noch getroffen. Trotzdem zischt der Ball vom rechten Innenpfosten ins Tor. Genau 111 Sekunden waren in der Nachspielzeit um. Nur 69 Sekunden fehlten zum Sieg!

Einfach unterirdisch, dieses blöde Tor. Ramelow hinterher kleinlaut: „Wir hatten doch Ballbesitz und ihn leichtsinnig verloren. Solche Kleinigkeiten werden international eben bestraft."

Kleinigkeiten? Kapitän Kahn wurde da schon deutlicher: „So einen Fehler darf man auch in der 92. Minute nicht machen."

Kloses zweiter Salto für Deutschland

Wenn er trifft, dann steht die ganze Welt auf dem Kopf. Jedenfalls für ihn. Torjäger Miroslav Klose! Gegen Irland zeigt er uns nach Vorrunden-Treffer Nummer vier den Torsalto Nummer zwei.

...da ist selbst der überragende Kahn geschlagen. Zuvor hat er alles gerettet

Stinksauer

stampfte Olli Kahn nach dem Unentschieden in die deutsche Kabine

Bild HAMBURG
Neuer Preis-Hammer in BILD
Nur 1:1 Kahn & Klose
...der Rest war tote Hose!
Westerwelle erklärt Möllemann Krieg!
expert 99,-

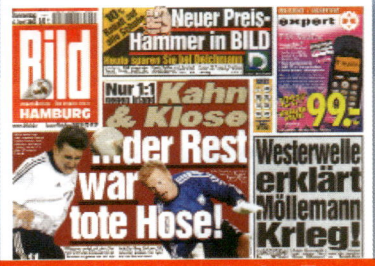

Die WM-Schlagzeile des Tages

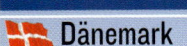

Gruppe A 06. Juni · 15.30 Uhr	Daegu (KOR)
Dänemark – Senegal	1:1

Dänemark: Sörensen – Helveg, Laursen, Henriksen, Heintze – Töfting, Gravesen (62. Poulsen) – Tomasson – Rommedahl (89. Lövenkrands), Grönkjaer (50. Jörgensen), Sand

Senegal: Sylva – Coly, Diatta, P. M. Diop, Daf – Diao – Sarr (46. H. Camara), P. B. Diop – M. Ndiaya (46. S. Camara, 83. Beye), Fadiga, Diouf

Tore: 1:0 Tomasson (16., Foulelfmeter), 1:1 Diao (52.) **Ecken:** 4:8 **Schiedsrichter:** Carlos Batres (Guatemala) **Zuschauer:** 43.500 **Gelbe Karten:** Sand, Tomasson, Helveg, Poulsen – Diao, Fadiga **Gelb/Rote Karten:** keine **Rote Karten:** Diao (80.)

Gruppe A 06. Juni · 20.30 Uhr	Busan (KOR)
Frankreich – Uruguay	0:0

Frankreich: Barthez – Thuram, Leboeuf (16. Candela), Desailly, Lizarazu – Micoud, Vieira, Petit – Wiltord (90+3. Dugarry), Trezeguet (81. Cisse), Henry

Uruguay: Carini – Lembo, Montero, Sorondo – Varela, Garcia, Romero (70. de los Santos), Rodriguez (72. Guigou) – Recoba – Silva (59. Magallanes), Abreu

Tore: keine **Ecken:** 8:4 **Schiedsrichter:** Felipe Ramos Rizo (Mexiko) **Zuschauer:** 38.289 **Gelbe Karten:** Petit – Garcia, Abreu, Romero, Silva **Gelb/Rote Karten:** keine **Rote Karten:** Henry (25.)

	Tabelle Gruppe A	Tore	Punkte
1	Dänemark	3:2	4
2	Senegal	2:1	4
3	Uruguay	1:2	1
4	Frankreich	0:1	1

WM-NEWS

Italien will Sänger

Italien hat Probleme... Dort wird darüber diskutiert, ob Nationalspieler bei der Hymne mitsingen müssen oder nicht. Vor dem Ekuador-Spiel hatten die „Azzurri" geschwiegen. Der zweifache Torschütze Vieri: „Wer singen will, soll singen. Wer nicht will, lässt es eben – basta!"

Drohung gegen Rivaldo

Die Disziplinar-Kommission der FIFA hat den Brasilianer Rivaldo ermahnt: Sollte er während der WM noch einmal durch eine Schwalbe auffallen, werde er eine deutlich härtere Strafe erhalten. Nach seiner Schauspieleinlage gegen die Türkei musste Rivaldo bereits 7800 Euro Bußgeld zahlen.

Mexiko-Trainer nach Spanien

Nationaltrainer Javier Aguirre übernimmt nach der WM den spanischen Erstligisten CA Osasuna.

6x Gelb, 1x Rot
Schwerstarbeit für den Schiri...

40 Grad, Backofen-Hitze. Kein Wunder, dass das 1:1 zwischen Dänemark und Weltmeister-Bezwinger Senegal eine ganz heiße Kiste wurde. 6-mal Gelb, 1-mal Rot.

Beim WM-Auftakt bewunderten wir locker-leicht aufspielende Senegalesen. Senegal als „Sene-gallig": In der 12. Minute tritt Fadiga gegen Helveg fies nach. Der Schiri sieht's nicht.

15. Minute: Diao springt Tomasson ins Kreuz. Elfmeter! Der Gefoulte trifft. 1:0! Verdiente Halbzeit-Führung.

In der 2. Hälfte ein anderes Bild. „Diese Hitze ist nichts für Europäer", stöhnt Coach Morten Olsen. Den Afrikanern gefällt's: Diao gleicht mit feinem Außenrist-Schlenzer aus (52.).

Unrühmlicher Schlusspunkt: Torschütze Diao mit Knochenbrecher-Attacke gegen Henriksen (80.). Rot! Er darf zum Abkühlen vorzeitig unter die Dusche...

Später wurde es noch richtig hitzig – wegen der unerträglichen Wärme. Super-Torjäger Jon Dahl Tomasson (3 WM-Tore) wütend: „Wir müssen zweimal um 15.30 Uhr bei größter Hitze und einmal um 18 Uhr antreten. Und die Deutschen spielen dreimal um 20.30 Uhr. Das ist schon merkwürdig. Es ist doch alles ein bisschen korrupt, wenn den großen Ländern Vorteile eingeräumt werden."

Die Dänen haben bereits bei der FIFA gegen „diese Ungerechtigkeit" (Olsen) ihrer frühen Anstoß-Zeiten protestiert.

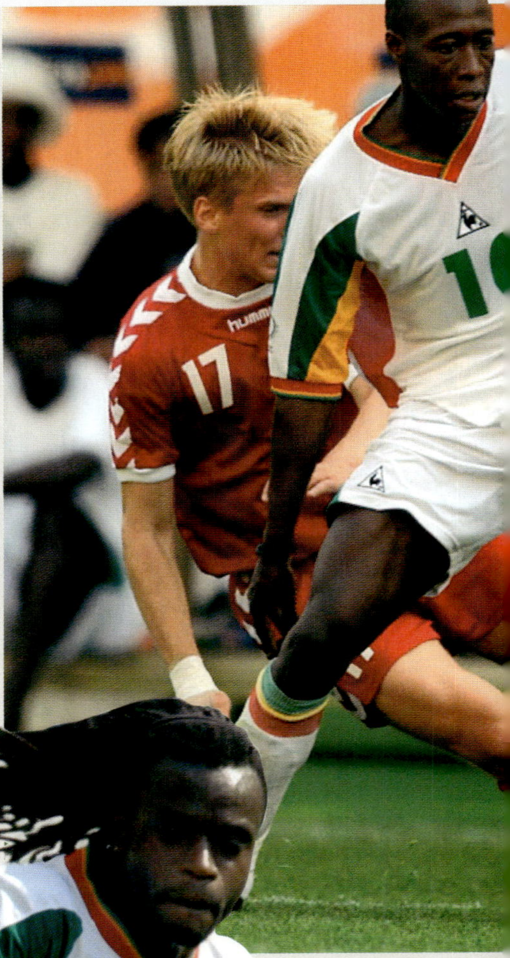

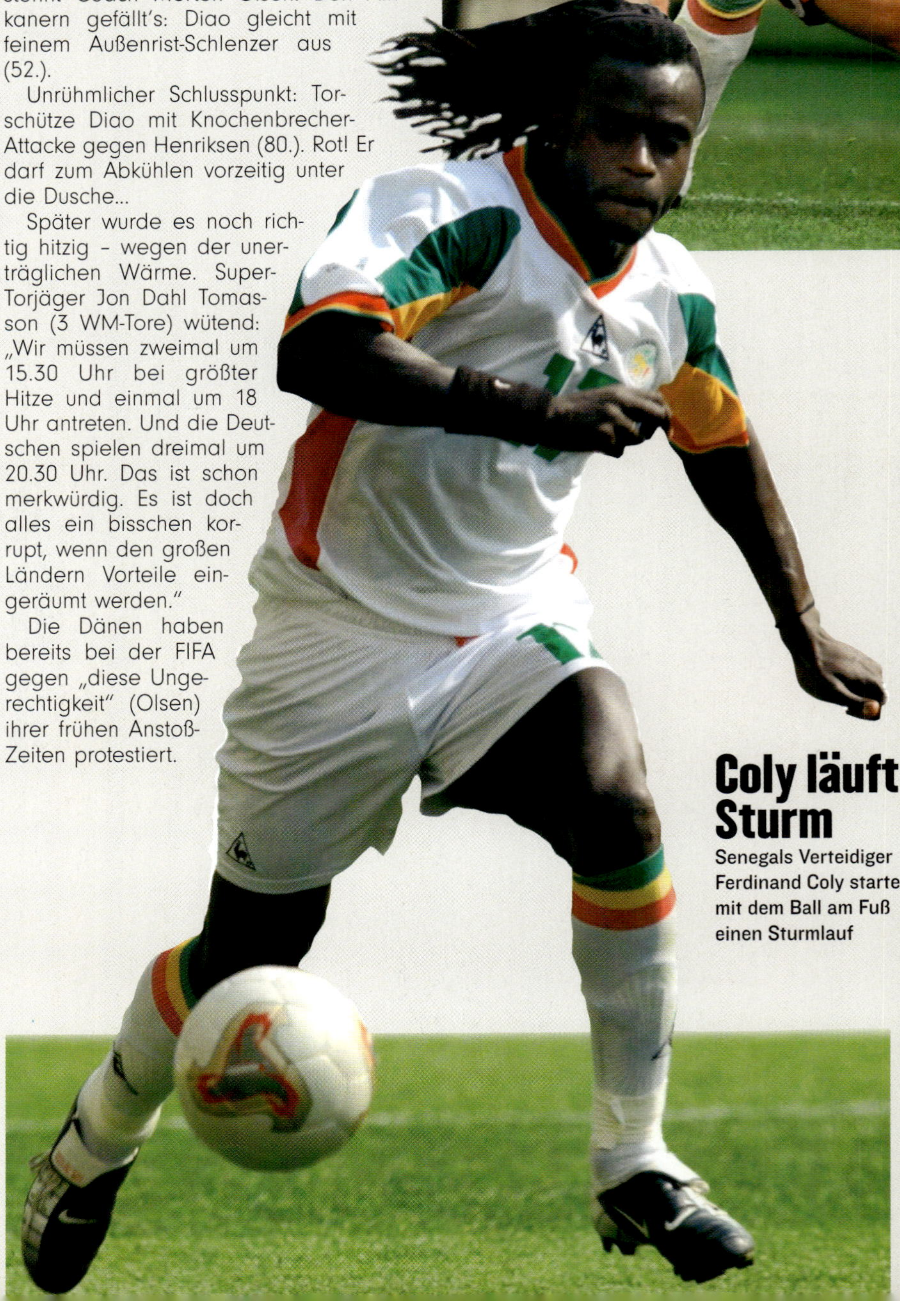

Coly läuft Sturm
Senegals Verteidiger Ferdinand Coly startet mit dem Ball am Fuß einen Sturmlauf

Tackling

Dänemarks Christian Poulsen (hinten) setzt zum Tackling gegen den senegalesischen Angreifer Khalilou Fadiga an

Weltmeister Frankreich nur noch 'ne schlappe Nullnummer

Titelverteidiger Frankreich steht am WM-Abgrund! Kein Zidane, kein Erfolg.

Erst 0:1 gegen Senegal, jetzt 0:0 gegen Uruguay. Das arrogante Frankreich nur noch eine schlappe Nullnummer – dabei haben sie die Torschützenkönige aus England (Henry/Arsenal), Italien (Trezeguet/Juventus) und Frankreich (Cisse/Auxerre)!

Der letzte Spieltag der Gruppe A am kommenden Dienstag: Frankreich gegen Dänemark, Uruguay gegen Senegal. Nur ein Sieg mit zwei Toren Differenz bringt den Weltmeister ins Achtelfinale. Sonst: Adieu les Bleus!

Zinedine Zidane war zwar gestern im Spielort Busan. Aber erst nur im 14. Stock des Mannschaftshotels, dann in der Kabine, um dort das Spiel im TV zu gucken.

Die Zerrung im linken Oberschenkel droht ihm und ganz Frankreich tatsächlich die WM zu versauen. Trainer Roger Lemerrre: „Ich habe aber das Gefühl, dass Zidane am Dienstag spielt."

Frankreich gegen Uruguay – da atmeten die 38 000 Zuschauer WM-Dramatik pur.

Fußball-Legende Platini zerknirschte sich auf der Tribüne in der 25. Minute das Gesicht: Henry flog mit gestrecktem Bein auf Romero zu, Knallrot von Schiri Felipe Rizo Ramos (Mexiko). 35. Minute: Petit ganz groß! Er zirkelt einen 18-Meter-Freistoß über die Mauer, Außenpfosten.

52. Minute: Recoba überläuft Keeper Barthez, spitzer Winkel, das Tor ist leer – Außennetz.

Attacke, Angriff, Alarm!

Und in der Nachspielzeit kann Magallares die Franzosen schon zurück auf den Eiffelturm schießen. Frei vor Barthez, Flachschuss mit links, Glanzparade und letzte Rettung der Glatze. Uff!

Kopf oder Ball

Der uruguayische Verteidiger Alejandro Lembo (M.) springt höher als Mannschaftskollege Gustavo Varela (l.). Doch der Franzose Johan Micoud entscheidet das Kopfballduell für sich

Die WM-Schlagzeile des Tages

Gruppe E
06. Juni · 18.00 Uhr   **Saitama (JPN)**

Kamerun	–	S.-Arabien	**1:0**

Kamerun: Boukar – Song, Kalla, Tchato – Geremi, Foe, Wome (84. Njanka) – Lauren, Ngom Komé (46. Olembe) – Eto'o, Mboma (74. Ndiefi)

Saudi-Arabien: Al Deayea – Al Shehri – Al Johani, Tukar, Zubromawi (7l. Al Dosary), Sulimani – A. Al Shahrani, I. Al Shahrani, Khathran (86. Noor) – Al Temyat – O. Al Dosari (35. Al Yami)

Tore: l:0 Eto'o (66.) **Ecken:** 8:l **Schiedsrichter:** Terje Hauge (Norwegen) **Zuschauer:** 52.328 **Gelbe Karten:** Wome – Al Yami
Rote Karten: keine

Tabelle Gruppe E

		Tore	Punkte
1	Deutschland	**9:1**	**4**
2	Irland	**2:2**	**2**
3	Kamerun	**2:1**	**4**
4	Saudi-Arabien	**0:9**	**0**

WM-NEWS

Nett zu Keane
■ Der WM-Rausschmiss hat Irlands Kapitän Roy Keane daheim kaum Popularität gekostet. Als er seine Eltern nahe Cork besuchte, wurde er von mehreren hundert Fans umschwärmt. Auch bei einem Pub-Besuch gab es keine Anfeindungen.

Machtkampf
■ Zwischen Slowenien-Star Zahovic und Trainer Katanec (früher Profi in Stuttgart) ist ein Machtkampf entbrannt. Der gegen Spanien ausgewechselte Zahovic soll nach der l:3-Niederlage wie ein Stier auf den Trainer losgegangen sein. Es folgte die Drohung, abzureisen. Der Trainer: „Nach der WM ist für mich Schluss!"

Streik stoppt TV
■ Ekuadors Fußball-Fans droht für die Zeit der WM ein TV-Fiasko. Telekommunikationsmitarbeiter streikten. Die Gewerkschaft will sogar die Satelliten-Verbindung kappen.

Schiri abgelehnt
■ Die Türken fordern nach dem Ärger über den südkoreanischen Schiri Young-Joo (falscher Elfer, zwei Platzverweise) einen erfahreneren Referee gegen Costa Rica. Colli Cadija (Benin) soll abgesetzt werden.

Winni im Glück
1:0 Duselsieg

Gurkennummer: Fast 90 Minuten lang gurken die Afrikaner langsam und einfallslos vor der Saudi-Abwehr rum. Vor der Pause schaffen sie nur einen einzigen Torschuss. Ihre einzige Idee haben sie von Rudi abgeguckt: Hoch flanken. Aber hoch gewinnen klappt nicht. Wir müssen allerdings zugeben: Die Saudis sind gar nicht wiederzuerkennen. Sie spielen diesmal richtig guten Fußball...

Saudi-Prinz Turki bin Chalid muss sich während des Spiels immer wieder Sand aus den Augen wischen. Seine kickenden Untertanen spielen wie frisch geölt. Sind die bessere Mannschaft.

Die Wüsten-Fußballer haben ein halbes Dutzend dicke Chancen. Aber sie verballern sie alle. Kameruns Stürmerstar Eto'o (spielt für Mallorca) bestraft das mit seinem Treffer in der 65. Minute.

Winni im Glück. Wir sagen: Schade, ihr Saudis! Der Sieg war drin...

Heißer Tanz um den Ball
Kameruns Mittelfeldspieler Salomon Olembe (u.) mit dem saudi-arabischen Abwehrspieler Mohammed Al-Johani

WM-Emotionen

Die Kamerun-Anhänger (o.) feiern den Sieg, der Saudi-Fan (r.) könnte würgen

Der große Showdown in Gruppe E kann beginnen.

Nach Kameruns 1:0 gegen Saudi-Arabien ist klar: Uns reicht ein Unentschieden zum Weiterkommen. Winni Schäfer dagegen muss am 11. Juni Deutschland schlagen, um sicher ins Achtelfinale zu kommen. Ausgerechnet ein Deutscher also kann (und will) uns aus der WM kippen.

Schäfer: „Ich wollte diese Situation vermeiden. Aber nun geht es nicht mehr. **Gegen Deutschland bin ich für 90 Minuten kein Deutscher mehr,** sondern ein unbezwingbarer Kameruner Löwe. Das bin ich meinen Spielern schuldig."

Winni Wahnsinn gegen Deutschland – wahrscheinlich die pikanteste Situation in unserer Fußball-Geschichte.

Schäfer. „Ich kenne Rudis Spieler natürlich bestens. Für mich ist Deutschland zwar Favorit. Aber wir haben einen psychologischen Vorteil, weil wir gewonnen haben und Deutschland in der Nachspielzeit noch das 1:1 kassiert hat. Das könnte Deutschland einen Knacks geben. Wir können jeden Gegner schlagen. Da bin ich sicher."

Der große Showdown in Gruppe E. Wie reagiert Rudi Völler auf das K.o.-Spiel gegen Winni?

Völler zu BILD, nachdem er den Kamerun-Sieg gegen die Saudis am Hotel-TV gesehen hatte: „Wir dürfen uns von dem knappen 1:0 nicht blenden lassen. Sie können und werden gegen uns besser spielen."

Und das Duell gegen Winni Schäfer?

Rudi Völler selbstbewusst: „Im Zweikampf der beiden deutschen Trainer werden wir im Achtelfinale einziehen."

Eines steht seit gestern auch fest: Ein Schummel-Spiel wie 1982 das berüchtigte 1:0 gegen Österreich ist fast ausgeschlossen. Denn damit Kamerun ein Unentschieden fürs Weiterkommen reicht, müssten die Iren zeitgleich nur ein Remis gegen die Saudis spielen. Und daran glaubt niemand...

Schöner Schreck für Winni Schäfer

Samuel Eto'o rennt ihm nach seinem Tor mit nacktem Oberkörper in die Arme, brüllt Winni seine Freude ins Ohr

Die WM-Schlagzeile des Tages

Super-Adler fliegen heim

Schweden: Hedman – Mellberg, Jakobsson, Mjällby, Lucic – Linderoth – Alexandersson, Ljungberg – A. Svensson (84. Magnus Svensson) – Larsson, Allbäck (64. A. Andersson)

Nigeria: Shorunmu – Yobo, West, Okoronkwo, Udeze – Christopher – Okocha, Utaka, Babayaro (65. Kanu) – Aghahowa, Ogbeche (71. Ikedia)

Tore: 0:1 Aghahowa (27.), 1:1 Larsson (35.), 2:1 Larsson (62., Foulelfmeter) **Ecken:** 8:2 **Schiedsrichter:** René Ortube (Bolivien) **Zuschauer:** 36.194 **Gelbe Karten:** Mjällby, Alexandersson – West **Gelb/Rote Karten:** keine **Rote Karten:** keine

Tabelle Gruppe F

			Tore	Punkte
1		Schweden	3:2	4
2		England	2:1	4
3		Argentinien	1:1	3
4		Nigeria	1:3	0

Gruppe B
07. Juni · 18.00 Uhr — Jeonju (KOR)

Spanien	–	Paraguay	3:1

Spanien: Casillas – Puyol, Hierro, Nadal, Juanfran – Baraja – Luis Enrique (46. Helguera), de Pedro – Valeron (85. Xavi) – Raul, Tristan (46. Morientes)

Paraguay: Chilavert – Caceres, Ayala, Gamarra – Arce, Paredes, Caniza (78. Struway) – Acuna – Gavilan, Santa Cruz, Cardozo (62. Campos)

Tore: 0:1 Puyol (10., Eigentor), 1:1 Morientes (53.), 2:1 Morientes (69.), 3:1 Hierro (83., Foulelfmeter) **Ecken:** 5:3 **Schiedsrichter:** Gamal Ghandour (Ägypten) **Zuschauer:** 24.000 **Gelbe Karten:** Baraja – Arce, Gavilan, Santa Cruz **Gelb/Rote Karten:** keine **Rote Karten:** keine

Tabelle Gruppe B

			Tore	Punkte
1		Spanien	6:2	6
2		Südafrika	2:2	1
3		Paraguay	3:5	1
4		Slowenien	1:3	0

WM-NEWS

Fernseh-Urteil

■ Die ARD muss die WM-Spiele nicht digital übertragen! Das entschied das Verwaltungsgericht Köln. Grund der Klage: Rund 3 Millionen Digitalempfänger schauten bei der WM bislang in die Röhre, weil die ARD die Übertragungsrechte nur für das analoge Fernsehen gekauft hatte.

Schade, schade!

Die Super-Adler müssen nach Hause fliegen – der erste K.o. in der Brutalo-Gruppe F.

Schade deshalb, weil Nigeria und Schweden beim 1:2 mitreißend spielten. Chancen in Hülle und Fülle. 21 Torschüsse in der ersten Halbzeit. Das ist WM-Rekord!

Und schade deshalb, weil die Adler sooo schön jubeln.

27. Minute: Aghahowa begeistert uns erst mit seinem Tor. Er springt höher als 3 Schweden-Hünen und dann diese Bodenkür: Flic-Flac-zack-zack – 6 Handstandüberschläge und ein Salto. Keiner turnte bisher so elegant wie der jüngste WM-Torschütze (20).

Doch dann ist Larsson-Time: Der Celtic-Glasgow-Star trifft im Doppelpack (35. und 62./Foulelfmeter).

Schweden auch mit der spektakulärsten WM-Szene: Lucic will nach Okocha-Solo klären, schießt Mjällby an, von dort prallt der Ball an den Pfosten (38.).

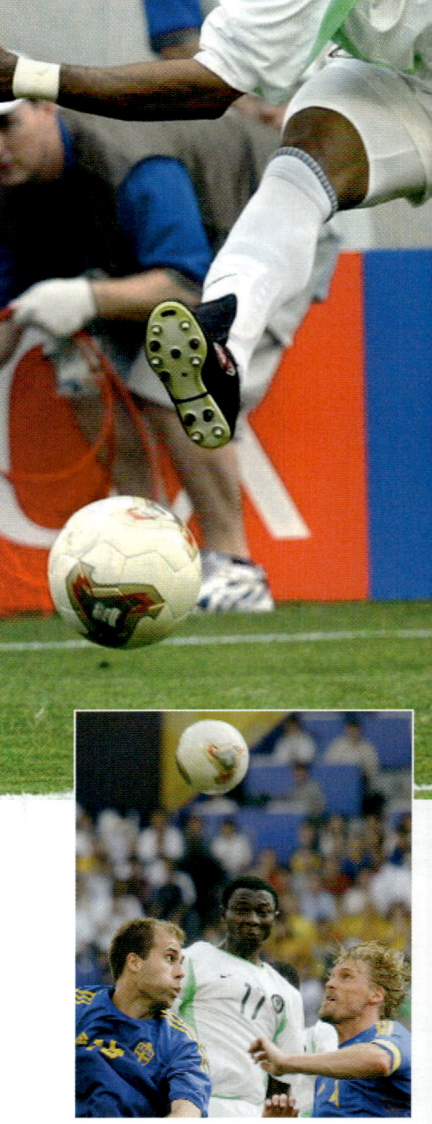

Kunstturn-Einlage

Nigerias Stürmer Bartholomew Ogbeche (r.) freut sich mit dem Torschützen Julius Aghahowa über das 1:0

Schweden-Stahl

Teddy Lucic (l.) und Johan Mjällby nehmen beim Kopfball den Nigerianer Garba Lawall in die Zange

Morientes Doppelpack!
Spanien im Achtelfinale

Mit voller Wucht

Der spanische Stürmer Fernado Morientes (l.) steigt hoch und erzielt per Kopfball die 2:1-Führung

Freudensturm beim Mittelstürmer Fernando Morientes (l.) nach seinem 1:1-Ausgleichstor

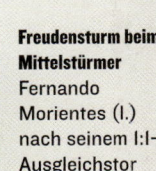

Torwart auf Torjagd

Paraguays Torhüter Jose Luis Chilavert (Mitte vorn) versucht vergeblich einen Freistoß in das spanische Tor zu zirkeln

Caramba – Spanien ist als erstes Team dieser WM für das Achtelfinale qualifiziert! Nach dem 3:1 gegen Paraguay hat die Truppe von Trainer Camacho schon vor dem letzten Vorrunden-Spiel den zweiten Tabellenplatz in der Gruppe B sicher.

Die sonst so zurückhaltenden südkoreanischen Fans – gestern riefen auch sie begeistert Tor-ero Fernando Morientes. Der 26-jährige Stürmer von Real Madrid wurde in der Halbzeit für Tristan eingewechselt, knipste mit zwei Toren die zarten Achtelfinal-Träume Paraguays nach dem Eigentor von Puyol (10.) aus.

Erst wuchtete er einen Kopfball unter die Latte (53.), dann nutzte der Tor-ero den Blackout von Keeper Chilavert, der eine Flanke unterlief, zum 2:1 (69.). Der Schlusspunkt: Hierro per Foulelfmeter zum 3:1-Endstand (82.).

Die WM-Schlagzeile des Tages

Gruppe F
07. Juni · 20.30 Uhr   Sapporo (JPN)

Argentinien –	England	0:1

Argentinien: Cavallero – Pochettino, Samuel, Placente – Zanetti, Simeone, Sorin – Veron (46. Aimar) – Ortega, Gonzalez (64. C. Lopez) – Batistuta (60. Crespo)

England: Seaman – Mills, Ferdinand, Campbell, A. Cole – Butt, Hargreaves (19. Sinclair) – Beckham, Scholes – Owen (80. Bridge), Heskey (56. Sheringham)

Tore: 0:1 Beckham (44., Foulelfmeter) **Ecken:** 9:3 **Schiedsrichter:** Pierluigi Collina (Italien) **Zuschauer:** 35.927 **Gelbe Karten:** Batistuta – A. Cole, Heskey **Gelb/Rote Karten:** keine **Rote Karten:** keine

Tabelle Gruppe F

			Tore	Punkte
1		Schweden	3:2	4
2		England	2:1	4
3		Argentinien	1:1	3
4		Nigeria	1:3	0

WM-NEWS

WM-Rekord

■ Torrekord in Asien: Das 0:0 von Frankreich gegen Uruguay war das erste torlose Remis dieser WM. Vorher fiel in allen 19 Partien mindestens ein Tor – die beste Bilanz in der 72-jährigen WM-Geschichte.

Party bei den Amis

■ Euphorische Stimmung in den USA. Die Presse überhäufte ihre Boys nach dem 3:2-Sieg gegen Portugal mit Lobeshymnen: „Soccer Shocker. Die Welt horcht auf. USA erzielen größten Sieg seit 1950."

Telefon-Verkauf

■ Stadien mit freien Plätzen. Japan hat immer noch Probleme mit dem Absatz seiner Karten, die nicht rechtzeitig in den Verkauf kamen. Jetzt sollen Tickets auch per Telefon-Hotlines abgesetzt werden.

Land im Trikot...

■ In Südkorea ist nach dem ersten Sieg bei einer WM nichts mehr, wie es war. Staatspräsident Kim Dae Jung (77) trägt Fan-Schal und Schirmmütze. Und der Fernsehmoderator der Nachrichtensendung verliest die Meldungen plötzlich im Fußballtrikot. Das ganze Land trägt Trikot...

Beckham-Elfer Argentinien

Der Schuss ins Glück

David Beckham drischt den Ball flach in die Tormitte, besiegt mit diesem Treffer sein jahrelanges Argentinien-Trauma

Die süße Rache des David Beckham – jetzt hat er sein Argentinien-Trauma überwunden! 1:0, der erste Sieg für England bei der WM! Und der erste gegen den Erzrivalen seit 1966. Beckham und Argentinien – bei der WM '98 flog er gegen die Gauchos mit Rot vom Platz, versaute England den Einzug ins Viertelfinale. Vor zwei Monaten haute ihm der Argentinier Pedro Duscher in der Champions League den Mittelfuß durch, ließ „Becks" bis zum Schluss um seinen WM-Einsatz bangen.

Vorbei und vergessen! In der Entschei-dungsschlacht der Todes-Gruppe F wurde Beckham gestern zum englischen National helden. Er verwandelte eiskalt den entschei denden Foulelfer zum 1:0-Triumph gegen der Erzrivalen.

Die Schlacht ist geschlagen – und beide Teams sind noch am Leben. Doch während England im letzten Vorrundenspiel gegen Nigeria ein Unentschieden fürs Achtelfinale reicht, muss Argentinien unbedingt gegen Schweden gewinnen. Schon vor dem Anpfiff wurde scharf geschossen. Die argentinische

r versenkt

Fassungslos! Stürmer-Star Batistuta nach der Niederlage gegen den Erz-rivalen England

Reklamation zwecklos

Der Argentinier Mauricio Pochettino läuft gestikulierend und beschwichtigend auf den Schiri zu, nachdem er im Strafraum ein Foul an Michael Owen begangen hat

Come on England: Englische Fans spornen ihr Team mit einer riesigen Fahne an

Der Match-winner

„Becks" umarmt beim Abpfiff Torhüter David Seaman

Sportzeitung „Olé" untertitel-te ein Foto von David Beckham und Michael Owen, auf dem sie mit der britischen Flagge zu sehen sind, mit den Worten: „Ihr wisst, wo ihr euch die Flagge hinstecken könnt."

Gut, dass die Fans trotz der angeheizten Atmosphä-re kühlen Kopf bewahren. 36000 friedliche Zuschauer sorgen im Sapporo-Dome erstmals für echte WM-Stimmung. Und sehen einen packenden Kampf um jeden Grashalm.

Owen tanzt mit Samuel Tango – Innenpfosten (24.). Volley-Granate von Kily Gonzalez – hauchdünn drüber (31.). Dann die entscheidende 44. Minute: Pochet-tino fällt Owen – Elfer!

Beckham schießt knallhart in die Tormitte – und stammelt danach vor Glück: „Unglaublich! Ich habe vier Jahre auf diese Revanche war-ten müssen..."

Gleiche Konstellation wie bei Attentat vom 11. September

Angst vor Unglücks-Sternen

BILD HAMBURG

Salto-Verbot für Klose

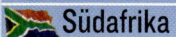

Die WM-Schlagzeile des Tages

Gruppe B
08. Juni · 15.30 Uhr — Daegu (KOR)

	Südafrika –	Slowenien	1:0

Südafrika: Arendse – Nzama, A. Mokoena, Radebe, Carnell – Zuma, Sibaya, T. Mokoena, Fortune (86. Pule) – Nomvethe (72. Buckley), McCarthy (81. Koumantarakis)

Slowenien: Simeunovic – Vugdalic – Milinovic, Knavs (61. Bulajic) – Novak, A. Ceh, Pavlin, Karic – Acimovic (61. N. Ceh) – Cimirotic (42. Osterc), Rudonja

Tore: 1:0 Nomvethe (4.) **Ecken:** 6:6 **Schiedsrichter:** Angel Sanchez (Argentinien) **Zuschauer:** 47.226 **Gelbe Karten:** Radebe, T. Mokoena – Milinovic, A. Ceh, Pavlin, Vuydalic **Gelb/Rote Karten:** keine **Rote Karten:** keine

Tabelle Gruppe B

			Tore	Punkte
1		Spanien	6:2	6
2		Südafrika	3:2	4
3		Paraguay	3:5	1
4		Slowenien	1:4	0

Gruppe C
08. Juni · 20.30 Uhr — Seogwipo (KOR)

	Brasilien –	China	4:0

Brasilien: Marcos – Polga – Lucio, R. Junior – Cafu, Carlos – Silva – Rivaldo, Paulista (71. Ricardinho) – Ronaldo (72. Edilson), Ronaldinho (46. Denilson)

China: Jiang – Xu, Wu, W. Li, Du – Zhao, T. Li, Ma (62. P. Yang), X. Li – Qi (66. Shao) – Hao (75. Qu)

Tore: 1:0 Carlos (15.), 2:0 Rivaldo (32.), 3:0 Ronaldinho (45., Foulelfmeter), 4:0 Ronaldo (55.) **Ecken:** 6:5 **Schiedsrichter:** Anders Frisk (Schweden) **Zuschauer:** 36.750 **Gelbe Karten:** Ronaldinho, R. Junior **Gelb/Rote Karten:** keine **Rote Karten:** keine

Tabelle Gruppe C

			Tore	Punkte
1		Brasilien	4:1	6
2		Costa Rica	2:0	3
3		Türkei	1:2	0
4		China	0:6	0

WM-NEWS

Bunter Patriotismus

■ Die Fans der brasilianischen Nationalmannschaft können jetzt auch in ganz besonderen Momenten die Fahne ihres Landes hoch halten. Pünktlich zur WM brachte ein Kondomfabrikant „Verhüterli" in den grün-gelben Nationalfarben auf den Markt – mit Pfefferminzgeschmack!

Das erste Euro-Team fährt nach Hause

Das Achtelfinale winkt

Südafrikas Mittelfeld-Akteur Sibusiso Zuma (l.v.) und Abwehrspieler Bradley Carnell schauen zuversichtlich nach vorn

Zweites Spiel, zweite Pleite, WM vorbei.
Slowenien kann die Koffer packen. Nach der 0:1-Pleite gegen Südafrika muss das Team von Trainer Srecko Katanec (früher Stuttgart) als erstes europäischeas Team nach Hause fahren.

Die Südafrikaner haben dagegen ihren ersten Sieg bei einer WM geschafft. Ihnen reicht eine sehr durchschnittliche Leistung, um drei Punkte in Gruppe B einzufahren.

WM-Neuling Slowenien enttäuscht auch im zweiten Spiel auf ganzer Linie. Wollte oder konnte die Mannschaft nach dem Rauswurf von Mittelfeld-Star Zlatko Zahovic nicht?

Mit dem frühen Tor von Siyabonga Nomvethe (Udinese Calcio/Italien) entscheidet Südafrika bereits in der 4. Minute die Partie. Danach macht sich Langeweile im World-Cup-Stadion breit. Selbst die sonst sehr geduldigen Koreaner quittieren die Leistung der Teams mit Pfiffen.

Erst Mitte der zweiten Hälfte bemühen sich die Slowenen ein wenig, lassen ein bisschen Angriffsfußball erkennen. Bezeichnend: In der 70. Minute gibt es die erste Torchance! Das ist zu wenig.

Die Afrikaner vom Kap können jetzt vom Cup träumen. Südafrika steht mit vier Punkten vor dem Einzug in die nächste Runde. Im letzten Gruppenspiel reicht ein Punkt gegen Spanien.

Der Siegtreffer

Südafrikas Nomvethe (l.) lenkt den Ball im Sprung zur 1:0-Führung mit dem Oberschenkel in das slowenische Tor

„Wir sind bereit für den Titel"
Brasilien deklassiert China

Brasilien zaubert, China schaut zu.

Fehlte eigentlich nur noch, dass die Chinesen auf dem Platz Ronaldo um ein Autogramm anbettelten...

Der Titelfavorit schon sicher im Achtelfinale! Der Gegner kommt aus der Japan-Gruppe H. Wohl nur noch ein Spaziergang.

Ronaldo: „Die Welt hat gesehen, dass wir bereit sind, den Pokal zum 5. Mal zu gewinnen."

Na ja, es war halt so ein Spiel wie unser 8:0 gegen Saudi-Arabien.

15. Minute: Roberto Carlos zimmert einen 22-Meter-Freistoß in die Torwart-Ecke. Sein Vollgas-Fuß schien China-Keeper Jiang neu zu sein.

32. Minute: Ronaldinho sieht Rivaldo im Fünfmeterraum, Querpass, das 2:0. Der 2. WM-Treffer für Rivaldo, sein 30. Tor für Brasilien im 61. Länderspiel.

44. Minute: Li zieht Ronaldo zu Boden, Elfmeter. Rivaldo gönnt Ronaldinho die Ausführung: 3:0.

Fehlt nur noch ein Ronaldo-Tor. Genau, Abstauber in der 55. Minute.

Samba-Jubel.

2:0

32. Minute:
Rivaldo

1:0

15. Minute:
Roberto Carlos

3:0

45. Minute:
Ronaldinho

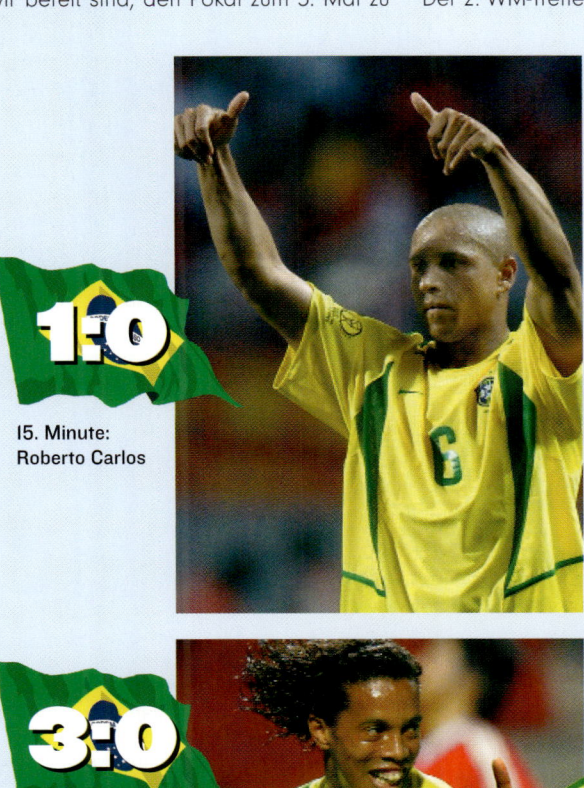

4:0

55. Minute:
Ronaldo

Die WM-Schlagzeile des Tages

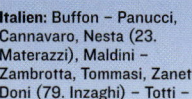

Gruppe G
08. Juni · 18.00 Uhr   **Ibaraki (JPN)**

Italien	–	Kroatien	**1:2**

Italien: Buffon – Panucci, Cannavaro, Nesta (23. Materazzi), Maldini – Zambrotta, Tommasi, Zanetti, Doni (79. Inzaghi) – Totti – Vieri

Kroatien: Pletikosa – R. Kovac – Simunic, Tomas – Saric, Soldo (62. Vranjes), N. Kovac, Jarni – Vugrinec (57. Olic) – Rapaic (79. Simic), Boksic

Tore: I:0 Vieri (55.), I:I Olic (73.), I:2 Rapaic (76.) **Ecken:** 5:4
Schiedsrichter: Graham Poll (England) **Zuschauer:** 36.472 **Gelbe Karten:** Vieri – R. Kovac **Gelb/Rote Karten:** keine **Rote Karten:** keine

Tabelle Gruppe G

		Tore	Punkte
1	Italien	3 : 2	3
2	Mexiko	1 : 0	3
3	Kroatien	2 : 2	3
4	Ekuador	0 : 2	0

WM-NEWS

Sex-Boom
■ Sind deshalb so wenig Zuschauer bei den Spielen in Südkorea? Die Stadt Ulsan vermeldet einen Besucherrekord in ihren Stundenhotels. „Ohne Reservierung geht gar nichts mehr", so ein Geschäftsführer. Viele Etablissements locken ihre Kunden mit Sonderangeboten, wie z.B. TV-Übertragungen oder speziellen WM-Menüs.

Brasilianer gelangweilt
■ Lagerkoller bei den Brasilianern! Die Südamerikaner mosern über die wenigen Freizeitmöglichkeiten in ihrem Quartier in Ulsan. Ersatzkeeper Ceni: „Hier ist es einfach stinklangweilig."

Gesangstraining
■ Der Streit um die Weigerung der italienischen Spieler, ihre Nationalhymne zu singen, schwelt weiter. Coach Giovanni Trapattoni nimmt's mit Humor, kündigte jetzt ein Sondertraining für sein Team mit speziellen Singübungen an.

Okocha-Rücktritt?
■ Nach dem bitteren Vorrunden-Aus denkt Nigerias Jay Jay Okocha über einen Rücktritt aus der Nationalelf nach. „Vielleicht sollte ich jüngeren Spielern Platz machen." Okocha ist 28...

Mamma mia!
Italien von Tomaten-Sc

Der „Gelbe" zeigt Vieri Gelb

Trainer Giovanni Trapattoni tobte: „Wir sind um den verdienten Lohn gebracht worden!"

58 Millionen Italienern schmeckte die Pasta nicht mehr. Beim 1:2 gegen Kroatien (Tore: Vieri – Olic, Rapaic) wurde die Squadra Azzurra furchtbar verschaukelt. Eine ganze Nation schrie wütend „scandalo". Die WM hat nach der Partie Brasilien gegen die Türkei (2:1/falscher Elfer, falsche Rote Karte) ihr nächstes Skandal-Spiel.

Mamma mia! Der nächste „Tomaten-Anfall" eines Schiris.

Italiens neuer Staatsfeind Nr. 1, Graham Poll, verweigerte dem WM-Favoriten zwei Treffer und verhinderte damit den vorzeitigen Einzug Italiens ins Achtelfinale.

1. Tomate: Stürmerstar Christian Vieri köpfte ein klares Tor (50.). Italien explodierte vor Freude, doch Poll entschied auf Abseits. Der Brite verhindert die Führung der Azzurri.

2. Tomate: Ein langer Pass von Marco Materazzi rollte in der Nachspielzeit ins Tor. Es wäre der 2:2-Ausgleich gewesen. Doch Poll sagte erneut

ri verpfiffen

Volle Streckung

Italiens Keeper Gianluca Buffon faustet dem Kroaten Milan Rapaic in allerletzter Sekunde die Kugel vom Fuß

„No". Ein normales Gezerre im Strafraum zwischen Filippo Inzaghi und Stjepan Tomas reichte dem Unparteiischen, um abzupfeifen.

Giovanni Trapattoni drehte nach dem Abpfiff total durch. Der sonst so korrekte „Gentleman Trap" verlor total die Fassung. Mit wutverzerrtem Gesicht, Tränen in den Augen und verdrehter Krawatte schrie er seinen Ärger hinaus. „Ich verstehe nicht, warum das Tor von Vieri nicht anerkannt wurde. Wir sind um den verdienten Lohn gebracht worden."

Auch Vieri konnte die Fehlentscheidungen nicht fassen: „Diese Schiedsrichter dürften nicht mal in der dritten Liga pfeifen." Italien kocht und will jetzt bei der FIFA Beschwerde einlegen...

Spielverderber

Da hilft kein Betteln und Bitten. Tomaten-Schiedsrichter Graham Poll lässt sich von Filippo Inzaghi nicht umstimmen. Das Tor von Vieri erkennt er nicht an. Krasse Fehlentscheidung!

Was erlauben Schiedsrichter...?

Italien-Coach Trapattoni erregt sich über die vielen Fehler von Schiedsrichter Graham Poll

Die WM-Schlagzeile des Tages

Gruppe G
09. Juni · 15.30 Uhr   **Miyagi (JPN)**

Mexiko	–	Ekuador	2:1

Mexiko: Perez – Vidrio, Marquez, Carmona – J. Rodriguez (87. Caballerro), Torrado, Arellano, Luna, Morales – Blanco (90+3. Mercado), Borgetti (77. Hernandez)

Ekuador: Cevallos – de la Cruz, Hurtado, Porozo, Guerron – Mendez, Obregon (58. Aguinaga), Chala, E. Tenorio (35. M. Ayovi) – Kaviedes (53. C. Tenorio), Delgado

Tore: 0:1 Delgado (5.), 1:1 Borgetti (28.), 2:1 Torrado (56.) **Ecken:** 3:3 **Schiedsrichter:** Mourad Daami (Tunesien) **Zuschauer:** 45.610 **Gelbe Karten:** Torrado – Delgado, Kaviedes, Cevallos, Guerron, C. Tenorio **Gelb/Rote Karten:** keine **Rote Karten:** keine

Tabelle Gruppe G	Tore	Punkte
1 Mexiko	3:1	6
2 Italien	3:2	3
3 Kroatien	2:2	3
4 Ekuador	1:4	0

Gruppe C
09. Juni · 18.00 Uhr   **Incheon (KOR)**

Costa Rica	–	Türkei	1:1

Costa Rica: Lonnis – Wright, Marin, Martinez, Castro – Wallace (77. Bryce), Lopez (77. Parks), Solis, Centeno (67. Medford) – Gomez, Wanchope

Türkei: Recber – Akyel, Özat, Asik – Davala, Belözoglu, Kerimoglu (87. Erdem), Bastürk (79. Kahveci), Penbe – Sas – Sükür (75. Mansiz)

Tore: 0:1 Belözoglu (56.), 1:1 Parks (86.) **Ecken:** 3:5 **Schiedsrichter:** Coffi Codjia (Benin) **Zuschauer:** 42.299 **Gelbe Karten:** Martinez, Castro – Asik, Kerimoglu, Belözoglu **Gelb/Rote Karten:** keine **Rote Karten:** keine

Tabelle Gruppe C	Tore	Punkte
1 Brasilien	4:1	6
2 Costa Rica	2:0	3
3 Türkei	1:2	0
4 China	0:6	0

WM-NEWS

Maradonas Favorit
■ Für Argentiniens Spielmacher-Legende Diego Maradona ist Italien der Top-Favorit auf den Titelgewinn: „Beeindruckend, wie sie Ekuador in der Luft zerissen haben. Dem Team fehlt nichts, um den Cup zu holen."

TV-Theater beendet
■ Die WM-Spiele bleiben im Free-TV bis zum Turnierende bei ARD und ZDF.

Aus für Ekuador und Mexiko zittert noch

Griff nach den Sternen
Mexikos Torhüter glaubt nach dem Entscheidungs-Treffer ans Weiterkommen

Zwei Spiele, zwei Siege – nach dem 2:1 gegen Ekuador hätte Mexikos Nationaltrainer eigentlich allen Grund zu einer „Fiesta Mexicana". Doch Javier Aguirre tritt gewaltig auf die Euphorie-Bremse: „Wir sind noch lange nicht durch, müssen uns gegen Italien gewaltig steigern."

Tatsächlich droht der „Seleccion" im letzten Vorrunden-Spiel noch das Ende der Achtelfinal-Träume. Sollte Kroatien gegen Ekuador gewinnen und Mexiko im Duell mit Italien den Kürzeren ziehen, müssten sich die Azteken verabschieden. „Jetzt bin ich als Psychologe gefragt", so Aguirre.

Sein Trainer-Kollege aus Ekuador hingegen hat resigniert. Hernan Gomez enttäuscht: „Dem Team fehlt der Charakter." Kleiner Trost: Agustin Delgado erzielte den ersten Treffer Ekuadors bei einer WM.

Zwei verschworene Haufen

Die Mannschaften von Mexiko (l.) und Ekuador (r. hinten) schwören sich vor dem Anpfiff auf das Spiel ein

Kleines Costa Rica zwischen Hoffen und Bangen

Das Getöse vor der Partie war groß: Wegen mangelnder internationaler Erfahrung forderte die Türkei die Absetzung von Schiri Coffi Codija (Benin). Die FIFA lehnte ab, Cadija durfte pfeifen. Der Afrikaner machte seine Sache gut. Die Türken eher nicht...

Nach dem 1:1 gegen Costa Rica warten sie weiter auf ihren ersten Sieg bei einer WM seit 48 Jahren. Trainer Senol Günes trotzdem zuversichtlich: „Gegen China wird es klappen."

Überschwänglicher Jubel bei den Costa-Ricanern: Das 20-jährige Sturmtalent Winston Parks (Udinese Calcio) knipste nur neun Minuten nach seiner Einwechslung den verdienten Ausgleich. Die Mittelamerikaner träumen jetzt von der zweiten Achtelfinal-Teilnahme nach 1990. Coach Alexandre Guimaraes: „Ich bin sehr stolz. Wir haben bravourös gekämpft."

Kurz vor Toresschluss

In der 86. Minute erzielt Costa Ricas Stürmer Winston Parks den 1:1-Ausgleich gegen die Türkei

Wer sagt's denn

Erst von den Türken abgelehnt, pfiff Schiri Coffi Codjia (r.) aus Benin gut

Komm an mein Herz

Ümit Davala (r.) mit Emre Belözoglu, dem türkischen Schützen der 1:0-Führung

Die WM-Schlagzeile des Tages

Zorro führt Ja

Gruppe H
09. Juni · 20.30 Uhr Yokohama (JPN)

Japan – Russland 1:0

Japan: Narazaki – Matsuda, Miyamoto, K. Nakata – Toda, Inamoto (86. Fukunishi) – Myojin, Ono (75. Hattori) – H. Nakata – Suzuki (72. Nakayama), Yanagisawa

Russland: Nigmatullin – Onopko, Solomatin, Nikiforow, Kowtun – Titow – Karpin, Ismailow (52. Chochlow), Semschow, Smertin (57. Betschastnich) – Pimenow (46. Sitschew)

Tore: 1:0 Inamoto (51.) **Ecken:** 1:3 **Schiedsrichter:** Markus Merk (Deutschland) **Zuschauer:** 66.108 **Gelbe Karten:** Miyamoto, K. Nakata, Nakayama – Pimenow, Solomatin, Chochlow **Gelb/Rote Karten:** keine **Rote Karten:** keine

Tabelle Gruppe H

			Tore	Punkte
1		Japan	3:2	4
2		Russland	2:1	3
2		Belgien	2:2	1
2		Tunesien	0:2	0

WM-NEWS

Karten-Chaos
■ Beim Verkauf der Ticket-Restbestände sind am Freitag in Japan zeitweise die Telefonleitungen zusammengebrochen. Die Telefongesellschaft NTT registrierte bis zu zwei Millionen Anrufe innerhalb von drei Minuten.

Funkloch
■ Bittere Nachricht für die drei Astronauten der Raumstation ISS. Die in 400 km Höhe um die Erde kreisende ISS kann keine Fernsehbilder von der WM empfangen.

Karten-Skandal
■ Englische Fans haben auf dem Schwarzmarkt Tickets erstanden, die auf den Namen von FIFA-Funktionär Mohamed Bin Hamman (Katar) ausgestellt waren. FIFA-Sprecher Keith Cooper versprach rasche Aufklärung: „Wir sind total geschockt und überrascht."

Ausnahmezustand
■ Höchste Sicherheitsstufe für das Spiel zwischen Südkorea und den USA am Montag in Daegu. Aus Angst vor Terroranschlägen werden zahlreiche Straßen abgesperrt, zudem unterstützt eine Anti-Terror-Einheit die Arbeit der Polizei.

Danke!

Japan-Trainer Philippe Troussier (l.) umarmt Kapitän Miyamoto

pan zum ersten Sieg

Tol! – Tol! – Tol!

Junichi Inamoto (l.) zieht wuchtig ab und lässt dem russischen Torhüter Ruslan Nigmatullin keine Abwehr-Chance

Zorro oben auf

Inamoto (3.v.r.) wird nach seinem Treffer von seinen Mitspielern bestürmt

Das Duell Sushi gegen Kaviar – für Russland war alles Käse! Unmittelbar nach der 0:1-Pleite ihres Teams gegen Gastgeber Japan begannen „Fans" in Moskau mit Randale, warfen in der Nähe des Kreml Scheiben ein und prügelten sich mit der Polizei. Traurige Bilanz: ein Toter, zahlreiche Verletzte.

Kollektives Strahlen dagegen im „Land der aufgehenden Sonne". Vor allem zwei brachten die sonst so reservierten Japaner fast zum Ausflippen: Junichi Inamoto. Mit seinem zweiten Turnier-Tor bescherte der Profi von Arsenal London seinem Land den ersten WM-Sieg aller Zeiten und die Tabellenführung in der Gruppe H. Und Kapitän Miyamoto, der mit gebrochenem Nasenbein und

Schutzmaske wie „Zorro" kämpfte.

Nippon-Coach Troussier begeistert: „Ein großartiger Moment für Japan!"

Eher durchwachsen das WM-Debüt von Schiri Markus Merk: In der ersten Hälfte versagte er den Russen einen klaren Foulelfmeter.

Randale in Moskau

Schlechte Verlierer! Russische „Fans" haben in Moskau Autos in Brand gesetzt: Flammen, dichter Qualm

Die WM-Schlagzeile des Tages

Gruppe D
10. Juni · 15.30 Uhr — Daegu (KOR)

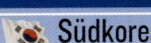 Südkorea – 🇺🇸 USA — **1:1**

Südkorea: W. J. Lee – J. C. Choi, Hong, T. Y. Kim – Song, N. I. Kim, Yoo (70. Y. S. Choi), E. Y. Lee – Park (38. C. S. Lee), Hwang (56. Ahn), Seol

USA: Friedel – Sanneh, Pope, Agoos, Hejduk – Reyna, O'Brien – Beasley (75. Lewis) – Donovan – McBride, Mathis (82. Wolff)

Tore: 0:I Mathis (24.), I:I Ahn (78.) **Ecken:** 7:0 **Schiedsrichter:** Urs Meier (Schweiz) **Zuschauer:** 60.778 **Gelbe Karten:** Hong – Hejduk, Agoos **Gelb/Rote Karten:** keine **Rote Karten:** keine

Tabelle Gruppe D		Tore	Punkte
1	🇰🇷 Südkorea	3:1	4
2	🇺🇸 USA	4:3	4
3	🇵🇹 Portugal	6:3	3
4	🇵🇱 Polen	0:6	0

WM-NEWS

Millionen-Hürde genommen
■ Am Wochenende ist die Marke von einer Million Zuschauern während der Spiele in Japan und Südkorea übertroffen worden. Im Schnitt pilgerten 39 855 Fans pro Partie ins Stadion.

Klettertour
■ Unter den Augen von 4500 Polizisten kletterte ein angetrunkener Japaner gestern ungehindert über einen Zaun in das WM-Stadion von Yokohama. „Ich wollte ins Stadion, aber ich hatte keine Karte", so der Eindringling.

Titel-Träume
■ Nach dem I:O-Triumph gegen den Erzrivalen aus Argentinien träumen die ersten Engländer vom Titelgewinn. Coach Sven-Göran Eriksson: „Jetzt ist alles möglich." Verteidiger Rio Ferdinand ist sicher: „Wir gewinnen den Cup!"

Brasilien Wettfavorit
■ Nach dem 4:0 gegen China ist die „Selecao" neuer Spitzenkandidat der Buchmacher auf den Titel. Beim britischen „Ladbrokes" wird Brasilien mit einer Quote von 3,75:I vor Italien (5:I) und Spanien (6,5:I) gehandelt. Deutschland (I5:I) liegt an siebter Stelle.

11 500 Sicherheitsk

So schön können Teufel sein
Eine junge Südkoreanerin im Gewand der „Roten Teufel"

Sicherheit zuerst
Südkoreanische Sicherheitskräfte, ausgestattet mit modernen Maschinenpistolen, sorgen für umfassenden Schutz

räfte und ein friedliches 1:1

Aufatmen in Daegu! Das Duell zwischen Südkorea und den USA wurde das, was sich vor dem Anpfiff alle gewünscht hatten: ein friedliches Fußball-Fest. Befürchtete Zwischenfälle blieben aus, die 11 500 Sicherheitskräfte konnten sich einen friedlichen Nachmittag machen.

Trotzdem ging nach dem späten Ausgleichs-Treffer (78.) ein Beben durch die Zuschauerränge. Torschütze Ahn mimte bei seinem Torjubel die Bewegungen eines Shorttrackers nach, spielte damit aber auf die Aberkennung der Goldmedaille für den Koreaner Kim bei den Olympischen Spielen von Salt Lake City zu Gunsten des Amis Ohno an. Koreas späte Rache – sie hätte noch süßer ausfallen können. Nur ihrem überragenden Keeper Friedel hatten die US-Boys es zu verdanken, dass es keine Schlappe gab. Seine beste Tat: Kurz vor der Pause parierte er einen Foulelfer von Eul Yong Lee (40.).

Die Torschützen
US-Stürmer Clint Mathis (2. Bild r.) erzielte das I:0, Jung Hwan Ahn (I. Bild r.) schaffte den Ausgleich in der 78. Minute

Gaaaaaaanz lang gemacht
US-Keeper Brad Friedel parierte den Foulelfmeter von Lee bravourös

Die WM-Schlagzeile des Tages

Gruppe H
10. Juni · 18.00 Uhr **Oita (JPN)**

Tunesien	–	Belgien	**1:1**

Tunesien: Boumnijel – Trabelsi, Badra, Bouzaine, Jaidi – Gabsi (67. Sellimi), Bouazizi, Ben Achour, Melki (88. Baya) – Jaziri (78. Zitouni)

Belgien: de Vlieger – van Buyten, de Boeck, van der Heyden, Deflandre – Verheyen (46. Vermant), Simons (74. Mpenza), Vanderhaeghe, Goor – Strupar (46. Sonck), Wilmots

Tore: 0:1 Wilmots (13.), 1:1 Bouzaine (17.) **Ecken:** 6:5
Schiedsrichter: Mark Shield (Australien) **Zuschauer:** 37.900
Gelbe Karten: Gabsi, Ghodhbane, Trabelsi, Melki – van Buyten
Gelb/Rote Karten: keine **Rote Karten:** keine

Tabelle Gruppe H

			Tore	Punkte
1		Japan	3:2	4
2		Russland	2:1	3
3		Belgien	3:3	2
4		Tunesien	1:3	1

Gruppe D
10. Juni · 20.30 Uhr **Jeonju (KOR)**

Portugal	–	Polen	**4:0**

Portugal: Baia – Frechaut (63. Beto), Couto, J. Costa, Jorge – Petit, Bento – Figo, Conceicao (69. Capucho) – Pinto (60. R. Costa), Pauleta

Polen: Dudek – Hajto, Waldoch, Michal Zewlakow (71. Rzasa) – Krzynowek, Swierczewski, Kaluzny (16. A. Bak), Kozminski – Zurawski (56. Marcin Zewlakow), Olisadebe, Kryszalowicz

Tore: 1:0 Pauleta (14.), 2:0 Pauleta (65.), 3:0 Pauleta (77.), 4:0 R. Costa (88.) **Ecken:** 2:10 **Schiedsrichter:** Hugh Dallas (Schottland) **Zuschauer:** 31.000 **Gelbe Karten:** Frechaut, J. Costa, Jorge – Swierczewski, A. Bak **Gelb/Rote Karten:** keine **Rote Karten:** keine

Tabelle Gruppe D

			Tore	Punkte
1		Südkorea	3:1	4
2		USA	4:3	4
3		Portugal	6:3	3
4		Polen	0:6	0

WM-NEWS

Pause für Sand

■ Dänemarks Trainer Morten Olsen will seinem Schalker Mittelstürmer Ebbe Sand im Spiel gegen Frankreich eine Pause gönnen: „Er hatte in den ersten beiden Spielen viele Schwierigkeiten."

Mit Tunesien ist nicht zu spaßen

Das ging bös ins Auge

Jedoch nur vom Spielergebnis her für Belgien. Der australische Unparteiische Mark Shield (4.v.l.) beim Münzwurf zur Seitenwahl mit den beiden Kapitänen Khaled Badra (l.) und Marc Wilmots (r.)

Tunesien darf man nie auf die leichte Schulter nehmen.

Das wissen nun die Belgier. Ihr Spiel war ranzig wie altes Fritten-Fett…

Beim 1:1 gegen Tunesien waren die Roten Teufel planlos, die Afrikaner harmlos. Die Folge: eine echte Plätscher-Partie. Belgien (2 Punkte) und Tunesien (1 Punkt) stehen in der Gruppe H vor dem Aus.

Dabei ging's für die Belgier gut los: Marc Wilmots schließt eine flotte 3er-Kombination über van der Heyden und Verheyen zum 1:0 ab (13.).

Das Tor des Tages? Nein, Kunstschütze Bouzaiene kann es noch besser: Der Genua-Star zirkelte einen Freistoß an Mauer und Torwart vorbei. Der Ausgleich – und zugleich Endstand.

Denn Gefahr gab es nur noch bei wenigen Einzelaktionen. Wie beim Ghodhbanes-Volleyhammer oder den Chancen von Hertha-Legionär Goor (23./64.).

Jetzt kann Belgien nur ein Sieg über Russland helfen.

Angsthasen-Mauer

Beim spielentscheidenden Freistoß des Tunesiers Raouf Bouzaiene gleichen die Belgier Hasenfüßen

3 Böller von Pauleta Figo stark, Polen k.o.

Ein Herz gefasst und wummmm!

Portugals Angreifer Pauleta (l.) donnert den Ball ins polnische Tor zur 1:0-Führung

Bedauernswert!

Der polnische Schlussmann muss zum vierten Mal den Ball aus dem Tornetz holen

Aua, das tat weh!

Mit 4:0 prügelte Portugal die Polen aus dem WM-Stadion von Jeonju, meldeten sich eindrucksvoll als Geheimfavorit auf den Titel zurück.

Überragend: Portugals Sturmwalze Pauleta. Angetrieben vom glänzend aufgelegten Mittelfeld-Strategen Luis Figo haute der Angreifer von Girondins Bordeaux dem bedauernswerten Polen-Keeper Dudek drei Beulen ins Tornetz (14., 65., 77.). Trainer und Geburtstagskind Oliveira teilte vor dem entscheidenden Duell gegen Südkorea (Freitag) weiter aus: „Südkorea hat eine exzellente Mannschaft. Aber wir werden sie bezwingen."

WM-K.o. dagegen für Polen. Die überragende Mannschaft der Quali-Runde völlig von der Rolle. Trainer Engel betrübt: „Wir haben 16 Jahre dafür gekämpft, hier wieder dabei zu sein..."

Die bewegendsten Szenen ereigneten sich jedoch abseits des Rasens. Auf der Tribüne drückte der ehemalige Wolfsburger Profi Krzysztof Nowak (26) im Rollstuhl sitzend seinen Landsleuten die Daumen. Der Pole, der an einer unheilbaren Nervenkrankheit leidet, hat sein Nationalteam nach Südkorea begleitet, wird dort von den Mannschaftskameraden rührend betreut. Zumindest dafür haben die Polen eine dicke Auszeichnung verdient!

Kein begossener Pudel

Trotz strömenden Regens hat der dreifache Torschütze Pedro Pauleta jeden Grund zu strahlen

13.30 Uhr Entscheidungsschlacht gegen Kamerun

Winni heute wirst du rasiert!

Sodbrennen: Soforthilfe Kompensan!

10% Rabatt

Heute mit Rainbow billiger reisen

Tommy Haas

Bild HAMBURG

Atom-Anschlag auf Washington vereitelt

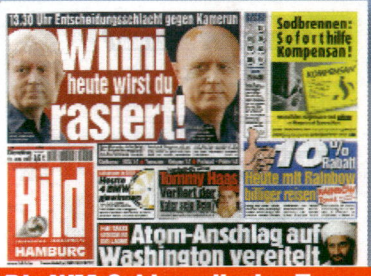

Die WM-Schlagzeile des Tages

Gruppe A
11. Juni · 15.30 Uhr — Incheon (KOR)

Dänemark – Frankreich 2:0

Dänemark: Sörensen – Helveg, Laursen, Henriksen, N. Jensen – Töfting (79. Nielsen), Poulsen (76. Bögelund), Gravesen – Rommedahl, Jörgensen (46. Grönkjaer) – Tomasson

Frankreich: Barthez – Candela, Thuram, Desailly, Lizarazu – Makelele, Vieira (71. Micoud) – Wiltord (83. Djorkaeff), Zidane, Dugarry (54. Cisse) – Trezeguet

Tore: 1:0 Rommedahl (21.), 2:0 Tomasson (67.) **Ecken:** 0:6 **Schiedsrichter:** Vitor Melo Pereira (Portugal) **Zuschauer:** 48.100 **Gelbe Karten:** Poulsen, N. Jensen – Dugarry **Gelb/Rote Karten:** keine **Rote Karten:** keine

Tabelle Gruppe A		Tore	Punkte
1	Dänemark	5:2	7
2	Senegal	5:4	5
3	Uruguay	4:5	2
4	Frankreich	0:3	1

WM-NEWS

Trap bot Rücktritt an

Nach dem 1:2 gegen Kroatien liegen bei Italien die Nerven blank. Nach harter Medienschelte aus der Heimat bot Trainer Giovanni Trapattoni sogar seinen Rücktritt an: „Mir gefällt der Trainerstuhl, aber es wäre kein Problem, ihn zu verlassen."

WM-Aus für Hargreaves?

Owen Hargreaves droht bereits nach zwei Spielen das WM-Aus. Der Engländer in Diensten vom FC Bayern München laboriert an einer hartnäckigen Unterschenkel-Prellung.

Pele lobt Owen

Großes Lob für Englands Sturm-Star Michael Owen. Brasiliens Jahrhundert-Fußballer Pele lobt den 22-Jährigen als seinen „Lieblingsspieler" und prophezeit ihm Großes: „Er kann der beste Spieler der Welt werden."

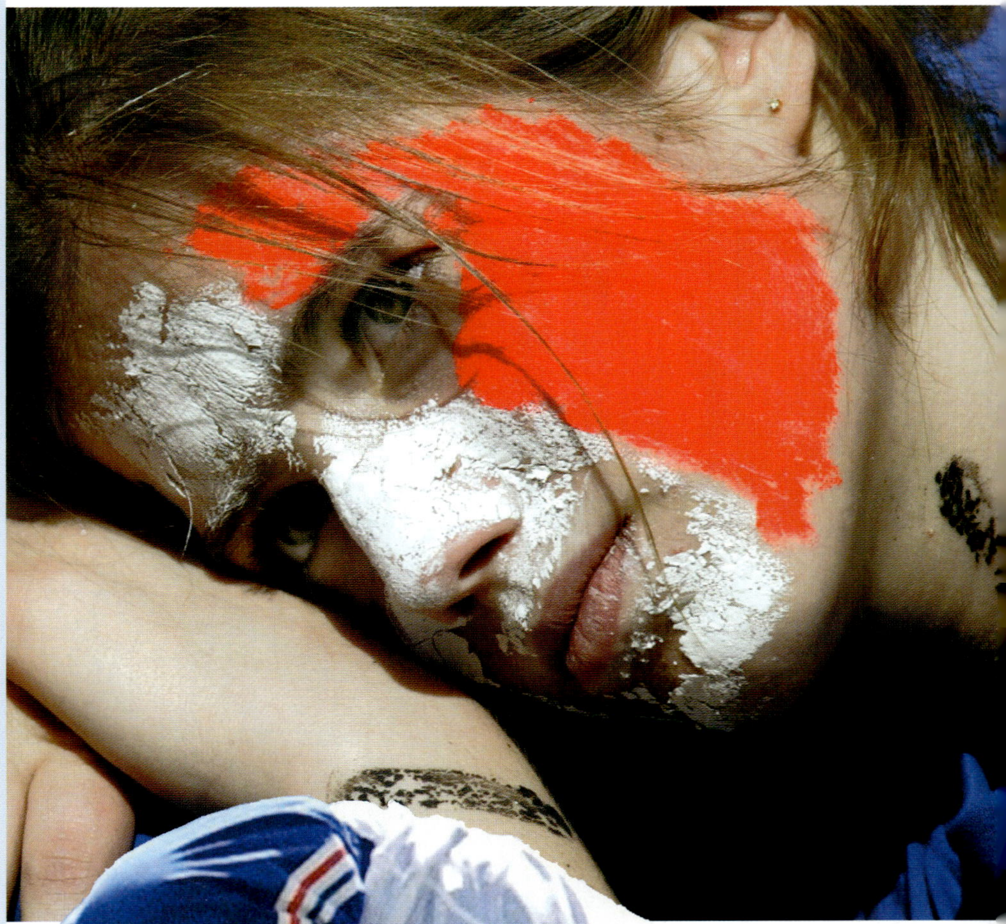

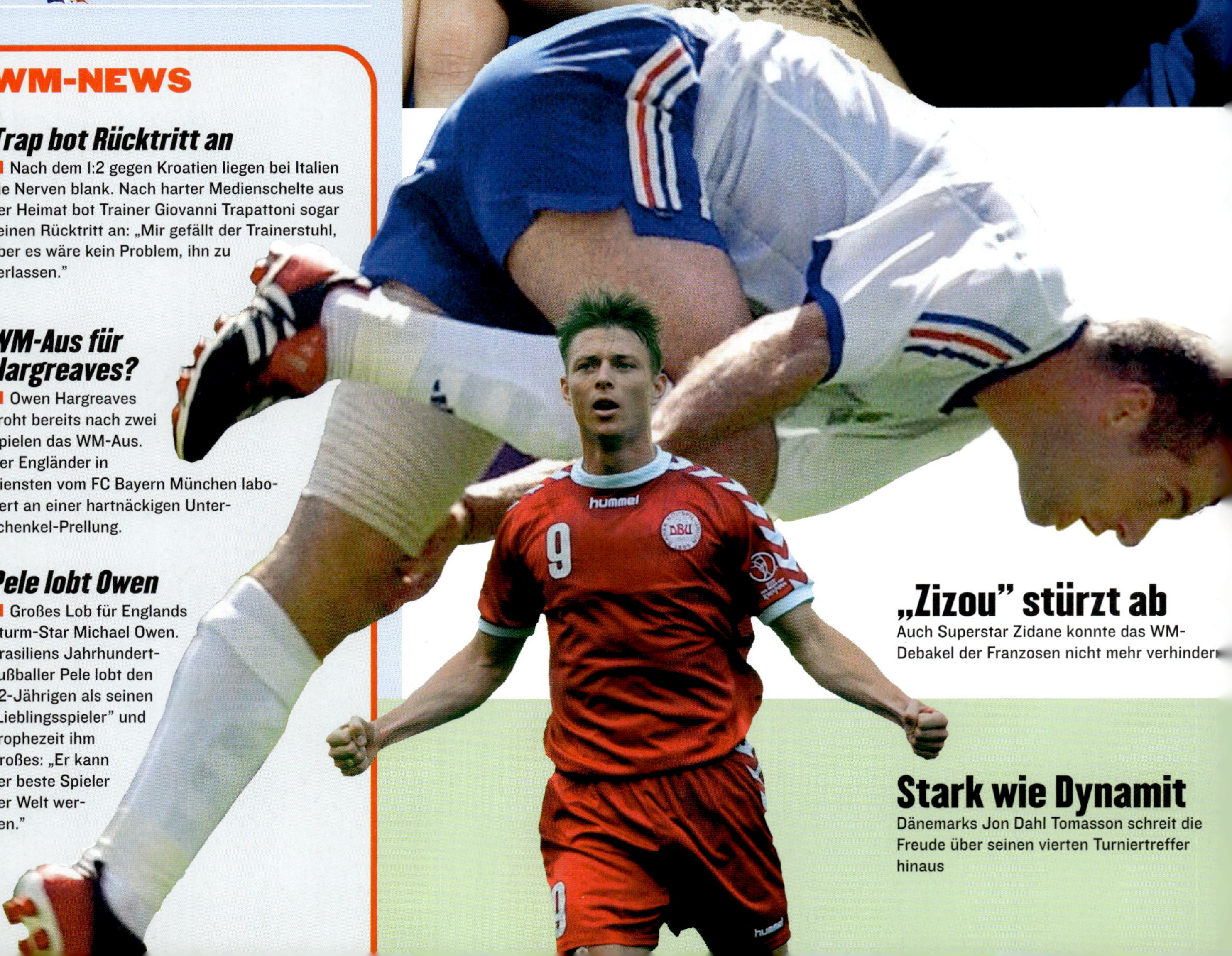

„Zizou" stürzt ab
Auch Superstar Zidane konnte das WM-Debakel der Franzosen nicht mehr verhindern

Stark wie Dynamit
Dänemarks Jon Dahl Tomasson schreit die Freude über seinen vierten Turniertreffer hinaus

3 Spiele, kein Tor! Frankreich ist raus

„Allez, les Bleus" war der Schlachtruf von Welt- und Europameister Frankreich. Nach dem 0:2 gegen Dänemark schimpfen die Fans „Adieu, les Blöd"! 0:3 Tore, 1 Punkt, der letzte Platz in der Gruppe A. Noch nie in der WM-Geschichte ist der Titelverteidiger ohne Tor ausgeschieden.

Welche Schmach! Welche Demütigung!

Zidane: „Wir haben unseren Job auf dem Rasen nicht gemacht."

42 WM-Torschüsse – mehr als alle anderen (Dänemark 19).

0 Tore – so wie China. Aber die haben nicht die Torschützenkönige aus Frankreich (Cisse/Auxerre), England (Henry/-Arsenal) und Italien (Trezeguet/Juve).

Waldmeister Frankreich. Zerbrochen an Selbst-Zufrie-

denheit und Arroganz. Und der Fixierung auf Zidane. Ohne ihn wirkten sie gegen Senegal (0:1) und Uruguay (0:0) orientierungslos wie ein Tourist am Times Square in New York.

Zidane spielte zwar gegen Dänemark mit Verband am gezerrten linken Oberschenkel durch. Ein paar schöne Tricks und effektive Flachpässe. Aber nicht der Zizou-Zauber.

Der Trainer? Zieht seinen Schwanz ein! Langweiler Roger Lemerre wittert offenbar einen fette Abfindung bei einem Rauswurf. Das Wort „Rücktritt" mied seine Lippen wie der Vampir den Knoblauch.

Pffft – und in der Dänen-Kabine zischten die Bierdosen. Mittelfeld-Glatze Töfting (früher HSV): „Dazu hat der dänische Prinz ein paar Pullen Champagner spendiert." Wieder so eine Gute-Laune-Truppe wie 1992. Damals das Geheimnis ihres EM-Titels: Jede Menge McDonalds-Burger. Diesmal also war die WM die Champagner-Variante. Töfting: „Wir müssen keinen fürchten, im Achtelfinale wollen wir England schlagen."

Sssehr, ssehr sssymphatisss, diessse Ssspasss-Dänen!

Es nutzte alles nichts:

Die Franzosen, Vieira (r.), fanden gegen die starken Dänen nie richtig ins Spiel

6 Tore, irrer Fußball-Thr

Senegal zittert sich ins Achtelfinale

Gruppe A
11. Juni · 15.30 Uhr   Suwon (KOR)

 Senegal – **Uruguay** **3:3**

Senegal: Sylva – Coly (63. Beye), P. M. Diop, Diatta, Daf – Ndour (76. Faye), Cissé, P. B. Diop – Fadiga – H. Camara (67. Moussa Ndiaye), Diouf

Uruguay: Carini – Lembo, Sorondo (32. Regueiro), Montero – Varela, Romero (46. Forlán), Garcia, Rodriguez – Recoba – Silva, Abreu (46. Morales)

Tore: I:0 Fadiga (20., Foulelfmeter), 2:0 P. B. Diop (26.), 3:0 P. B. Diop (38.), 3:I Morales (46.), 3:2 Forlán (69.), 3:3 Recoba (88., Foulelfmeter) **Ecken:** 4:7 **Schiedsrichter:** Jan Wegereef (Niederlande) **Zuschauer:** 33.68I **Gelbe Karten:** Diouf, H. Camara, Daf, Coly, P. B. Diop, Fadiga, Beye – Romero, Carini, Garcia, Rodriguez, Montero **Gelb/Rote Karten: keine Rote Karten: keine**

Abschlusstabelle Gruppe A	Tore	Punkte
1 Dänemark	5:2	7
2 Senegal	5:4	5
3 Uruguay	4:5	2
4 Frankreich	0:3	1

Gruppe E
11. Juni · 20.30 Uhr   Yokohama (JPN)

 S.-Arabien – **Irland** **0:3**

Saudi-Arabien: Al Deayea – Al Johani (78. A. Al Dosari), Tukar, Zubromawi (68. Al Dosary), Al Shehri – Sulimani, I. Al Shahrani, Khathran (67. Al Shlhoub), Al Temyat, K. Al Dossari – Al Yami

Irland: Given – G. Kelly (80. McAteer), Breen, Staunton, Harte (46. Quinn) – Finnan, Holland, Kinsella (89. Carsley), Kilbane – Duff, Keane

Tore: 0:I Keane (7.), 0:2 Breen (62.), 0:3 Duff (87.) **Ecken:** 2:5 **Schiedsrichter:** Falla Ndoye (Senegal) **Zuschauer:** 65.320 **Gelbe Karten:** Al Temyat – Staunton **Gelb/Rote Karten: keine Rote Karten: keine**

Tabelle Gruppe E	Tore	Punkte
1 Deutschland	11:1	7
2 Irland	5:2	5
3 Kamerun	2:3	4
4 Saudi-Arabien	0:12	0

WM-NEWS

Beckham warnt

■ Englands Superstar David Beckham glaubt noch nicht an den WM-Titel für sein Land. „Wir haben einen Favoriten geschlagen, aber noch viele schwere Spiele vor uns." Zudem warnt Becks davor, Mittwoch gegen Nigeria alles zu verspielen: „Wir würden uns lächerlich machen."

Kräftig hingelangt

(Bilder l., von oben nach unten): Torwart Fabian Carini (am Boden) foult den Senegalesen Hadji Diouf im Strafraum; Uru-Stürmer Dario Silva (r.) wird von Habib Beye vom Ball getrennt; Uruguays Gustavo Varela (l.) bekämpft Aliou Cisse; Uru-Verteidiger Alejandro Lembo (r.) will gegen Senegals Khalilou Fadiga ans Leder

er!

Mann, war das ein Spiel! 6 Tore, 12 Gelbe Karten und zwei Schwalben-Elfer. 3:3 hieß es nach 90 Minuten. Damit Senegal weiter, Uruguay weg vom Fenster.

Die 1. Halbzeit gehört den Afrikanern. Drei Chancen, drei Tore. Khaliou Fadiga verwandelt einen geschundenen Elfer von Diouf zum 1:0. Dann schlug Senegals „Papa" wieder zu. Zwei Kracher von Papa Bouba Diop zum 3:0.

Zweite Hälfte – und jetzt sind die Urus dran, brennen ein südamerikanisches Feuerwerk ab. Morales und Forlan zum 3:2. Senegal kämpft nur noch ums Überleben.

88. Minute: Elfer (wieder mehr als umstritten) für die Urus. Alvaro Recoba macht's – 3:3. Zum Sieg reicht's nicht mehr.

Senegal-Trainer Bruno Metsu glücklich. „Wir haben gezeigt, dass wir zu den 16 weltbesten Mannschaften gehören."

Auaaaaa!

Uru-Stürmer Mario Regueiro (r.) knallt mit seinem senegalesischen Gegenspieler Habib Beye zusammen

Knochenarbeit

Schiedrichter Jan Wegereef aus den Niederlanden (r.) verteilt in dieser harten Partie insgesamt I2 Gelbe Karten, hier an den Senegalesen Ferdinand Coly

3 Böller gegen die Saudis!
Irland weiter

Lehrgeld bezahlt

Saudi-Trainer Nasser Al-Johar ist sauer, dass seinem Team kein einziges WM-Tor gelang

Tor-Ernte eingefahren

Der irische Coach Mick McCarthy (l. mit Keeper Shay Given im Arm) hat allen Grund zur Freude

Jubel auf der „grünen Insel"!

Robbie Keane, Gary Breen und Damien Duff schossen die Iren zum 3. Mal (nach 1990 und 94) in ein WM-Achtelfinale. Und erstmals gelang in einem WM-Spiel mehr als ein Tor. Trainer Mick McCarthy: „Ich war sehr nervös.

Jetzt bin ich hundertprozentig zufrieden." Trauer in der Wüste!

Drei Niederlagen, kein einziges Tor geschossen. Saudi-Trainer Nasser Al-Johar: „Wir mussten viel Lehrgeld zahlen. Besonders ärgert mich, dass uns kein Treffer gelungen ist."

Akrobat schööön

Robbie Keane (l.) hat zum I:0 getroffen

Bild Fußball WM 2002
Schon 5 Tore, alle mit dem Kopf – Weltrekord!
Miro Unser Gold-Köpfchen

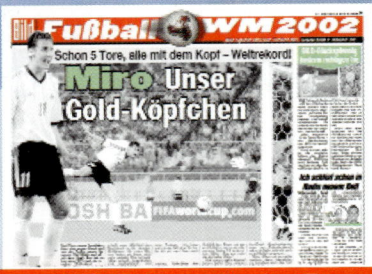

Die WM-Schlagzeile des Tages

Gruppe E
11. Juni · 20.30 Uhr **Shizuoka (JPN)**

Kamerun – Deutschland 0:2

Kamerun: Boukar – Song, Kalla, Tchato (53. Suffo) – Geremi, Foe, Wome – Lauren, Olembe (64. Ngom Komé) – Eto'o, Mboma (82. Job)

Deutschland: Kahn – Linke, Ramelow, Metzelder – Hamann – Frings, Ziege – Schneider (80. Jeremies), Ballack – Klose (84. Neuville), Jancker (46. Bode)

Tore: 0:1 Bode (50.), 0:2 Klose (79.) **Ecken:** 4:5 **Schiedsrichter:** Antonio Lopez Nieto (Spanien) **Zuschauer:** 47.085 **Gelbe Karten:** Foe, Song, Tchato, Geremi, Olembe, Lauren – Jancker, Hamann, Ballack, Kahn, Ziege, Frings **Gelb/Rote Karten:** Ramelow (40.) – Suffo (77.) **Rote Karten:** keine

Abschlusstabelle Gruppe E		Tore	Punkte
1	Deutschland	11:1	7
2	Irland	5:2	5
3	Kamerun	2:3	4
4	Saudi-Arabien	0:12	0

WM-NEWS

Vorbildliche Japaner

Sie spielen nicht nur blitzsauberen Fußball, sondern verhalten sich auch so. Nach dem Spiel gegen Russland hinterließ das japanische Team seine Kabine wie geleckt, hatte Bananenschalen, Flaschen und allen anderen Müll sorgsam entfernt. FIFA-Sprecher Cooper entzückt: „Außergewöhnlich!"

Randalierende Chinesen

Während der 0:4-Pleite gegen Brasilien kam es in der chinesischen Stadt Fuzhou zu schweren Ausschreitungen. Mehrere tausend Fans demolierten Busse, Telefonzellen und Ampeln, errichteten zahlreiche Straßenbarrikaden.

WM-Aus für Hargreaves?

Owen Hargreaves droht bereits nach zwei Spielen das WM-Aus. Der Engländer in Diensten vom FC Bayern München laboriert an einer hartnäckigen Unterschenkel-Prellung.

Schwänzen erlaubt

Trotzdem hat die Fußball-Hysterie in England jetzt auch die Behörden erreicht. Zahlreiche Schulen auf der Insel haben ihren Pennälern für das letzte Gruppenspiel das Schwänzen erlaubt. Erst nach Abpfiff müssen sie zum Unterricht kommen.

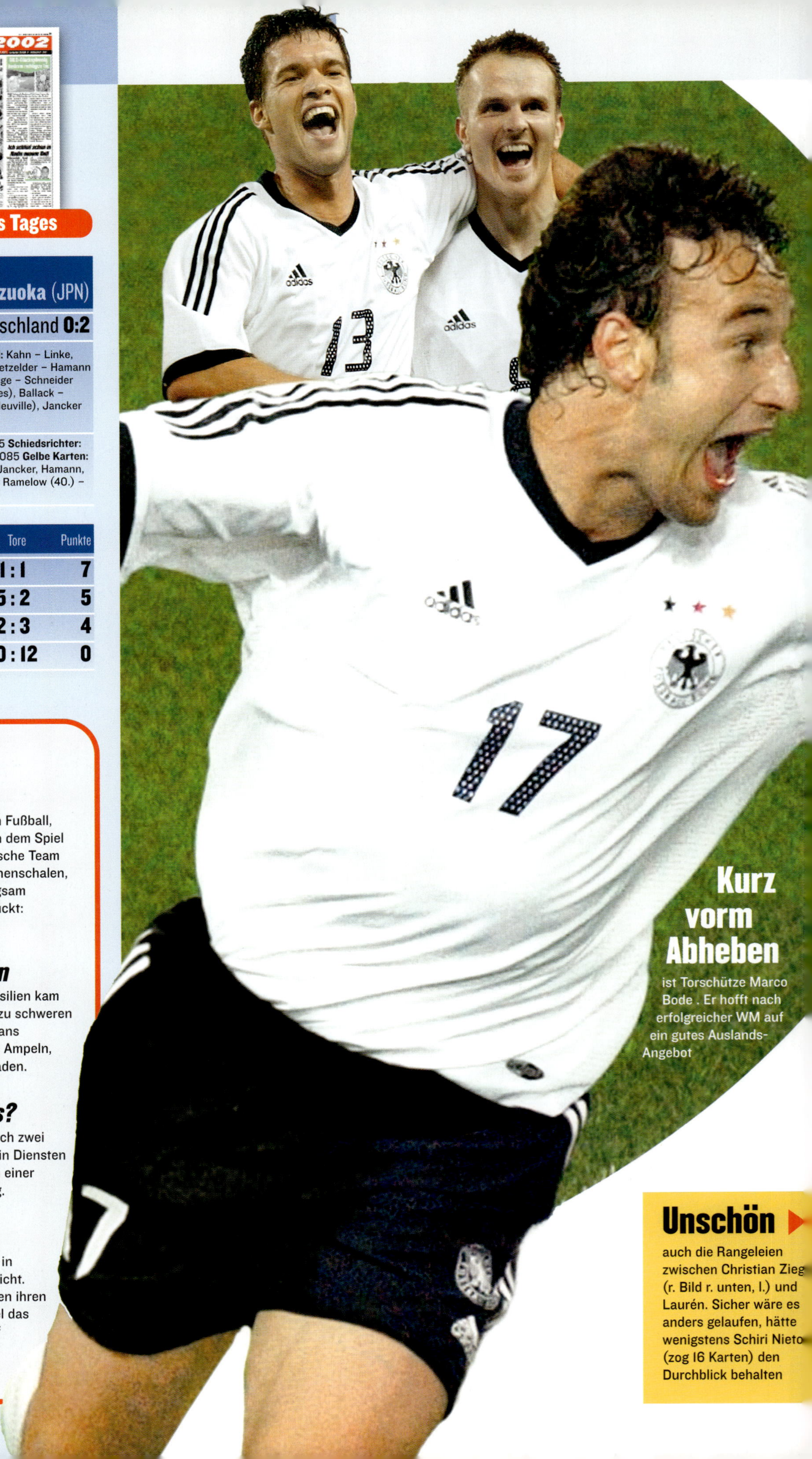

Kurz vorm Abheben ist Torschütze Marco Bode . Er hofft nach erfolgreicher WM auf ein gutes Auslands-Angebot

Unschön ▶ auch die Rangeleien zwischen Christian Zieg (r. Bild r. unten, l.) und Laurén. Sicher wäre es anders gelaufen, hätte wenigstens Schiri Nieto (zog 16 Karten) den Durchblick behalten

Lachend in die nächste Runde

Michael Ballack und Didi Hamann strahlen vor Glück (Foto l. oben)

Weiter!
Bode und Klose schießen uns ins Achtelfinale

Rudi Riese gegen Winni Wahnsinn

Da war trotz des Ausscheidens von Kamerun Platz für faire Gesten. Winni Schäfer zu Rudi Völler: „Wenn euch der Olli Kahn nicht entführt wird, kommt ihr bis ins Halbfinale..."

Gekämpft wie die Löwen

Es ging um so viel. Da verloren einige schon mal kurz den Überblick. Wie Oliver Kahn (gr. Foto l.) bei einer überzogenen Attacke gegen Rigoberto Song. Der deutsche Kapitän kassierte dafür zu Recht Gelb. Wie auch Kameruns Marc-Vivien Foé (l.), der Carsten Jancker mit dem Oberschenkel wegrammte

Irre 93% Luftfeuchtigkeit, schwüle 24 Grad – alle schwitzen schon vor dem Anpfiff!

Rudi Völler und Winni Schäfer (beide spielten bei Kickers Offenbach) drücken sich zwischen den Bänken kurz die Hand. Letzte faire Geste vor der Entscheidungsschlacht. Jancker tritt Song an den Kopf – erste Gelbe Karte (9.). Klose legt nach links zu Ballack, der haut drüber (10.). Blieb leider unsere einzige Chance vor der Pause.

Kamerun viel gefährlicher: Nach Linkes Fehlpass steht Olembe völlig frei im Strafraum vor Kahn (13.). Der wartet cool, blockt Olembes Schuss ab – Weltklasse!

27. Minute: Freistoß-Wumme von Wome. Kahn boxt das Ding nach vorne, von der Brust Metzelders prallt der Ball knapp am rechten Pfosten vorbei. Tief durchatmen...

Eto'o fegt an Schneider vorbei, Ramelow lässt das Bein stehen. Sein zweites schweres Foul: Der Leverkusener muss mit Gelb-Rot (40.) vom Platz!

Da gehen auch Kahn die Nerven durch: Er springt Song wild ins Kreuz, obwohl schon abgepfiffen war. Überflüssig. Merkwürdig, dass Ziege schon zur Pause mit Eto'o das Trikot tauscht. Völler tauscht auch: Bode für Jancker – ein Glücksgriff! Nach Sahne-Solo von Klose schiebt Marco Bode aus 14 Metern von halblinks ins lange Eck (50.). Unsere Führung in Unterzahl, wunderbar! Das ist das Achtelfinale.

Lauren köpft an den rechten Pfosten (74.). Mehr kam nicht von Winnis lahmen „Löwen". Suffo fliegt nach zwei Fouls ebenfalls mit Gelb-Rot (77.).

79. Minute: Rechtsflanke Ballack, Klose köpft herrlich zum 2:0 rein. Alle drücken ihn: Jaaa, für uns geht die WM weiter!

2:0 Jaaa! Wir haben Winnis Skalp

Bild

HAMBURG

Schumi! Sieg der Schande aberkannt

Renten-Ärger

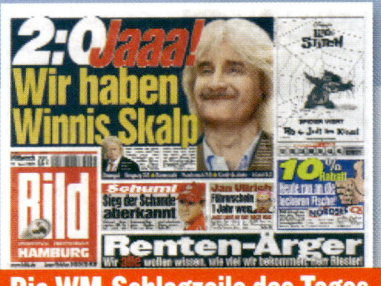

Die WM-Schlagzeile des Tages

Gruppe F
12. Juni · 15.30 Uhr **Miyagi (JPN)**

Schweden – Argentinien 1:1

Schweden: Hedman – Mellberg, Jakobsson, Mjällby, Lucic – Linderoth – Alexandersson, Magnus Svensson – A. Svensson (68. Jonson) – Larsson (88. Ibrahimovic), Allbäck (46. A. Andersson)

Argentinien: Cavallero – Chamot, Samuel, Pochettino – Zanetti, Almeyda (63. Gonzalez), Sorin (63. Veron) – Ortega, Aimar, C. Lopez – Batistuta (58. Crespo)

Tore: 1:0 A. Svensson (59.), 1:1 Crespo (88.) **Ecken:** 3:13 **Schiedsrichter:** Ali Bujsaim (Vereinigte Arabische Emirate) **Zuschauer:** 45.777 **Gelbe Karten:** M. Svensson, Larsson – Chamot, Almeyda, Gonzalez **Gelb/Rote Karten:** keine **Rote Karten:** Caniggia (45+2.)

Tabelle Gruppe F		Tore	Punkte
1	Schweden	4:3	5
2	England	2:1	5
3	Argentinien	2:2	4
4	Nigeria	1:3	1

WM-NEWS

Endlich WM-Fieber

Der spannende Achtelfinal-Einzug Deutschlands bescherte auch Sat.1 endlich mal eine gute Quote. Bis zu 6 Mio. Zuschauer verfolgten am Dienstag die Zusammenfassung von „ran – WM-Fieber".

Pele im Krankenhaus

Große Sorge um Brasiliens Fußball-Idol Pele! Der 61-Jährige wurde gestern mit Schmerzen im Brustkorb in ein Krankenhaus in Sao Paulo eingeliefert. Nach ersten Untersuchungen gehen die Ärzte von einer allergischen Reaktion aus.

Kurse im Keller

Sofort nach der Qualifikation für das Achtelfinale sind die Weltkurse von Deutschland und Irland bei den englischen Buchmachern gesunken. Der Kurs der DFB-Elf auf den Titelgewinn fiel von 14:1 auf 11:1, der Irlands von 66:1 auf 40:1.

West vor Rücktritt

Nach Kapitän Jay-Jay Okocha hat auch Nigerias Taribo West seinen Rückzug aus der Nationalelf angekündigt. Der bei Kaiserslautern ausgemusterte Verteidiger: „Es ist bitter, auf solch ein Niveau zu sinken. Wir haben hier nur unsere Zeit verschwendet."

Argentinien w

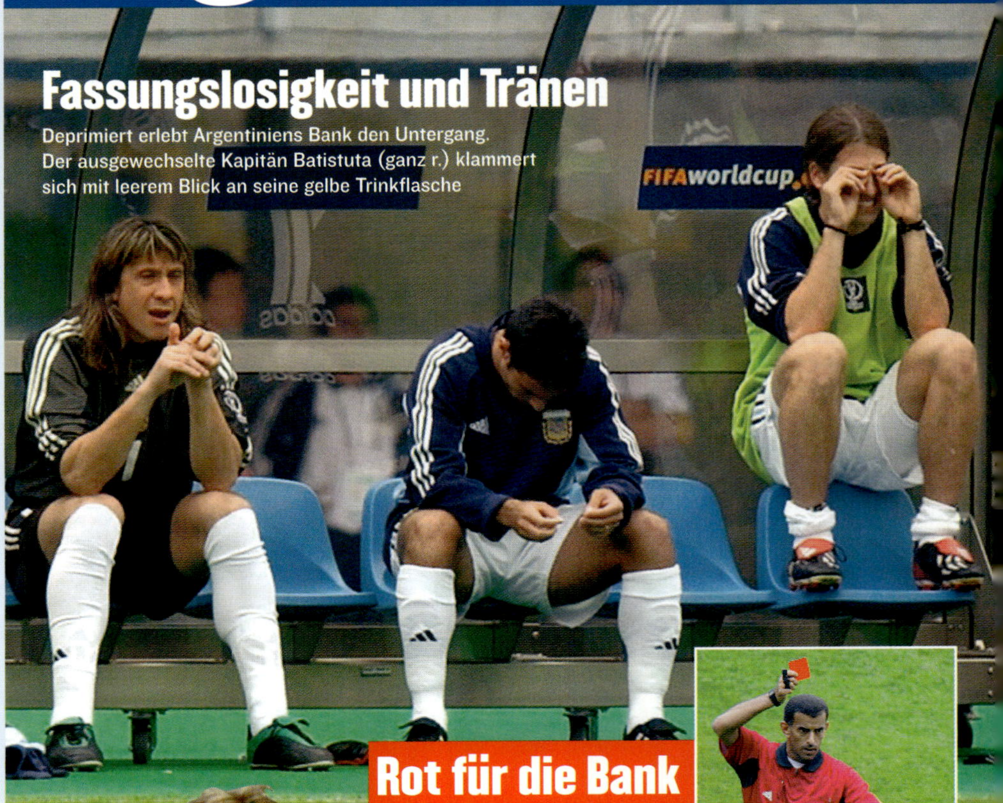

Fassungslosigkeit und Tränen

Deprimiert erlebt Argentiniens Bank den Untergang. Der ausgewechselte Kapitän Batistuta (ganz r.) klammert sich mit leerem Blick an seine gelbe Trinkflasche

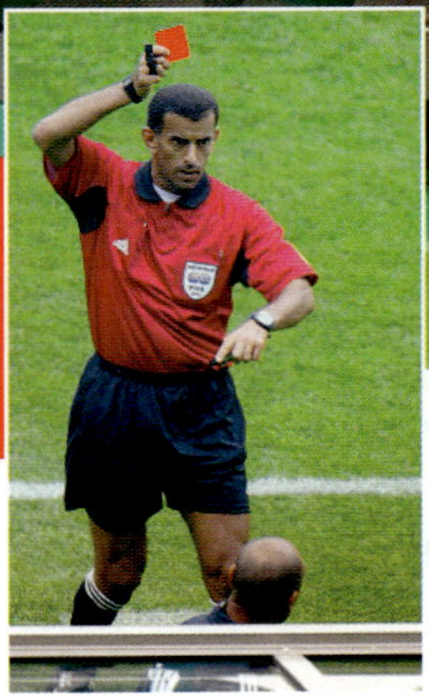

Rot für die Bank

Einmalig! Referee Ali Busjaim (VA Emirate) zeigt dem argentinischen Ersatzspieler Caniggia auf der Bank wegen Beleidigung die Rote Karte

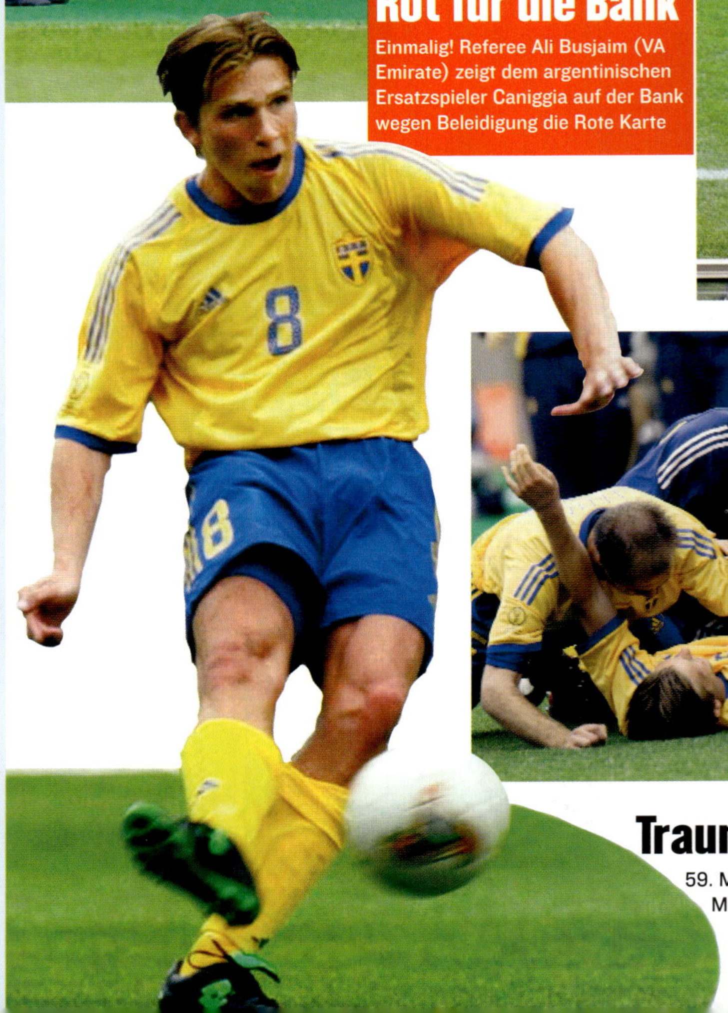

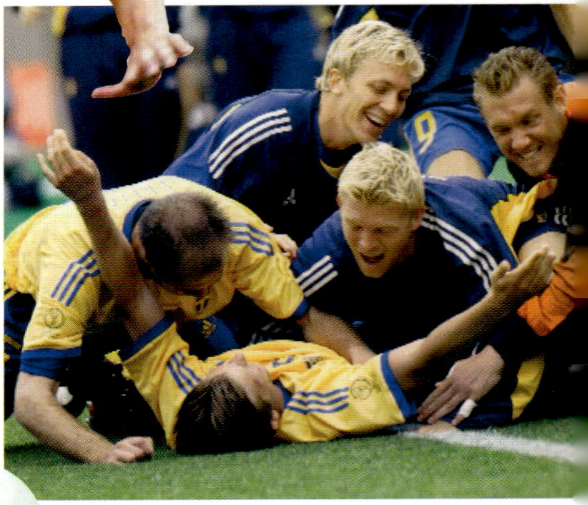

Traum-Freistoß

59. Minute: Schwedens Mittelfeldmann Svensson erzielt die 1:0-Führung

eint

Ausscheiden tut weh

Traurig grüßt Batistuta beim Abgang die Fans und erklärt kurz danach seinen Rücktritt aus der Nationalelf

Ein Land, das nach einer schweren Wirtschafts- und Regierungskrise ohnehin schon zuckend am Boden lag, stirbt in der Todesgruppe. Die große Fußballmacht Argentinien liegt in Trümmern.

Nur 1:1 gegen Schweden, WM-Aus in der Vorrunde. Stürmer Claudio Lopez tränenüberströmt: „Es ist schwer, jetzt nach Hause zu kommen und das den Leuten zu erklären." Volksheld Gabriel Batistuta verkündete nach dem Spiel mit versteinerter Miene seinen Rücktritt aus der Nationalelf.

Die Schmach von Miyagi – für die „Gauchos" lief alles schief. Reihenweise versiebten sie beste Gelegenheiten, scheiterten eher an sich selbst als an den Skandinaviern. Unrühmlicher Höhepunkt: Schiri Bujsaim zeigte dem auf der Ersatzbank sitzenden Claudio Caniggia Rot. Dessen freimütige Erklärung: „Ich habe ihn Hurensohn gerufen."

Nur Schweden feierte, trifft jetzt auf Senegal. Mittelfeld-Star Fredrik Ljungberg: „Wir können noch viel erreichen."

Schweden jubelt

Fußball WM 2002

Ihr seid die wahren Löwen!

Die WM-Schlagzeile des Tages

Gruppe F
12. Juni · 15.30 Uhr   **Osaka (JPN)**

Nigeria	–	England	0:0

Nigeria: Enyeama – Sodje, Okoronkwo, Udeze – Christopher, Yobo, Obiorah, Okocha – Akwuegbu, Aghahowa, Opabunmi (87. Ikedia)

England: Seaman – Mills, Campbell, Ferdinand, A. Cole (85. Bridge) – Beckham, Butt, Scholes, Sinclair – Heskey (69. Sheringham), Owen (77. Vassell)

Tore: keine **Ecken:** 5:7 **Schiedsrichter:** Brian Hall (USA) **Zuschauer:** 44.864 **Gelbe Karten:** keine **Gelb/Rote Karten:** keine **Rote Karten:** keine

Abschlusstabelle Gruppe F		Tore	Punkte
1	Schweden	4:3	5
2	England	2:1	5
3	Argentinien	2:2	4
4	Nigeria	1:3	1

WM-NEWS

Fußball-Witwen
■ Kurioses Angebot für Japans Ehefrauen: Eine Hotelkette im benachbarten Singapur bietet den von ihren fußballbegeisterten Männern vernachlässigten Frauen ein spezielles „Fußball-Witwen-Paket". Inhalt: exotischer Strandurlaub samt Schönheitssalons.

Hiddink-Puppen
■ Südkoreas Trainer Guus Hiddink ist nicht nur als Fußball-Lehrer ein Hit. Der Holländer ist jetzt auch als Miniaturfigur käuflich zu erwerben – mit beträchtlichem Erfolg. Im vergangenen Monat gingen rund 1000 Figuren über die Ladentische.

Pele muss abspecken
■ Brasiliens Fußball-Idol Pele ist nach seiner allergischen Reaktion auf Jod wieder aus dem Krankenhaus in Sao Paulo entlassen worden. Ein behandelnder Arzt: „Sein Gesundheitszustand ist gut. Aber er sollte auf sein Gewicht achten!"

Inamoto kann gehen
■ Japans WM-Held Junichi Inamoto (bislang zwei Tore) – bei seinem Stammverein Arsenal London spielt er keine Rolle mehr. Arsenal-Coach Wenger: „Ich glaube nicht, dass er hier eine Zukunft hat." Perugia, Bergamo und Eindhoven zeigen Interesse.

Beckham zum England jetzt

Schon ein Höhepunkt

Aghahowa (M. oben) und Champbell (r. vorn) beim Kopfball-Duell

Weiter gestolpert

Englands Verteidiger Danny Mills und Julius Aghahowa beharken sich

Keine „Beckstase" in Osaka. Es war ein ganz müder Kick zwischen Nigeria und England. Gähnfaktor 10.

Keine Tore, keine Karten. Das Spiel plätscherte dahin. Nigeria wollte nicht, England konnte nicht. Die Devise: Nur nicht verlieren.

Und das reichte für die Briten. Sie sind weiter, treffen jetzt in Niigata auf die Spaßtruppe aus Dänemark.

Die größte Chance zur Führung hatte Paul Scholes mit einem Kracher aus 25 Metern.

Doch Nigerias Schlussmann Vincent Enyeama lenkte die Kugel an den Pfosten (44.).

Englands Trainer Sven-Göran Eriksson war trotzdem hoch zufrieden: „Es war ein sehr hartes und schweres Spiel. Das Wichtigste aber war, dass wir weitergekommen sind."

Kann man so sehen...

Gähnen! gegen Dänen

Schuhting-Star Becks: Bei ihm glänzten nur die Kick-Stiefel

Traurige Gestalten

Wenige Torgelegenheiten – und die auch noch verpasst. Owen (l.) und Scholes als Unglücks-Würmer auf dem Rasen

Die WM-Schlagzeile des Tages

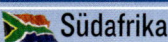

Gruppe B
12. Juni · 20.30 Uhr   Daejeon (KOR)

 Südafrika – 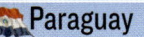 Spanien **2:3**

Südafrika: Arendse – Nzama, Radebe (80. Molefe), A. Mokoena, Carnell – Zuma, Fortune (85. Lekgetho), Sibaya, T. Mokoena – Nomvethe (74. Koumantarakis), McCarthy

Spanien: Casillas – Romero, Xavi, Nadal, Torres – Mendieta, Helguera, Albelda (53. Sergio), Joaquin – Morientes (78. Luque), Raul (81. Luis Enrique)

Tore: 0:1 Raul (4.), 1:1 McCarthy (31.), 1:2 Mendieta (45.+1.), 2:2 Radebe (53.), 2:3 Raul (56.) **Ecken:** 3:7 **Schiedsrichter:** Saad Mane (Kuweit) **Zuschauer:** 31.024 **Gelbe Karten:** Nzama, Carnell, Nomvethe, A. Mokoena **Gelb/Rote Karten:** keine **Rote Karten:** keine

Gruppe B
12. Juni · 20.30 Uhr   Seogwipo (KOR)

Slowenien – Paraguay **1:3**

Slowenien: Dabanovic – Bulajic, Tavcar, Milinovic, Karic – Novak, A. Ceh, Acimovic (63. N. Ceh), Cimirotic, Pavlin (40. Rudonja), Osterc (78. Tiganj)

Paraguay: Chilavert – Gamarra, Ayala, Caceres – Arce, Alvarenga (54. Campos), Paredes, Acuna, Caniza – Santa Cruz, Cardozo (61. Cuevas, 90.+3. Franco)

Tore: 1:0 Acimovic (45.+1.), 1:1 Cuevas (66.), 1:2 Campos (73.), 1:3 Cuevas (84.) **Ecken:** 1:9 **Schiedsrichter:** Felipe Ramos Rizo (Mexiko) **Zuschauer:** 30.176 **Gelbe Karten:** Pavlin, Karic, Rudonja, Milinovic **Gelb/Rote Karten:** Paredes (22.) **Rote Karten:** N. Ceh (81.)

Abschlusstabelle Gruppe B

			Tore	Punkte
1		Spanien	9:4	9
2		Paraguay	6:6	4
3		Südafrika	5:5	4
4		Slowenien	2:7	0

WM-NEWS

Böhme verletzt

■ So was nennt man Pech. Nach der Gelb-Sperre für Christian Ziege im Achtelfinale wäre Jörg Böhme die erste Alternative. Doch der Schalker verletzte sich ausgerechnet beim Warmmachen in Shizuoka vor dem Spiel gegen Kamerun. Es passierte, als Böhme den Ball hochhalten wollte.

Fotograf verklagt Ronaldo

■ Der brasilianische Fotograf José Neto plant eine Klage gegen Super-Stürmer Ronaldo. Der Grund: Als Neto den Angreifer auf der Tanzfläche einer Nachtclub-Disco im koreanischen Seogwipo fotografieren wollte, riss dieser ihm die Polaroid-Kamera weg und behielt sie.

Raul schickt Südafrika fast im Alleingang heim

Unwissenheit schützt vor Strafe nicht. Südafrika verzittert 2:3 gegen Spanien. Weil die Spieler nicht wissen, dass sie bei diesem Ergebnis ausscheiden werden, greifen sie ab Mitte der zweiten Halbzeit kaum noch an, machen nichts mehr nach vorne.

Doch zeitgleich wuppt Paraguay mit 10 Mann die Slowenen mit 3:1.

Die Tabelle ein Fall für Mathe-Genies: Paraguay und Südafrika 4 Punkte, ausgeglichenes Torverhältnis. Aber Parguay (6:6 Tore) hat mehr Treffer erzielt als Südafrika (5:5).

Südafrikas bitteres Vorrunden-Aus macht Trainer Jomo Sono fassungslos: „Wir haben nicht geglaubt, dass uns Paraguay noch einholen kann."

Spanien verdankt den dritten Sieg im dritten Spiel vor allem Torjäger Raul, der mit zwei Treffern die Rückflug-Tickets für die Afrikaner fast im Alleingang löst. Trotzdem warnt Trainer Jose Camacho vor Achtelfinal-Gegner Irland: „Ein kompaktes Team. Das wird sehr schwer."

Tor-Riecher In der 4. Minute verwertet der spanische Torjäger Raul reaktionsschnell einen Abpraller zum 1:0

Zweikampfstark Weder Mittelfeldspieler Sibaya (linkes Bild, r.), noch Verteidiger Lucas Radebe (unteres Bild, l.) vermögen Raul zu stoppen

Chancenlos Gegen den Volleyschuss von McCarthy ist für den spanischen Keeper Casillas kein Kraut beim Ausgleichstreffer zum 1:1 gewachsen

Sprunggewaltig Raul bejubelt mit einem Freuden-Satz seinen 3:2-Führungstreffer

Trommeln für den Sieg
Der populäre Trommler Manolo („El bombo de Espana") feuert seine Spanier an

Paraguays Torwart: Immer für ein Tor gut

Spezial-Training

Auch in Asien übt Jose Luis Chilavert ausdauernd an Papp-Kameraden seine gefürchtete Freistöße

Schwächen zwischen den Pfosten

Das erste Tor der Slowenen durch den Verteidiger Milenko Acimovic ist sein Ding. Chilavert schaut dem Ball hinterher, sein Verteidiger Carlos Gamarra (l.) ist über seinen Torhüter sauer

Total durchgeknallt!

„Ich kandidiere für den Posten des Staatspräsidenten", hat er angedroht.

Die Torwart-Wuchtbrumme Jose Luis Chilavert (1,94 m/89 kg) ist der verrückteste Keeper der Welt. Weil der 36-Jährige Freistöße und Elfmeter schießt. Im eigenen Strafraum ist er aber auch immer für ein Tor gut. Das 1:0 der Slowenen legte er sich selber rein! Nur gut, dass Cuevas (66. Minute), Campos (74. Minute) und nochmals Cuevas (84. Minute) die Scharte auswetzten und Paraguay zum Sieg ballerten.

Feucht-fröhliche Rasenfeier

Paraguay hat sich im letzten Moment für das Achtelfinale der Fußball-Weltmeisterschaft qualifiziert. Chilavert ist jubelnd über Celso Ayala hergefallen und Carlos Bonet (r.) bespritzt beide mit Wasser

Starker Wurfarm

Mannschafts-Kapitän Chilavert schleudert seine Handschuhe ins Publikum

Die WM-Schlagzeile des Tages

Gruppe C
13. Juni · 15.30 Uhr   Suwon (KOR)

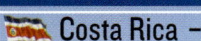 Costa Rica – Brasilien   **2:5**

Costa Rica: Lonnis – Martinez (74. Parks), Marin, Wright – Wallace (46. Bryce), Solis (65. Fonseca), Centeno, Lopez, Castro – Wanchope, Gomez   **Brasilien:** Marcos – Lucio, Polga, Edmilson – Cafu, Silva, Paulista (61. Ricardinho), Junior – Rivaldo (72. Kaka) – Ronaldo, Edilson

Tore: 0:1 Marin (10., Eigentor), 0:2 Ronaldo (13.), 0:3 Edmilson (38.), 1:3 Wanchope (40.), 2:3 Gomez (57.), 2:4 Rivaldo (63.), 2:5 Junior (65.) **Ecken:** 14:6 **Schiedsrichter:** Gamal Ghandour (Ägypten) **Zuschauer:** 38.525 **Gelbe Karten:** Cafu Gelb/Rote Karten: keine **Rote Karten:** keine

Gruppe C
13. Juni · 15.30 Uhr   Seoul (KOR)

 Türkei – China   **3:0**

Türkei: Recber (35. Catkic Ömer) – Asik, Akyel, Korkmaz – Davala, Kerimoglu (84. Tayfur Havutcu), Unsal, Bastürk (70. Mansiz), Belözoglu – Sükür, Sas   **China:** Jiang – Xu, Du, W. Li, Wu (46. Shao) – X. Li, Zhao, T. Li, P. Yang – Hao (73. Qu), C. Yang (73. Yu)

Tore: 1:0 Sas (6.), 2:0 Korkmaz (9.), 3:0 Davala (85.) **Ecken:** 8:5 **Schiedsrichter:** Oscar Ruiz (Kolumbien) **Zuschauer:** 43.605 **Gelbe Karten:** Belözoglu, Asik, Sas – P. Yang, W. Li Gelb/Rote Karten: keine **Rote Karten:** Shao (58.)

Tabelle Gruppe C		Tore	Punkte
1	Brasilien	11:3	9
2	Türkei	5:3	4
3	Costa Rica	5:6	4
4	China	0:9	0

WM-NEWS

Kameruns Spieler fliehen...

■ Die Löwen aus Kamerun – nach dem Vor-runden-Aus machten sie ganz schnell die Fliege. 15 von 23 Spielern reisten am 12. Juni auf eigene Faust einen Tag vor dem offiziellen Termin aus Japan ab.

...Winni überlegt noch

■ Winni Schäfer hat sich noch nicht entschie-den, ob die Pleite gegen Deutschland sein letztes Spiel als Kameruns Nationalcoach war. Aber: „Ich mache nur weiter, wenn auch die Organisation besser wird."

Iren im Knast

■ Am Rande der Partie Irland gegen Saudi-Arabien nahm die japanische Polizei drei irische Fans fest. Sie hatten versucht, ohne Ticket in das Stadion von Yokohama einzudringen.

Der Favorit Brasilien im Achtelfinale – Costa Rica fliegt nach Hause

Den Kürzeren gezogen

Trotz seines lang ausgestreckten Beines hat Costa Ricas Stürmer Paulo Wanchope im Zweikampf mit dem brasilianischen Verteidiger Anderson Polga (r.) das Nachsehen

Flotter Zweier zum 2:0

Frust bei Brasiliens 1:0 für Ronaldo. Deswegen bejubelt er in den Armen von Gilberto Silva (vorne l.) sein zweites Tor überschwänglich. Paulo Wanchope (hinten l.) schaut betreten zu

Brasilien bat zum Samba – und Costa Rica brach sich fast beide Beine...

Nach dem beeindruckenden 5:2-Kantersieg dürfte der WM-Konkurrenz der Angstschweiß am gesamten Körper ausgebrochen sein.

Wirbel um Brasi-liens Führungstor!

Während sich die FIFA zunächst auf „Tico" Marin als Eigentor-Schützen festgelegt hatte, reklamiert Zucker-Stürmer Ronaldo den Treffer für sich: „Das Tor gehört mir, ich habe den Ball noch berührt."

Von keiner Seite zu stoppen

Auch von hinten lässt sich der brasilianische Stürmer Kaka (l.) nicht den Ball von Verteidiger Mauricio Wright abluchsen

Türkei zum ersten Mal in Runde zwei

Die Türkei hat's gepackt. Durch ein klares 3:0 über China und dank Costa Ricas 2:5-Klatsche gegen Brasilien steht die Elf von Trainer Günes zum 1. Mal in einem Achtelfinale!

Die Anfangsphase – Klasse-Fußball der Türken. Die Chinesen – planlos, hilflos, hoffnungslos. Einzige Chance: ein Pfostenkracher von Chen Yang (28.).

Sonst spielte nur die Türkei, nahm die zehn Chinesen (Rot für Shao Jiayi) richtig auseinander. 6. Minute: Abwehrfehler der Chinesen. Sas haut die Kugel rein. Drei Minuten später: Flanke von links, Kopfball Bülent, Tor! Armes China!

Unser 8:0-Rekordergebnis gegen die Saudis schien zu bröckeln. Doch die Türken ließen es nach dem 2:0 locker angehen. Bis zur 85. Minute. Dann machte Davala mit einem Volleyknaller das Tor des Tages.

Günes glücklich: „Ich habe unserem Volk versprochen, dass wir die 2. Runde erreichen."

Auftrag ausgeführt.

Prophezeiten diese 3 Bälle das Ergebnis?

Türkische Warmmach-Übungen im Stadion von Seoul am Tag vor dem Triumph

Geschafft!

Bei ihrer 2. WM-Teilnahme nach 1954 gelingt den Türken erstmals der Einzug in die Runde der letzten 16. Entsprechend groß die Freude auf dem Platz

Istanbul wird zur Party-Stadt

Eine riesige Menge glücklicher Fans feiert im Zentrum mit orientalischer Begeisterung ihre Fußball-Helden und das Achtelfinale

Bild Fußball WM 2002

Frankreich weg

Argentinien weg

Alle haben wieder Angst vor uns

...und plötzlich träumt Deutschland vom Titel

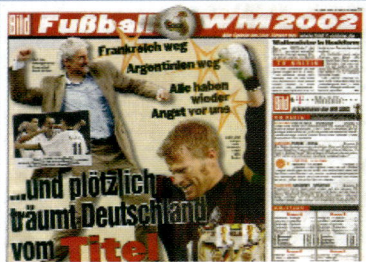

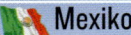

Die WM-Schlagzeile des Tages

Gruppe G 13. Juni · 20.30 Uhr		Oita (JPN)
Mexiko	Italien	1:1

Mexiko: Perez – Vidrio, Marquez, Carmona – Torrado – Arellano, J. Rodriguez (76. Caballerro), Luna, Morales (76. Garcia) – Borgetti (80. Palencia), Blanco

Italien: Buffon – Panucci (63. Coco), Cannavaro, Nesta, Maldini – Zambrotta, Tommasi, Zanetti – Totti (78. del Piero) – Inzaghi (56. Montella), Vieri

Tore: 1:0 Borgetti (34.), 1:1 del Piero (85.) **Ecken:** 1:8 **Schiedsrichter:** Carlos Simon (Brasilien) **Zuschauer:** 39.291 **Gelbe Karten:** Arellano, Perez – Cannavaro, Panucci, Totti, Zambrotta, Montella **Gelb/Rote Karten:** keine **Rote Karten:** keine

Gruppe G 13. Juni · 20.30 Uhr		Yokohama (JPN)
Ekuador	Kroatien	1:0

Ekuador: Cevallos – de la Cruz, Hurtado, Porozo, Guerron – M. Ayovi, Obregon (41. Aguinaga), Chala, Méndez – C. Tenorio (76. Kaviedes), Delgado

Kroatien: Pletikosa – R. Kovac – Simunic, Tomas – Saric (68. Stanic), Simic (53. Vugrinec), N. Kovac (60. Vranjes), Jarni – Olic, Boksic, Rapaic

Tore: 1:0 Méndez (48.) **Ecken:** 4:8 **Schiedsrichter:** William Mattus (Costa Rica) **Zuschauer:** 65.862 **Gelbe Karten:** Chala – Tomas, Simunic **Gelb/Rote Karten:** keine **Rote Karten:** keine

Abschlusstabelle Gruppe G

		Tore	Punkte
1	Mexiko	4:2	7
2	Italien	4:3	4
3	Kroatien	2:3	3
4	Ekuador	2:4	3

WM-NEWS

Krawalle in Argentinien

Nach dem ersten Vorrunden-Aus seit 40 Jahren drehten die Fans in Argentinien durch. Zahlreiche betrunkene Randalierer wüteten durch die Städte, lieferten sich Schlägereien mit der Polizei. Bilanz: über 60 Festnahmen.

West fordert Wechsel

Nigerias Verteidiger Taribo West fordert lautstark den Rücktritt von Trainer Festus Onigbinde: „Wir brauchen einen Franzosen oder Engländer, einen, der hier was bewegen kann." An Onigbinde aber prallt jede Kritik ab: „Wir sind auf dem richtigen Weg."

Maradona trauert

Argentiniens Fußball-Idol Diego Maradona macht sich nach dem Ausscheiden seines Landes schwere Selbstvorwürfe: „Ich fühle mich mitschuldig, weil ich nicht im Stadion war."

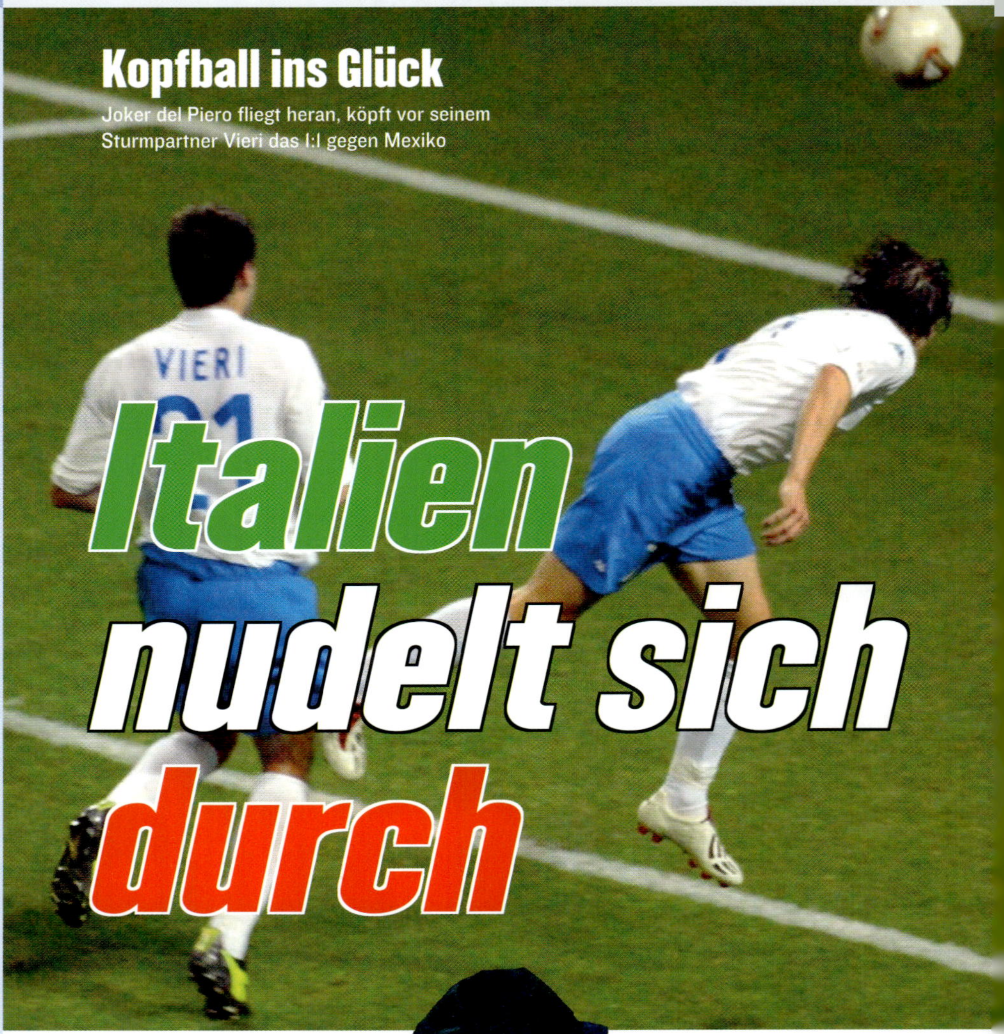

Kopfball ins Glück

Joker del Piero fliegt heran, köpft vor seinem Sturmpartner Vieri das 1:1 gegen Mexiko

Italien nudelt sich durch

Nur ein Sieg in drei Vorrunden-Spielen! Und trotzdem den Sprung ins Achtelfinale gepackt...

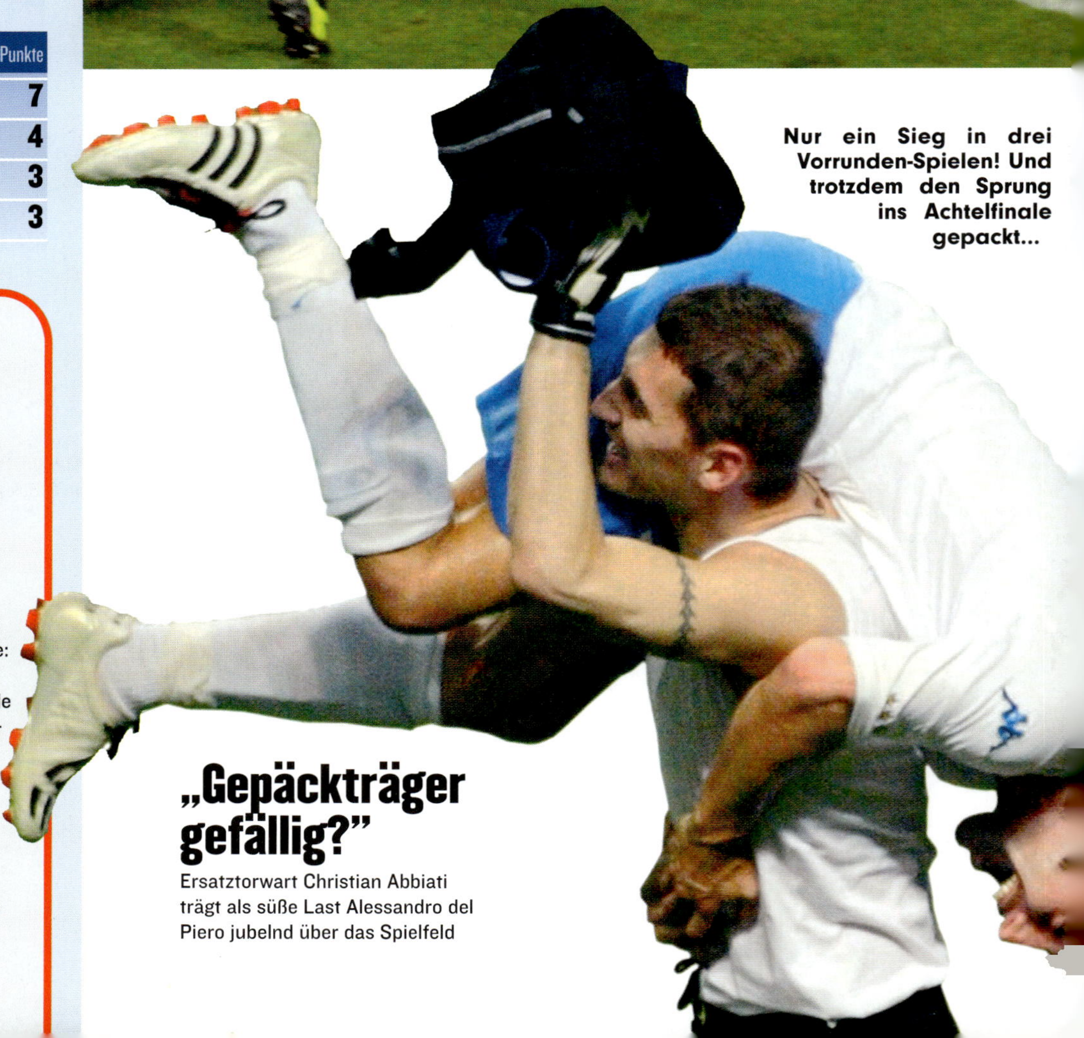

„Gepäckträger gefällig?"

Ersatztorwart Christian Abbiati trägt als süße Last Alessandro del Piero jubelnd über das Spielfeld

Schlappatoni erleichtert:

"Der liebe Gott hat meine Gebete erhört."

0:1! Kroatien versagt gegen Ekuador

Geplatzte Träume

Der kroatische Torwart Stipe Pletikosa (l.) hat den satten Linksschuss von Ekuadors Edison Mendez (nicht im Bild) verpasst. Der Ball liegt im Tor. WM adieu!

Ein stinknormaler Sieg, mit einem Törchen Unterschied, hätte gereicht.
Aber Kroatien stellte sich einfach zu dusselig an. 0:1 gegen Ekuador. Achtelfinale vergeigt.

Es war das mit Abstand schlechteste Spiel dieser WM. 90 Minuten planloses Mittelfeld-Gegurke. Beide Teams absolut unterirdisch.

Immerhin: Neuling Ekuador konnte sich nach dem Schlusspfiff über den ersten WM-Sieg freuen. Edison Mendez hatte ihn in der 48. Minute herausgeschossen. Der Mittelfeld-Mann zog nach einer Vorlage von Delgado aus 12 Metern ab – drin!

Und die Kroaten? Sie spielten schlimmsten Folter-Fußball. Nur einmal erinnerten sie an das Team, das 1998 Deutschland im Viertelfinale putzte (3:0). Boksic (34.) schlenzte an den linken Pfosten.

Die erste Chance nach dem Rückstand hatte Kroatien (mit den drei Bundesliga-Profis Simunic, Niko und Robert Kovac) nach genau 82 Minuten (!). Vugrinec donnerte freistehend drüber. Dabei hätte bis dahin ein Unentschieden gereicht. Italien lag gegen Mexiko 0:1 hinten (Endstand 1:1).

Nach diesem Spiel fahren beide Mannschaften nach Hause. Die Fans sagen: Gott sei Dank!

Die Truppe spielte wie „Flasche leer". Trainer Giovanni Trapattoni hätte man in Schlappatoni umtaufen sollen. Mamma mia...

Diese Italiener nudelten sich weiter. Sie verdanken es einem Fass voll Dusel, dass sie noch nicht im Flieger in die Heimat sitzen. Nur weil Kroatien sein letztes Gruppenspiel 0:1 gegen Ekuador vergeigte, dürfen die „Azzurri" nach ihrem 1:1 gegen Mexiko weiter vom vierten WM-Titel träumen.

Ausgelassene Freudentänze auch bei den Mexikanern. Sie spielen als Erster der Gruppe G jetzt gegen den Zweiten aus der Gruppe D (Südkorea, USA oder Portugal). Und sind damit der mögliche Viertelfinal-Gegner von Deutschland.

Vorsicht Rudi, diese Azteken sind saustark! Im Mittelfeld wirbelt der langmähnige Arellano, im Sturm rackert der bullige Kapitän Blanco. Traumhaft seine Flanke vor dem 1:0 durch Borgetti (34.).

Zu diesem Zeitpunkt sitzen die Italiener schon mit einer Pobacke im Flugzeug...

Doch auch der Rückstand von Kroatien kann Trainer Trapattoni nicht beruhigen. Wie Rumpelstilzchen springt er an der Seitenlinie entlang, wechselt in der 78. Minute del Piero ein.

Der Edel-Joker erlöst Italien endgültig: In der 85. Minute köpft del Piero das 1:1, wirft danach einen dankbaren Blick zum Himmel. Es war ein Kopfball ins Glück.

Die große Chance vergeigt

Tränen der Enttäuschung beim kroatischen Trainer Mirko Jozic (l.), blankes Entsetzen bei Davor Vugrinec (r.). Seine Nummer 7 hat ihm kein Glück gebracht

Die WM-Schlagzeile des Tages

Gruppe H
14. Juni · 15.30 Uhr Osaka (JPN)

Tunesien	–	Japan	0:2

Tunesien: Boumnijel – Badra, Trabelsi, Bouzaine (78. Zitouni), Jaidi – Clayton (61. Mhadhebi, Bouazizi, Ben Achour, Ghodhbane, Melki (46. Baya) – Jaziri

Japan: Narazaki – Matsuda, Miyamoto, K. Nakata – Myojin, Inamoto (46. Ichikawa), Toda, H. Nakata (85. Ogasawara), Ono – Suzuki, Yanagisawa (46. Morishima)

Tore: 0:1 Morishima (48.), 0:2 H. Nakata (75.) **Ecken:** 4:9
Schiedsrichter: Gilles Veissiere (Frankreich) Zuschauer: 45.213
Gelbe Karten: Bouazizi, Badra Gelb/Rote Karten: keine Rote Karten: keine

Gruppe H
14. Juni · 15.30 Uhr Shizuoka (JPN)

Belgien	–	Russland	3:2

Belgien: de Vlieger – Peeters, de Boeck (90+2. van Meir), van Buyten, van Kerckhoven – Verheyen (78. Simons), Walem, Vanderhaeghe, Goor – Wilmots, Mpenza (70. Sonck)

Russland: Nigmatullin – Kowtun, Onopko, Nikiforow (42. Sennikow) – Karpin (83. Kerschakow, Aljenitschew, Titow, Chochlow, Smertin (34. Sitschew), Solomatin – Betschastnich

Tore: 1:0 Walem (7.), 1:1 Betschastnich (52.), 2:1 Sonck (78.), 3:1 Wilmots (82.), 3:2 Sitschew (88.) **Ecken:** 11:3 **Schiedsrichter:** Kim Milton Nielsen (Dänemark) Zuschauer: 46.640 **Gelbe Karten:** Vanderhaeghe – Solomatin, Smertin, Aljenitschew, Sennikow Gelb/Rote Karten: keine Rote Karten: keine

Abschlusstabelle Gruppe H		Tore	Punkte
1	Japan	5:2	7
2	Belgien	6:5	5
3	Russland	4:4	3
4	Tunesien	1:5	1

WM-NEWS

Umfrage: Klose der Beste
■ Eine Umfrage der TV-Illustrierten BILD-WOCHE ergab: 41 Prozent aller Deutschen halten 5-Tore-Mann Miroslav Klose für den besten deutschen WM-Spieler.

„Lebensretter" Sono
■ Südafrikas Trainer Jomo Sono verteidigt vehement die Entscheidung, dass seine Spieler in der Partie gegen Spanien nicht vom Resultat Paraguays informiert wurden: „Hätte ich ihnen sagen sollen, dass Paraguay 3:1 führt? Sie wären auf der Stelle gestorben."

Jaaa-pan steht im Achtelfinale!

Au Backe!

Nach einem harten Kopfballduell lernt der Japaner Shinji Ono (r. unten) eine andere Seite des Tunesiers Khaled Badra kennen

Die japanischen Fans auf der Tribüne weinten hemmungslos. Freudentränen über das Erreichen der nächsten Runde.

Jaaapan – schlägt im letzten Spiel Tunesien 2:0. Das Team um Mega-Star Hidetoshi Nakata wird sensationell Gruppensieger und trifft jetzt im Achtelfinale auf die Türkei – statt auf den vierfachen Weltmeister Brasilien.

Philippe Troussier (47) hat aus der Loser-Truppe der letzten WM (Aus nach drei Pleiten in der Vorrunde) eine bärenstarke Einheit geformt. Der Franzose hatte das Team im September 1998 übernommen, vier Jahre lang für die WM im eigenen Land gedrillt.

Troussier nach dem Tunesien-Triumph: „Das war ein historischer Tag, ein großer Augenblick für Japan und für mich."

Ministerpräsident Junichiro Koizumi erlebte den unter insgesamt 50 000 Fans im Nagai-Stadion von Osaka. Er sollte dem Team (wie beim 2:2 gegen Belgien und dem 1:0 gegen Russland) Glück bringen. Hatten die Japaner

gar nicht nötig. Locker und leicht siegten sie gegen einen harmlosen Gegner. Und schossen zwei wunderschöne Tore.

Das 1:0 in der 48. Minute: Suzuki düst über die linke Seite los. Gegenspieler Bouazaiane grätscht ihm den Ball weg, genau rein in die Gefahrenzone vorm eigenen Tor. Der eingewechselte Morishima fackelt nicht lange und jagt das Leder aus der Drehung rechts oben in den Kasten.

Das 2:0 in der 75. Minute: Eine Flanke von Ichikawa köpfte Mega-Star Hidetoshi Nakata durch die Beine von Keeper Boumnijelins Tor.

Schlusswort Troussier: „Wir haben in diesem Turnier so viel Selbstvertrauen gewonnen, dass wir uns auch vor der Türkei im Achtelfinale nicht fürchten."

Na, wie hab ich das gemacht?

Hidetoshi Nakata hat zum 2:0 getroffen und zwinkert seinem Mannschaftskameraden Takayuki Suzuki fröhlich zu

Geballter Jubel

Hiroaki Morishima, Schütze des japanischen Führungstreffers

Russland weg – der Trainer ging gleich mit

Herzschlag-Finale in der Gruppe G. Belgien schlägt Russland mit 3:2. Damit ziehen die „Roten Teufel" hinter Gruppensieger Japan ins Achtelfinale ein.

Dramatik pur in Shizuoka.

Die Ausgangslage: Belgien benötigt einen Sieg, den Russen reicht ein Unentschieden zum Weiterkommen.

Das Spiel: Belgien erwischt den besseren Start, macht von Beginn an Druck. Schon in der 8. Minute trifft Johan Walem (Standard Lüttich) zum 1:0 – Belgien ist weiter.

Erst Mitte der ersten Hälfte wachen die Russen auf. Die Einwechselung von Dmitri Sitschew (für Alexei Smertin) erweist sich als genialer Schachzug von Coach Oleg Romanzew. Der 18-jährige Stürmer treibt seine Mannschaft nach vorne.

In der 52. Minute wird die Offensive belohnt. Wladimir Bestschastnich (früher Werder Bremen) erzielt das 1:1 – Jetzt ist Russland weiter.

Die Belgier kontern. Mit einem Doppelschlag (Wesley Sonck/78. und Wilmots/82.) gehen sie 3:1 in Führung – stehen erneut in der nächsten Runde.

In den Schlussminuten kommen die Russen noch einmal ran. Sitschew verkürzt auf 3:2 (88.). Zwei Minuten später fast doch noch der Achtelfinal-Einzug für Russland, doch Kerschakow köpft knapp am Tor vorbei. Danach pfeift Schiedsricher Kim

Morten Nielsen ab – Belgien hat's geschafft.

Überragender Mann auf dem Platz war Schalkes Marc Wilmots. Das „Kampfschwein" erzielte bereits seinen dritten Treffer bei dieser Weltmeisterschaft und landete gegen Russland seinen ersten WM-Sieg überhaupt.

Im Achtelfinale trifft er jetzt mit seinem Team am Montag auf Brasilien.

Dagegen steht Russlands Fußball vor einem Neuaufbau. Trainer Romanzew reichte eine Stunde nach Abpfiff seinen erwarteten Rücktritt ein.

Salto-Einlage

Der belgische Stürmer Wesley Sonk nach seinem Tor zur 2:1-Führung

Wiederbelebung

Mit der Einwechslung von Jungstar Sitschew (l., im Zweikampf mit Mittelfeldakteur Vanderhaeghe) kommt neuer Schwung ins russische Spiel

Tief enttäuscht

Der russische Trainer Oleg Romanzew erklärte eine Stunde nach Spielende seinen Rücktritt

Torwart-Torjäger Chilavert
Ich haue Kahn einen rein

"Los Paraguayos": Wir feiern unseren Sieg in Hamburg...

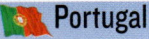

Die WM-Schlagzeile des Tages

Gruppe D
14. Juni · 20.30 Uhr — **Incheon (KOR)**

Portugal	–	Südkorea	**0:1**

Portugal: Baia – Beto, Couto, J. Costa, Jorge (73. Xavier) – Petit (77. Gomes), Bento – Figo, Pinto, Conceicao – Pauleta (69. Andrade)

Südkorea: W. J. Lee – J. C. Choi, Hong, T. Y. Kim – Song, N. I. Kim, Yoo, Park, Y. P. Lee – Ahn (90+3. C. S. Lee) – Seol

Tore: 0:1 Park (70.) **Ecken:** 3:5 **Schiedsrichter:** Angel Sanchez (Argentinien) **Zuschauer:** 50.239 **Gelbe Karten:** J. Costa – T. Y. Kim, Seol, N. I. Kim, Ahn **Gelb Rote Karten:** Beto (66.) **Rote Karten:** Pinto (26.)

Gruppe D
14. Juni · 20.30 Uhr — **Daejeon (KOR)**

Polen	–	USA	**3:1**

Polen: Majdan – Klos (89. Waldoch), Zielinski, Glowacki, Kozminski – Murawski, Krzynowek, Kucharski (65. Marcin Zewlakow) – Zurawski, Olisadebe (85. Sibik), Kryszalowicz

USA: Friedel – Sanneh, Pope, Agoos (36. Beasley), Hejduk – Stewart (68. Jones), O'Brien, Reyna – Donovan – Mathis, McBride (58. Moore)

Tore: 1:0 Olisadebe (3.), 2:0 Kryszalowicz (5.), 3:0 Marcin Zewlakow (66.), 3:1 Donovan (83.) **Ecken:** 3:8 **Schiedsrichter:** Jun Lu (China) **Zuschauer:** 26.482 **Gelbe Karten:** Majdan, Kozminski, Kucharski, Olisadebe – Hejduk **Gelb/Rote Karten:** keine **Rote Karten:** keine

Abschlusstabelle Gruppe D		Tore	Punkte
1	Südkorea	4:1	7
2	USA	5:6	4
3	Portugal	6:4	3
4	Polen	3:7	3

WM-NEWS

Keane sauer

■ Irlands Torjäger Robbie Keane hat sich über die zeitaufwendige Prozedur bei den Dopingkontrollen beschwert: "Es war frustrierend. Alle feierten, ich aber konnte erst um drei Uhr nachts ins Mannschaftshotel." Keane war nach dem Spiel gegen die Saudis bereits das zweite Mal für die Urinprobe ausgelost worden.

Neue Quoten

■ Immer mehr Zocker glauben an Deutschland: Bei den Wettbüros in London liegt Rudis Elf schon auf Platz 5 der Favoriten für den WM-Titel. Quote 9:1. Die Italiener rutschten nach ihrer Fast-Pleite auf Platz vier ab (11:2). Hoher WM-Favorit ist weiterhin Brasilien (5:2) vor Spanien (9:2) und England (5:1).

Auch Portugal auf dem Heldenf

Es ist nicht zu glauben! Jetzt ist auch noch für Figo & Co WM-Feierabend.

Es ist der Portu-Knaller – das traurige Ende der Brasilianer Europas. Diesen Adelstitel im Welt-Fußball verspielten die früheren Zauberer gegen den WM-Gastgeber endgültig.

Denn: Die Portugiesen knüppelten gegen Südkorea wie sonst nur Uruguay zu schlimmsten Zeiten!

Beim Abpfiff waren nur noch neun Südeuropäer auf dem Platz. Joao Pinto hatte nach einem ganz brutalen Foul gegen Park Ji Sung schon in der 27. Minute Rot gesehen. Nach 66 Minuten flog auch noch Treter Beto vom Platz (Gelb-Rot).

Dann nahm Joao-Pinto-Opfer Sung persönlich Rache.

Sein Traumtor: Im Strafraum holte er die Kugel herrlich mit der Brust herunter. Ein toller Lupfer mit rechts über Conceicao hinweg, ein Volleykracher mit links mitten ins Tor.

Das 1:0 für den WM-Gastgeber (70.), das Ende für Figo & Co!

Runter vom Platz

Referee Sanchez zückt die Rote Karte für den Portugiesen Joao Pinto (l.), der diese Entscheidung nicht fassen kann

edhof

Die Dusel-Boys aus USA!

Das ist der absolute WM-Wahnsinn! Die Amis werden von den bereits ausgeschiedenen Polen verprügelt (1:3) – und schaffen trotzdem das Achtelfinale. Weil Südkorea im Parallelspiel gegen neun Portugiesen ein 1:0 über die Zeit bringt.

Diese Dusel-Boys aus USA!

Die Polen müssen sich nach diesem Sieg schwarz ärgern. Nach den beiden Auftakt-Pleiten waren sie schon beim Anpfiff draußen. Hätten sie doch vorher nur einen Punkt geholt...

Blitzstart: Doppel-Schlag durch Olisadebe (3.) und Kryszalowicz (5.). Erst jagte der dunkelhäutige Stürmer der Polen den Ball nach einer Ecke unter die Latte. Dann versenkte Frankfurts Sturm-Ass eine Klasse-Vorlage des Nürnbergers Krzynowek.

Polen danach weiter giftig. Die von Trainer Jerzy Engel komplett umgebaute Abwehr (die Bundesliga-Profis Hajto und Waldoch saßen nur auf der Bank) stand sicher. Keine Chance für die US-Boys bei hohen Flanken.

Nur ihre Fernschüsse brachten Gefahr.

Trainer Bruce Arenas Donnerwetter zur Pause brachte nichts. Kozminski (66.) konnte aus drei Metern unbedrängt das 3:0 köpfen. Zurawski (76.) verballerte auch noch einen Foul-Elfmeter (Herthas Sanneh hatte Kryszalowicz gelegt). Die US-Boys saßen eigentlich schon im Flieger nach Hause...

Bis zur 70. Minute: Da schoss Park Ji Sung mit seinem 1:0 die Portugiesen (drei Punkte) aus dem Turnier. Und die Dusel-Boys aus USA (vier Punkte) in die nächste Runde.

Ach ja: Ein Tor fiel noch. Das 1:3 durch Landon Donovan (86.).

Volley zum 1:0

Polen-Stürmer Emmanuel Olisadebe (unten r. im Zeikampf mit Frankie Hejduk) bringt seine Mannschaft in Führung (Bild r.)

igo nach dem Aus
m Boden zerstört

ortugals Weltfußballer blieb blass
ewann nur 33 % der Zweikämpfe) –
nzig seine weißen Schuhe blitzten auf...

ache ist süß

nto-Foul-Opfer Sung (l. Bild l.)
zielt das alles entscheidende 1:0

icht zum küssen

ndet Kapitän Couto (Bild u., 2.v.l.) den
hiri nach dem Platzverweis von Pinto

Freude über das 2:0

Ausgerechnet vor der amerikanische Flagge bejubelt Pawel Kryszalowicz seinen Treffer

gezittert!

**ALLE SPIELE
ALLE HÖHEPUNKTE
TAG FÜR TAG**

DEUTSCHLAND – PARAGUAY

DÄNEMARK – ENGLAND

SCHWEDEN – SENEGAL

SPANIEN – IRLAND

MEXIKO – USA

BRASILIEN – BELGIEN

JAPAN – TÜRKEI

SÜDKOREA – ITALIEN

Der Sieg-Schrei: Tor-Olli Neuville schießt unsere Elf ins Viertelfinale

Das Tor zum Glück

2 Minuten vor Schluss erlöst uns Neuville

Die WM-Schlagzeile des Tages

Das Frühstücks-Spiel gegen Paraguay am Samstag-Morgen um 8.30 Uhr – klar, dass viele Fans ihre BILD erst nach dem Abpfiff kauften.

Deshalb erschien BILD mit der Wende-Ausgabe samt Ergebnis-Kasten zum Selber-Ausfüllen. Ob Sieg oder Niederlage, die Schlagzeile passte so auf jeden Fall!

Achtelfinale
15. Juni · 15:30 Uhr   Seogwipo (KOR)

Deutschland –	Paraguay	1:0

Deutschland: Kahn – Frings, Rehmer (46. Kehl), Linke, Metzelder (60. Baumann) – Schneider, Jeremies, Ballack, Bode – Neuville (90+3. Asamoah), Klose

Paraguay: Chilavert – Arce, Caceres, Ayala, Gamarra – Bonet (84. Gavilan), Acuna, Struway (90+I. Cuevas), Caniza – Cardozo, Santa Cruz (29. Campos)

Tore: I:0 Neuville (88.) **Ecken:** 5:I **Schiedsrichter:** Carlos Batres (Guatemala) **Zuschauer:** 25.I76 **Gelbe Karten:** Schneider, Baumann, Ballack – Cardozo **Gelb/Rote Karten:** keine **Rote Karten:** Acuna (90+2.)

Jaaaaaaa!

Nach dem Abpfiff explodiert Olli Kahn vor Erleichterung, schreit seine Anspannung heraus

Die 1. Halbzeit sollten wir ganz schnell vergessen. Nur 25 176 Fans im Stadion von Seogwipo (42 256 gehen rein). WM-Stimmung? Fehlanzeige! Kein Wunder bei dem müden Gekicke...

Ganz mies die 1. Halbzeit. Viel Gewürge, wenig Kreativität. Die Angst vorm Aus im Achtelfinale lähmt. Gähn-Fußball ohne Ende. Zum ersten Mal werden wir bei einer Auswechslung wach. Bayern-Stürmer Santa Cruz muss mit Zerrung raus, Campos kommt (29.).

Und Paraguay wird langsam munter. Metzelder und Linke pennen. Ayala völlig frei. Paraguays Abwehr-Chef säbelt aus 7 m drüber (36.).

Dann lässt Campos Rehmer stehen, drückt aus 17 m ab. Kahn fliegt, schiebt die Kugel mit der Hand über den Kasten (37.). Weltklasse.

Halbzeit. Kehl kommt für den schwachen Rehmer. Und endlich drehen wir auf. Neuville über rechts, flach auf Schnei-

WM-NEWS

Prämiensegen

■ Die türkischen Spieler werden nach dem Einzug ins Achtelfinale (3:0 gegen China) reich belohnt. Die Mannschaft erhält rund 3,2 Mio. Euro. Gibt's weitere Erfolge, wird aufgestockt.

Geister-Spieler

■ Wenige Stunden vor dem letzten Gruppenspiel gegen Portugal hat sich ein Südkoreaner am Strand mit Benzin übergossen und es entzündet. Der Mann verbrannte. Durch seinen Freitod wollte er der Mannschaft helfen. Der Abschiedsbrief: Ich wähle den Tod, damit Südkorea weiterkommt. Ich spiele als I2. Mann mit!

Seife für Champion

■ In Thailands Hauptstadt Bangkok lassen die Knackis den Ball rollen, spielen intern die WM aus. Im ersten Match besiegte Nigeria die Japaner 5:I. Die "Weltmeister" erhalten Zahnbürsten, Seife und einen Pokal aus Plastik.

Glückwunsch

Die Fans gratulieren dem deutschen Keeper, der am Spieltag seinen 33. Geburtstag feiert

HAPPY BIRTHDAY KÄPTN KAHN

Neuville hat abgezogen. Paraguays Gamarra (Nr. 4)...

... kommt zu spät. Torwart Chilavert fährt die Pranke aus. Doch er hat keine Chance. Die Kugel saust ins Netz

Ruuuudi Völler! Ihm gehören die Herzen der Fans

der. Der Leverkusener schießt – direkt in die Arme von Paraguays Torwart Chilavert (47.).

Wieder Schneider. Der Bayer-Mann mit einem Freistoß. Die Kugel zappelt – am Außennetz (52.).

Langsam wird's kribbelig. Metzelder muss mit Knöchel-Verletzung raus. Völler bringt Bremens Baumann (60.).

Die Uhr tickt. Wir denken an Verlängerung. Kahn mit einem langen Abschlag.

Frings gewinnt das Kopfball-Duell. Schneider flankt flach von rechts. Der Ball springt einmal auf. Neuville spritzt dazwischen. Die Kugel rauscht an Chilavert vorbei (88.) in die kurze Ecke.

Drin! Drin! Drin! Völler springt auf, Kahn brüllt. Sepp Maier hält alles mit der Video-Kamera fest.

Unschöner Schlusspunkt: Acuna rammt Ballack in der Nachspielzeit den Ellenbogen ans Kinn – Rot!

Das Tor zum Viertelfinale

Langer Abschlag von Kahn. Frings steigt am höchsten, gewinnt das Kopfball-Duell. Schneider schnappt sich den Ball, flankt auf Neuville. Der hält direkt drauf – drin! 1:0 für Deutschland

Rudi Völler, geboren am 13. April 1960 in Hanau, war schon als Spieler Kult. Der Stürmer bestritt 90 Länderspiele, schoss 47 Tore für Deutschland, wurde 1990 Weltmeister und gewann '93 mit Marseille den Europapokal der Landesmeister. Vor allem gewann „Ruuudi" die Herzen der Fans. Weil er bis zum Karriere-Ende '96 in seinen Klubs Offenbach, 1860 München, Bremen, AS Rom, Marseille und Leverkusen immer alles gab. Wie als Teamchef, zu dem er am 2. Juli 2000 nach dem Verzicht von Christoph Daum eher unfreiwillig „befördert" wurde. Ruhe findet er bei seiner Frau Sabrina, mit der er seit '95 verheiratet ist.

Rudis schwerstes Spiel

Zauberhafter Beckham

Die WM-Schlagzeile des Tages

Achtelfinale
15. Juni · 20:30 Uhr · Niigata (JPN)

🇩🇰 Dänemark –	🏴 England	**0:3**

Dänemark: Sörensen – Helveg (7. Bögelund), Laursen, Henriksen, N. Jensen – Töfting (58. C. Jensen), Gravesen – Tomasson – Rommedahl, Grönkjaer, Sand

England: Seaman – Mills, Ferdinand, Campbell, Ashley Cole – Beckham, Butt, Scholes (49. Dyer), Sinclair – Owen (46. Fowler), Heskey (69. Sheringham)

Tore: 0:1 Ferdinand (5.), 0:2 Owen (22.), 0:3 Heskey (44.) **Ecken:** 8:3 **Schiedsrichter:** Markus Merk (Deutschland) **Zuschauer:** 40.582 **Gelbe Karten:** Töfting – Mills **Gelb/Rote Karten:** keine **Rote Karten:** keine

WM-NEWS

Tristan wieder da
■ Spaniens Stürmer Diego Tristan ist nach seiner Knöchel-Verletzung wieder fit für das Achtelfinal-Spiel gegen Irland. Allerdings müsste für ihn Alexander Morientes auf die Bank, der zwei Tore erzielt hat...

Strom gespart
■ Wenn die Mannschaft von Südkorea spielt, sinkt der Stromverbrauch im Land drastisch. Beim USA-Spiel sank der Verbrauch um 13,9 Prozent. Grund: Schulen und Behörden schließen, in großen Betrieben ruht die Arbeit, die Angestellten sitzen vorm Fernseher.

Ronaldos Nr. 4
■ Die FIFA hat Super-Star Ronaldo doch das Tor zum 1:0 gegen Costa Rica zuerkannt. Damit hat der Brasilianer vier Treffer auf seinem Konto, jagt jetzt Miroslav Klose (5).

Zu hoch gepokert...
■ Frankreichs WM-Kicker hatten vor der WM die Titel-Prämie auf 305 000 Euro hochgepokert. Dazu ihr Eingeständnis, beim Vorrunden-Aus leer auszugehen. So kann' gehen...

Maskenball
■ Japans Vorbild-Kämpfer Miyamoto ist vom Nasenbeinbruch) zum Model geworden. Die schwarzen Gesichtsmasken sind bei den Fans begehrt. Sponsor adidas verteilte schon kostenlos 1500 Stück.

Verkaufs-Schlager
■ Ein Land sieht Rot: Die Menschen in Südkorea feiern ihr Team. Über 8 Millionen roter Shirts mit der Aufschrift „Be the Reds" (Seid die Roten) sind schon verkauft.

Dänemarks Albtraum

David Beckham (o. und r.) beim Dribbling gegen die Dänen Martin Lausen (M.) und Stig Töfting

Beckham zaubert die Dänen weg. So stark haben wir den Superstar von der Insel bei dieser WM noch nicht gesehen. Jetzt ist England sogar Mitfavorit.

Tor, Tor, Tor! Drei trockene Dinger gegen in der Abwehr recht dämliche Dänen: England schießt sich souverän ins Viertelfinale – und wird so zum Mitfavoriten dieser WM!

Dabei marschieren sie weiter auf die ganz harte Tour...

Erst hatte England die sogenannte „Todesgruppe" mit Argentinien, Nigeria und Schweden überlebt.

Jetzt schicken sie die so hoch gehandelten Dänen (2:0 gegen Weltmeister Frankreich) nach Hause.

Und nun müssen sie im Viertelfinale wahrscheinlich gegen Brasilien ran. Wird das die Endstation für England?

„Abwarten", sagt Insel-Coach Sven-Göran Eriksson. „Egal Brasilien oder Belgien: Wir sind absolut bereit."

Stimmt.

Über 40 000 Zuschauer (darunter 8500 englische Fans) sehen einen grandios aufspielenden Superstar David Beckham, der mit seinem rechten Zauberfuß die Dänen-Abwehr schwindelig hexte. „Es macht wieder Riesen-Spaß", sagt Beckham hinterher. In den ersten WM-Spielen war er kaum zu sehen. Jetzt strahlt er: „Die WM ist

für uns noch lange nicht zu Ende."

Für Dänemark kam das Aus schon nach fünf Minuten...

Beckhams ersten Eckball köpft Ferdinand in die Arme von Dänen-Torwart Sörensen. Der boxt sich den Ball selbst über die Linie. Super-schusselig!

„Tor Ferdinand", sagt der Stadionsprecher. Eigentor Sörensen wäre ehrlicher gewesen. Egal. England führt.

Und bleibt am Drücker: Butt spitzelt die Kugel durch die Beine eines dänischen Verteidigers, genau in den Lauf von Stürmer Owen. 6 Meter, Schuss, Tor – 2:0 nach 22 Minuten.

Von wegen „Danish Dynamite." Eine klassische Fehlzündung! Dabei hatten sie Mut. Die Dänen hatten teilweise sogar mehr vom Spiel. Aber sie hatten kaum Torchancen – und keinen Beckham...

44. Minute: Beckham legt quer auf Heskey. 18 Meter, 3:0. Die Entscheidung.

„Ein 0:3 gegen England aufzuholen ist leider fast unmöglich", stöhnte Dänen-Coach Morten Olsen. „Wir haben in der Abwehr zu viele Fehler gemacht."

Noch hat auch Brasilien gegen diese Engländer nicht gewonnen...

Jubel pur!

Stürmer Emile Heskey (u.) feiert mit Kapitän Beckham auf dem Rücken seinen Treffer zum 3:0

Auweia!

Dänemarks Keeper Sörensen boxt sich den Ball selbst ins Tor, fischt vergeblich hinterher. Owen (Nr. 10) muss nichts machen (Bild r.)

1:0

2:0

Unhaltbar!
Gegen den 6-Meter-Schuss von Torjäger Michael Owen ist der dänische Keeper machtlos

3:0

Vorlage Beckham
44. Minute: Emile Heskey erzielt aus 18 Metern den dritten Treffer der Engländer

Die WM-Schlagzeile des Tages

Golden S

Achtelfinale
16. Juni · 15:30 Uhr · Oita (JPN)

Schweden	–	Senegal	1:2*

Schweden: Hedman – Mellberg, Jakobsson, Mjällby, Lucic – Linderoth – Alexandersson (76. Ibrahimovic), A. Svensson, Magnus Svensson (99. Jonson) – Allbäck (65. A. Andersson), Larsson

Senegal: Sylva – Coly, Diatta, P. M. Diop (66. Beye), Daf – Cissé – P. B. Diop, Faye – Thiaw – H. Camara, Diouf

Tore: 1:0 Larsson (11.), 1:1 H. Camara (37.), 1:2 H. Camara (104.) **Ecken:** 3:9 **Schiedsrichter:** Ubaldo Aquino (Paraguay) **Zuschauer:** 39.747 **Gelbe Karten:** Coly, Thiaw **Gelb-/Rote Karten:** keine **Rote Karten:** keine

*in der Verlängerung

WM-NEWS

Absturz-Angst

■ Allah sei uns gnädig: Die türkische Maschine kam beim Flug von Südkorea nach Japan in heftige Turbulenzen. Stürmer-Star Hakan Sükür betete laut um das Überleben, Hasan Sas erlitt einen Schwächeanfall, und in der Heimat fürchtete man nach den Meldungen über einen Absturz schon das Schlimmste. Nun kann die Türken im Spiel gegen Japan nichts mehr schocken.

Kahn und Klose klasse

■ Unser WM-Held Miroslav Klose ist von Spaniens Sportzeitung „Marca" zum besten Vorrundenspieler gewählt worden. Olli Kahn kam ebenfalls in die beste Vorrunden-Elf.

Einmal Löwe...

■ ...immer Löwe: Winni Schäfer hat trotz Kameruns Vorrunden-K.o. ein Angebot zur Vertragsverlängerung bekommen. Der 52-Jährige will sich aber erst nach seinem Urlaub entscheiden.

Adeus Antonio?

■ Nach Portugals WM-Pleite steht Trainer Antonio Oliveira vor dem Rauswurf: Verbandschef Madail: „Wir haben erwartet, dass wir weiter kommen würden."

Senegal tanzt Schweden raus

Erst schießt Camara die Schweden ab (r.), dann lässt er sich jubelnd über den Platz tragen (o.)

Die Bekenntnisse von Torschützen sind vielseitig. Beim 2:1 der Senegalesen über Schweden schießt Henri Camara nicht nur das erste Golden Goal dieser WM. Nein, er flüstert hinterher auch leise in die Mikrofone: „Ich widme meine Tore meiner Mama."

„Golden Sene-Goal" feiert seinen Helden!

Henri Camara hat nämlich die „Löwen der Terenga" ganz alleine ins Viertelfinale getanzt. Erst gleicht der Stürmer des CS Sédan die schwedische Führung (11. Larsson) in der 37. Minute aus. In der 104. Minute der Verlängerung dann der zweite Auftritt des Balltänzers. Camara

täuscht links, täuscht rechts, kratzt sich durch zwei, drei schwedische Eisblöcke durch, schießt mit links ins linke untere Eck.

Wer weiß, ob der Ball auch im Tor gelandet wäre, wenn Camara richtig getroffen hätte? Egal. Wer fragt später danach? Tor ist Tor. Ein umso schöneres, wenn es auch noch ein goldenes ist.

Seine Mitspieler tragen ihn auf den Schultern vom Platz, sein ganzes Land liegt ihm zu Füßen. Mit Senegal steht zum ersten Mal seit 1990 (damals Kamerun) ein afrikanisches Land in einem WM-Viertelfinale.

Das Geheimnis von Trainer Bruno Metsu: „Bei mir dürfen die Spieler in ihrer Freizeit trommeln und tanzen. Sie dürfen spielen und singen."

Und siegen.

Strafraum-Dramatik

Schwedens Verteidiger Andreas Jakobsson (r.) geht kopfüber zu Boden. Stürmer Henrik Larsson (3.v.r.) springt hinzu, um den Ball vor dem heranstürmenden Senegalesen Amdy Faye (2.v.r.) wegzuschlagen

ene-Goal

Gefährlich hoch

Senegals Verteidiger Lamine Diatta (r.) spitzelt den Ball vor dem Schweden Henrik Larsson weg

Rasta besiegt Glatze

Ferdinand Coly (l.) köpft über Henrik Larsson

Die WM-Schlagzeile des Tages

Irlands Elfer

Achtelfinale		
16. Juni · 20:30 Uhr		Suwon (KOR)
Spanien	–	Irland 3:2*

Spanien: Casillas – Puyol, Hierro, Helguera, Juanfran – Baraja, Valeron – Luis Enrique, de Pedro (65. Mendieta) – Raul (80. Luque), Morientes (72. Albelda)

Irland: Given – Finnan, Breen, Staunton (50. Cunningham), Harte (82. Connolly) – G. Kelly (55. Quinn), Kinsella, Holland, Kilbane – Keane, Duff

Tore: 1:0 Morientes (8.), 1:1 Keane (90., Foulelfmeter) **Elfmeterschießen:** 0:1 Keane, 1:1 Hierro, 2:1 Juanfran, 2:2 Finnan, 3:2 Mendieta **Ecken:** 5:6 **Schiedsrichter:** Anders Frisk (Schweden) **Zuschauer:** 38.926 **Gelbe Karten:** Juanfran, Baraja, Hierro **Gelb/Rote Karten:** keine **Rote Karten:** keine

* im Elfmeterschießen

WM-NEWS

Faustschlag

■ Rot-Sünder Joao Pinto (Portugal) soll Schiri Sanchez (Argentinien) beim Spiel gegen Südkorea in die Rippen gefaustet haben. Damit droht dem 30-Jährigen ein Jahr Sperre.

Bomben-Alarm

■ Auf einer Rennbahn in Hongkong wurde während der Live-Übertragung China – Türkei Bombenalarm ausgelöst. Spezialisten entschärften die aus Schießpulver und Nägeln gebastelte Bombe. Sie war unter einem Sitz versteckt.

Trap sagt Grazie

■ Italiens Trainer Giovanni Trapattoni (63) ist Achtelfinalgegner Südkorea lieber als Portugal. Der Grund: „Im Gegensatz zu Portugal haben die Gastgeber keine technisch-überrragenden Spieler."

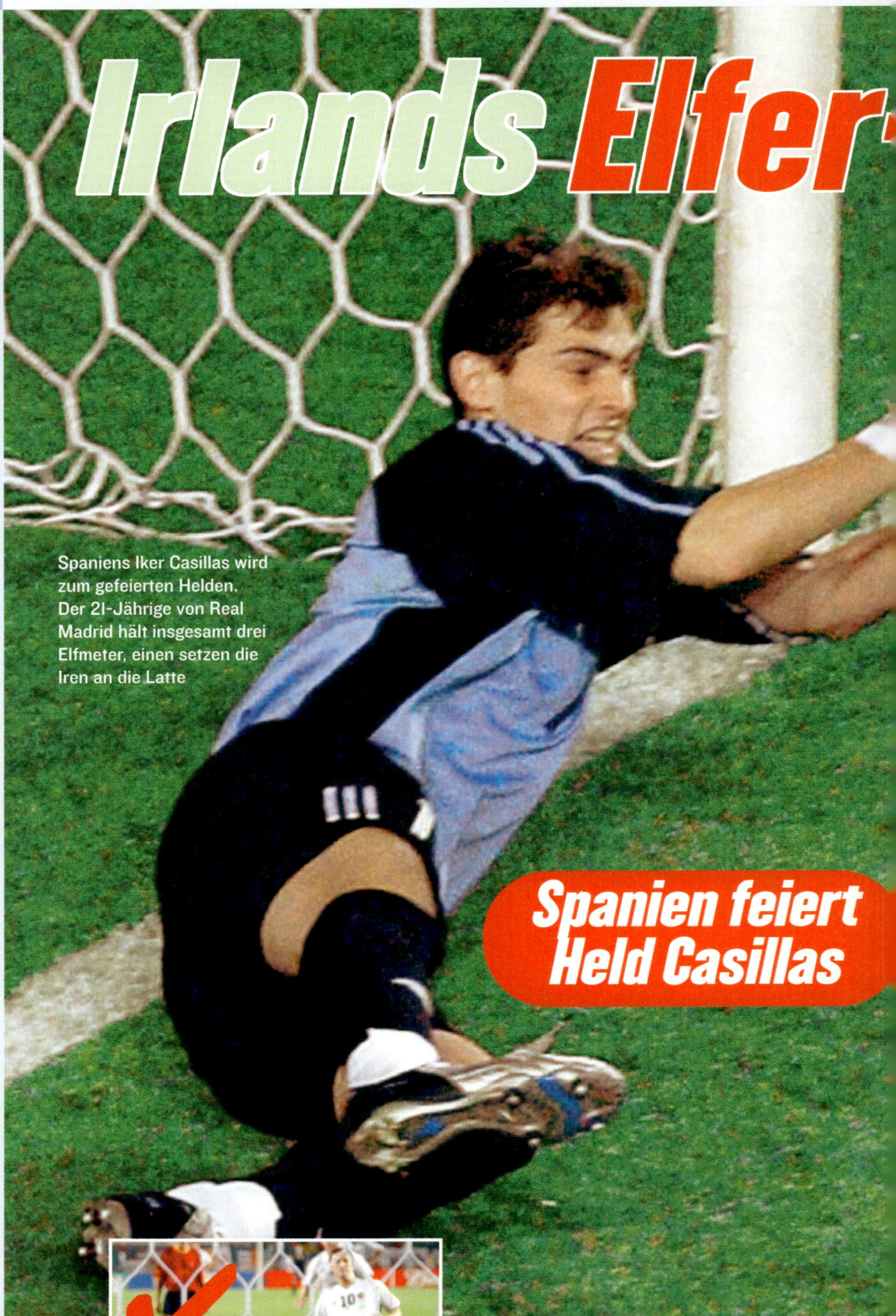

Spaniens Iker Casillas wird zum gefeierten Helden. Der 21-Jährige von Real Madrid hält insgesamt drei Elfmeter, einen setzen die Iren an die Latte

Spanien feiert Held Casillas

In der 62. Minute schießt Harte zu weich nach links, Casillas fliegt und hält

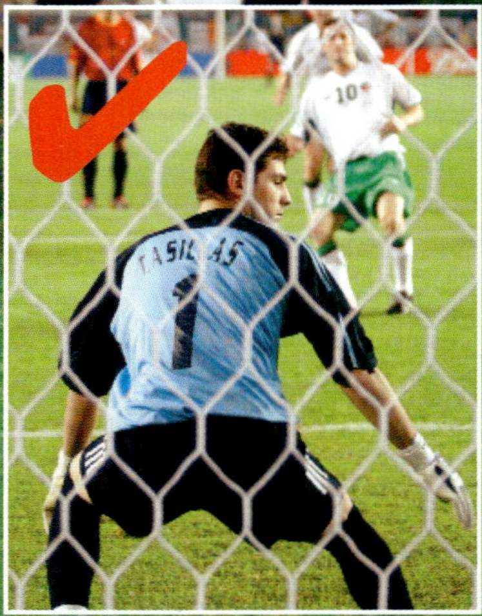

In der 90. Minute wieder Elfer für Irland. Diesmal trifft Keane, Casillas ohne Chance

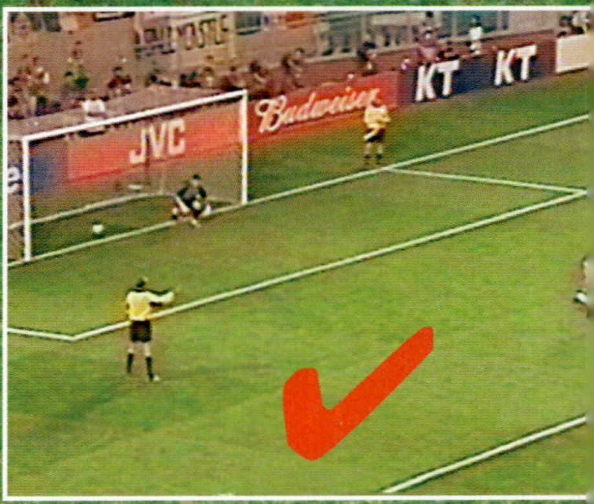

Auf ins Elfmeterschießen! Wenigstens Keane behält die Nerven. Wieder in die gleiche Ecke, Casillas ist machtlos

Trottel

4 von 7 Elfern verschossen

Holland in Not! Damian Duff, Steve Finnan, Robbie Keane und Mark Kinsella (v.l.) trösten den am Boden knieenden Matt Holland. Am Ende weinen sie alle

Anlaufen, gegen den Ball treten, jubeln! Eigentlich ist Elfer schießen doch ganz einfach. Es sei denn, man ist ein Ire...

Irland geht nach dem Achtelfinal-K.o. (1:1 nach Verlängerung, 3:4 nach Elfmeterschießen) gegen Spanien als Team der Elfer-Trottel in die Geschichte dieser WM ein. Und Spanien feiert seinen Helden Casillas.

Von wegen Angst des Torwarts beim Elfmeter! Der erst 21-jährige Keeper von Real Madrid fliegt nach links, fliegt nach rechts, fliegt mit den Spaniern ins Viertelfinale. Und Irland fliegt heim.

Bereits während der regulären Spielzeit hält Casillas einen Strafstoß und zunächst die 1:0-Führung seiner Spanier (8. Minute Morientes) fest. Juanfran hat Duff gefoult. Harte schießt zu weich – Casillas hält. Im zweiten Versuch trifft Irland allerdings. Keane verwandelt in der 90. Minute zum 1:1, nachdem Hierro dem Iren Quinn im Strafraum fast das Trikot zerrissen hat.

Nach bravem 30-minütigen Verlängerungs-hin-und-her-Geschiebe ohne Tor schlottern den Iren beim Elfmeterschießen die Knie. Holland donnert an die Latte, Connolly und Kilbane scheitern an der spanischen Reflex-Katze Casillas. Fünf Strafstöße im Elfmeterschießen, plus zwei in der regulären Spielzeit – und was machen diese irren Iren draus? Ganze drei Mal treffen die Elfer-Trottel.

Teufelskerl Casillas steht übrigens nur zwischen den Pfosten, weil Spaniens Nr. 1 Canizares (Valencia) in die Scherben eines zerbrochenen Parfümfläschchens getreten ist. Das Schicksal macht die schönsten Helden.

...sillas ahnt die Ecke, doch der Ire ...nens Holland donnert an die Latte

Da schlotterten Connollys Knie erst recht. Ab in die Mitte. Casillas blieb stehen

Kilbane schaffte den Trottel-Hattrick: Casillas parierte seinen schwächen Schuss

Zwar verwandelte Finnan. Doch da anschließend Mendieta traf, war Irland draußen

Was für eine Sieg-Prämie!

Jeder Dritte leidet unter Wetterfühligkeit!

Liebesnacht für unsere Helden

Bild

Krankheit immer schlimmer

Juhnke nackt auf der Straße

Schock für viele Arbeitslose!

Alu höchstens 750 Euro?

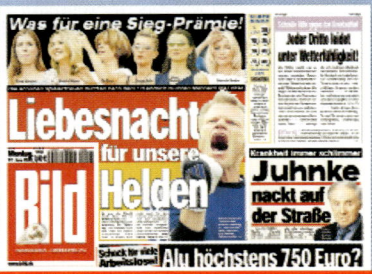

Die WM-Schlagzeile des Tages

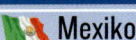

Achtelfinale	
17. Juni · 15:30 Uhr	Jeonju (KOR)
Mexiko – USA	0:2

Mexiko: Perez – Vidrio (46. Mercado), Marquez, Carmona – Arellano, Morales (28. Hernandez), Torrado (78. Garcia Aspe), J. Rodriguez, Luna – Borgetti, Blanco

USA: Friedel – Sanneh, Pope, Mastroeni (90+2. Llamosa), Berhalter – Lewis, Reyna, O'Brien, Donovan – McBride (79. Jones), Wolff (59. Stewart)

Tore: 0:1 McBride (8.), 0:2 Donovan (65.) **Ecken:** 9:3 **Schiedsrichter:** Vitor Melo Pereira (Portugal) **Zuschauer:** 36.380 **Gelbe Karten:** Vidrio, Hernandez, Blanco, Garcia Aspe, Carmona – Pope, Mastroeni, Wolff, Berhalter, Friedel **Gelb/Rote Karten:** keine **Rote Karten:** Marquez (88.)

WM-NEWS

Medford geht fort

■ Rekordnationalspieler Hernan Medford (34/Costa Rica) ist nach 15 Jahren aus der Nationalmannschaft zurückgetreten.

Bati-ciao

■ Stürmer-Star Gabriel Batistuta (Argentinien) soll nach seinem Nationalmannschafts-Rücktritt mit einem Abschiedsspiel geehrt werden.

Straßenfeger

■ Bis zu 21 Millionen Zuschauer sahen am Samstagmorgen das deutsche Achtelfinale in der ARD. Der Marktanteil von 87,8 Prozent ist TV-Rekord.

Ein Fall für zwei

■ Bundestrainer Michael Skibbe kundschaftet gemeinsam mit „Dauer-Spion" Ulli Stielicke den nächsten Gegner aus: Beide sind beim Spiel Mexiko gegen die USA.

Nie mehr Lemerre?

■ Nach der WM-Pleite scheinen die Tage von Frankreich-Coach Lemerre gezählt. „Es geht nur noch darum, wer seine Nachfolge antritt", schreibt das Fachblatt „L'Equipe". Im Gespräch: Michel Platini., Jean Tigana, Arsene Wenger und Didier Deschamps.

Diego ist bereit

■ Argentiniens Coach Bielsa steht nach dem WM-Aus in heftiger Kritik. Ein Nachfolger bietet sich auch schon an: Kleines dickes Maradona will den Gauchos wieder zu großem Ruhm verhelfen. „Ich bin bereit", sagt das Idol, „und würde keinen Real dafür nehmen."

USA mauern

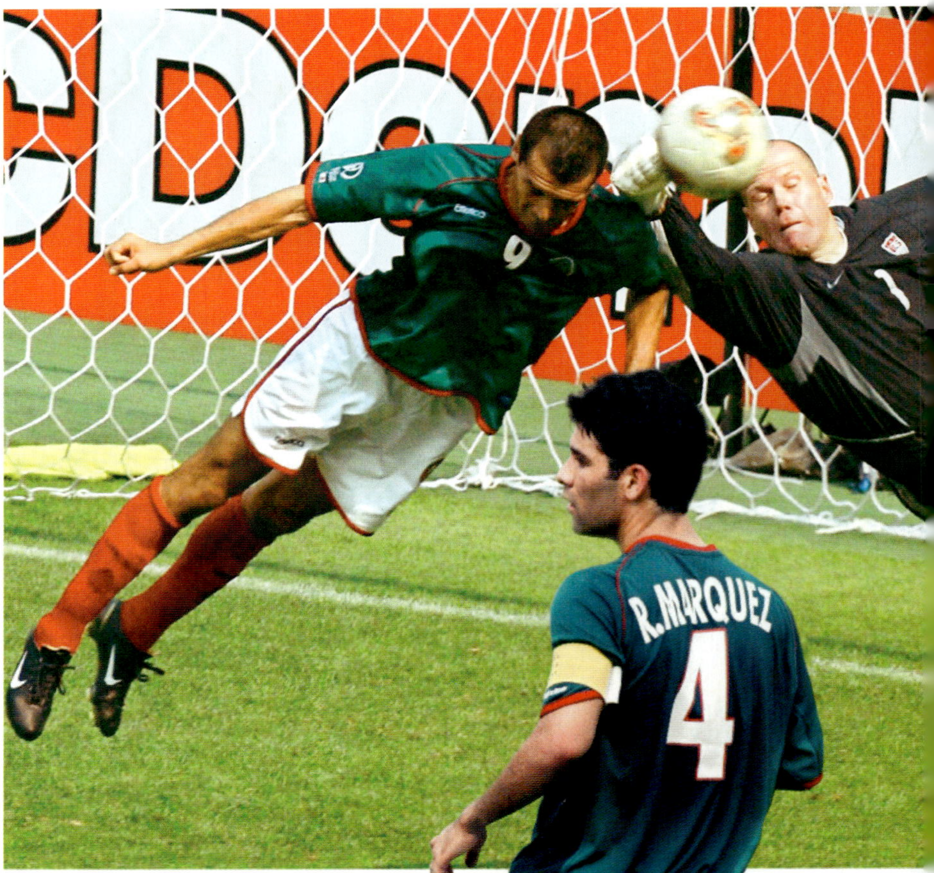

Spektakulärer Luftkampf

zwischen Mexikos Borgetti und US-Keeper Friedel. Am Ende ist die Faust schneller als der Kopf

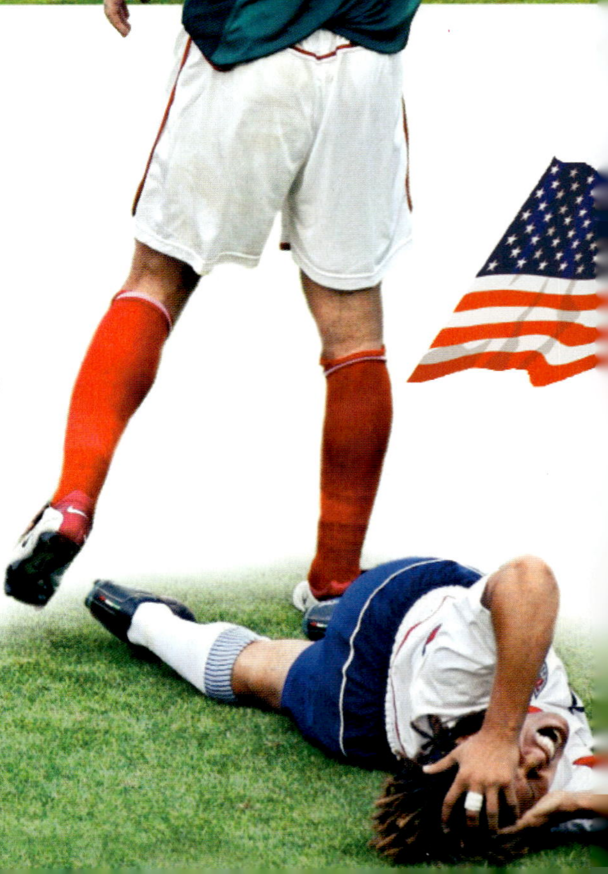

Durchgeknallt

Mexikos Kapitän Rafael Marquez (o.) hat den Ami Cobi Jones (am Boden) brutal gefoult und wird danach vom Platz gestellt

Mexiko raus

So müssen sich die US-National-spieler um die Karriere nach ihrer Fußball-Laufbahn keine Sorgen machen. Boys, werdet doch einfach Maurermeister!

Mit sieben Mann machen die Amis gegen Mexiko ihren Laden hinten dicht, kontern den Erzrivalen mit 2:0 durch Tore von McBride und Donovan aus dem Turnier.

Nur ganze drei Chancen für die US-Boys überhaupt. Zwei davon versenken sie eiskalt.

Die 8. Minute: Reyna überspurtet auf der rechten Seite zwei Mexikaner. Flachpass in die Mitte. Wolff legt vor dem Tor für Stürmerkollege McBride auf. Und der schiebt aus 11 Metern mit der Innenseite ins linke Eck – 1:0.

Die 65. Minute: Lewis flankt von der linken Seite. Der Leverkusener Landon Donovan (ausgeliehen an San José) nickt am zweiten Pfosten ein – 2:0.

Nach diesem Rückstand treten die Mexikaner brutal zu. Der schlimmste Ausraster: Marquez bohrt Cobi Jones sein Bein in den Rücken, rammt mit dem Schädel gegen die Schläfe des Amerikaners – Rot!

Stimmen zum Spiel:

Coach Bruce Arena fand's ganz normal: „Ein Rückstand ist bei K.o.-Spielen eben tödlich." Stimmt.

Trainer Aguirre: „Ich kann nicht zufrieden sein." Wohl wahr.

Die USA in der nächsten Runde gegen Deutschland. Da winkt uns das Halbfinale – wonderbar...

Yes!
Torschütze Landon Donovan

Siegtreffer
Landon Donovan erzielt per Kopf das 2:0

Ungläubig
schaut der mexikanische Keeper Oscar Perez (l.) in sein Tor, wo der von Landon Donovan geköpfte Ball im Netz zappelt

Nervös
zupft US-Torwart Brad Friedel (r.) in seinem Kasten am Netz herum

Brasilien weit
mit Rumpel-S

Die WM-Schlagzeile des Tages

Achtelfinale
17. Juni · 20:30 Uhr   Kobe (JPN)

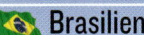 Brasilien – Belgien   **2:0**

Brasilien: Marcos – Lucio, Edmilson, Roque Junior – Cafu, Paulista (57. Denilson), Silva, Carlos – Ronaldinho (81. Kleberson) – Rivaldo (90+I. Ricardinho), Ronaldo

Belgien: de Vlieger – Peeters, van Buyten, Simons, van Kerckhoven – Vanderhaeghe, Walem, Goor – Wilmots – Mpenza, Verheyen

Tore: I:0 Rivaldo (67.), 2:0 Ronaldo (87.). **Ecken:** 6:7 Eingewechselt: für Juninho Paulista, für Ronaldinho, für Rivaldo – 73. Sonck für Peeters **Schiedsrichter:** Peter Prendergast Jamaika) **Zuschauer:** 40.440 **Gelbe Karten:** Carlos – Vanderhaeghe **Gelb/Rote Karten:** keine Rote Karten: keine

WM-NEWS

Verlängerung

■ Für Schiri Dr. Markus Merk ist die WM eigentlich gelaufen. Begründung: Da Deutschland im Viertelfinale ist, kann ein deutscher Referee laut FIFA-Regeln nicht mehr eingesetzt werden. Nach den souveränen Leistungen des 40-Jährigen winkt eine Verlängerung.

Kasse klingelt

■ Erst klingelte der Neuville-Schuss im Kasten von Paraguay, nun klingelt die Kasse. Für den Viertelfinaleinzug zahlt der DFB 35 800 Euro pro Mann. Das ist genau die Hälfte von der Prämie,

Hilfe für Ozeanien

■ Laut FIFA-Boss Blatter soll bei der WM 2006 Ozeanien ein fester Startplatz garantiert werden.

Großchance für Belgien

Stürmer Mbo Mpenza (r.), völlig freistehend vor dem brasilianischen Torwart Marcos, scheitert beim Versuch, ihn per Heber zu überwinden

Kurze Rumpel-Pause

Ronaldinhos Fallrückzieher war purer Samba-Fußball

Von wegen Karnevals-Stimmung und Fußball-Zauber. Das war Rumpel-Samba! Top-Favorit Brasilien strauchelte, fiel aber nicht...

2:0-Magerkost-Sieg gegen Belgien. Rivaldo und Ronaldo bewahrten die Samba-Rumpler vor dem WM-Aus. Kampf statt Glanz sah auch Coach Scolari: „Mein Team hat um jeden Ball gefightet."

Nun kommt es zum 1. Mega-WM-Kracher: Brasilien gegen England. Da lacht das Fußball-Herz. Copa-Cabana-Fans enthüllten nach dem Abpfiff ein Plakat: „England, wir kommen – Gott helfe der Königin."

Eine Hilfe hätte zunächst Schiri Pendergast (Jamaika) gebraucht – eine Sehhilfe. 36. Minute: Jacky Peters flankt, „Kampfschwein" Wilmots wuchtet den Ball ins Netz. Tor! – dachten alle. Kein Tor!! – entscheidet der Referee. „Willi" (in seinem 70. Länderspiel) soll Roque Junior geschubst haben.

Weniger Diskussionen dann um Rivaldo: In der 67. Minute trifft der 30-Jährige mit einem Sahne-Tor aus 18 Metern. „Rivaldos Klassetor hat den Unterschied ausgemacht", zieht Belgien-Trainer Waseige vor dem Barca-Star den (Zucker-)Hut.

Bis dahin waren die Roten Teufel das bessere Team mit den größeren Chancen. Schon nach Sekunden prüft Schlenzer-Mpenza Keeper Marcos. In der 53. und 63. zwingt Wilmots von der Strafraumgrenze aus Marcos zu weiteren Glanzparaden. Belgien ist dem Ausgleich gaaanz nah. Doch dann:

Drei Minuten vor Schluss die Entscheidung. Das wiederentdeckte Phänomen Ronaldo schießt Belgien nach Hause. 2:0! Sein 5. WM-Treffer. Jetzt hat er mit Miro Klose gleichgezogen...

er
amba

Handball-Einlage

Der Brasilianer Roque Junior (r.) geht im Zweikampf mit Marc Wilmots klar mit der Hand zum Ball, der Schiedsrichter-Pfiff bleibt aber aus

Flug-Einlage

Belgiens Yves Vanderhaeghe (l.) holt Edmilson von den Beinen

Es ist aus

Belgiens Goor (u.) kann den Jubel von Rivaldo und Ronaldinho (r.) nicht ertragen

Die WM-Schlagzeile des Tages

 Japan –  Türkei   **0:1**

Japan: Narazaki – Matsuda, Miyamoto, K. Nakata – Myojin, Inamoto (46. Ichikawa, 86. Morishima), Toda – Ono, H. Nakata, Alex (46. Suzuki) – Nishizawa

Türkei: Recber – Akyel, Özalan, Korkmaz – Kerimoglu – Davala (74. Kahveci), Ünsal, Penbe – Bastürk (90. Ilhan), Sas (85. Havutcu) – Sükür

Tore: 0:1 Davala (12.) **Ecken:** 8:4 **Schiedsrichter:** Pierluigi Collina (Italien) **Zuschauer:** 45.666 **Gelbe Karten:** Toda – Özalan, Penbe, Sükür **Gelb/Rote Karten:** keine **Rote Karten:** keine

WM-NEWS

Kurzarbeiter

■ Von wegen „ein Spiel dauert 90 Minuten". Die FIFA-Statistik deckte auf, dass bei der WM der Ball bisher im Schnitt nur 53 Minuten rollte. Vor allem die Deutschen fallen auf: Gegen Kamerun nur 43, gegen Paraguay 42 Minuten Netto-Spielzeit (deutscher Ball-Besitz 18 Minuten!) – aber gewonnen...

Rücktritt oder nicht?

■ Russlands Verband hat den Rücktritt von Trainer Oleg Romanzew nicht angenommen. Präsident Koloskow: „Die Entscheidung trifft Mitte Juli das Exekutivkomitee des Verbandes."

Fußball-Karneval

■ Brasiliens 2:0 gegen Belgien feierten Hunderttausende auf den Straßen. Banken, Börse, Behörden und viele Firmen waren wegen des Spiels bis Mittag geschlossen geblieben. Gewerkschaften hatten Protestkundgebungen verschoben. Ebenso wie Staatspräsident Fernando Cardoso seine Amtsgeschäfte.

Frühe Ehre

■ Er ist erst 21 – und schon wird eine Straße nach ihm benannt. Iker Casillas soll von seinem Heimatort Mostoles bei Madrid geehrt werden, nachdem der Real-Keeper gegen Irland drei Elfmeter gehalten hat.

Sex-Verbot

■ Englands Verband lässt vor dem Hit gegen Brasilien die Spielerfrauen einfliegen. Victoria Beckham fehlt – „Posh Spice" ist im achten Monat schwanger. „Becks" tapfer: „Es ist nicht leicht, aber ich telefoniere viel mit ihr." Schwacher Trost: Nationaltrainer Sven-Göran Eriksson hat sowieso ein Sex-Verbot ausgesprochen.

Die Türkei st...

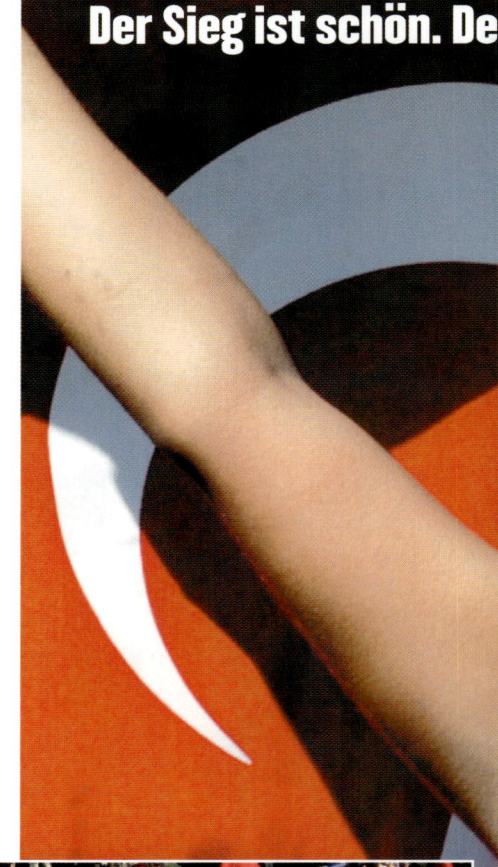

Der Sieg ist schön. De...

„Yasasin Türkiye! Bizde sizinle seviniyoruz." Ein Hoch auf die Türkei! Wir freuen uns mit euch.

Und wir freuen uns auf euch – denn am 30. Juni könnte es ja zum WM-Finale Deutschland gegen die Türkei kommen...

Der Weg zum gemeinsamen Traum: Deutschland schlägt im Viertelfinale die USA und im Halbfinale den Gewinner aus Spanien gegen Südkorea. Auch die Türkei braucht nur noch zwei Siege: Zunächst gegen Senegal. Dann würde es gegen England oder Brasilien um den Finaleinzug gehen...

Zur Realität: 1:0 gegen Japan. Die Türkei im Viertelfinale! Das gab's bei einer Fußball-WM noch nie. Bosporus-bombasticus!

Ministerpräsident und „Fußball-Muffel" Bülent Ecevit rühmte die Kicker bereits ehrfurchtsvoll als „Quelle unseres Stolzes".

Für die Türken begann die Partie gut, noch bevor sie angepfiffen wurde: Italiens „berühmteste Glatze", Schiedsrichter Collina, wurde für's Spiel angesetzt. Ein gutes Omen. Denn noch nie haben die Türken unter Collina verloren...

So auch jetzt nicht – Goldköpfchen Ümit Davala sei Dank. Der Milan-Star trifft zum Geschichtsbücher-Sieg. Das Tor im Zeitraffer: Es läuft die 12. Minute. Ergün tritt eine Ecke von links. Davala schraubt sich hoch, höher als Matsuda. Kopfball. Tor. Das 1:0. Unbeschreiblicher Jubel. Sogar die fairen japanischen Fans klatschen Beifall. „Yasasin Türkiye!"

...in Berlin...

Und die Antwort der Japaner? Wir decken den Kimono des Schweigens über ihre Leistung. Einzig beim Lattenkreuz-Kracher-Freistoß des sonst schwachen Alex müssen die Türken zittern. Die Euphorie-Welle nach der Sensations-Vorrunde erdrückt sie. „Sayonara Japan."

Trainer Troussier traurig: „Das große Abenteuer ist vorüber. Aber wir haben der Welt gezeigt, dass wir mithalten können. Darauf können wir stolz sein."

Der Co-Gastgeber ist nur noch Zaungast. Im Land der aufgehenden Sonne strahlt jetzt die Halbmond-Fahne...

ht Kopf

noch schöner...

Und drin das Ding!

„Irokese" Ümit Davala (ganz o. u. Bild l.)
köpft Gastgeber Japan aus dem Turnier

O-No

Shinji Ono (o. Bild r.) ohne Chance.
Davalas Bein ist länger

...in Ankara

Klein Zorro
trauert

Unglücklicher junger Fan
mit Schutzmaske wie sein
Idol Tsuneyasu Miyamoto

Auch Trap

Die WM-Schlagzeile des Tages

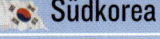

Achtelfinale
18. Juni · 20:30 Uhr   **Daejeon (KOR)**

🇰🇷 Südkorea	–	🇮🇹 Italien	2:1*

Südkorea: W. J. Lee – J. C. Choi, Hong (83. Cha), T. Y. Kim (63. Hwang) – Song, N. I. Kim (68. C. S. Lee), Yoo, Park, Y. P. Lee, Ahn – Seol

Italien: Buffon – Panucci, Coco, Iuliano, Maldini – Zambrotta (73. di Livio), Tommasi, C. Zanetti – Totti – del Piero (61. Gattuso), Vieri

Tore: 0:1 Vieri (18.), 1:1 Seol (88.), 2:1 Ahn (116.) **Ecken:** 10:7
Schiedsrichter: Byron Moreno (Ekuador) **Zuschauer:** 38.588
Gelbe Karten: T. Y. Kim, Song, C. S. Lee, J. C. Choi – Coco, Tommasi, C. Zanetti **Gelb/Rote Karten:** Totti (104.) **Rote Karten:** keine

* in der Verlängerung

WM-NEWS

Top-Quote
■ Das Elfer-Drama Spanien – Irland (ZDF) hatte mit knapp 8 Millionen Zuschauern (55,8 % Marktanteil) die bisher beste TV-Quote für ein Spiel ohne deutsche Beteiligung.

Wirbel um Figo
■ Portugals Star Luis Figo will offenbar aus der Nationalelf zurücktreten. Er sei enttäuscht von der WM-Pleite und Fan-Protesten bei der Rückkehr der Spieler, schreibt „O Jogo".

McCarthy bleibt
■ Trotz des Ausscheidens gegen Spanien verlängerte Irlands Verband direkt nach der Rückkehr des Teams den Vertrag mit Trainer Mick McCarthy bis 2004. Die Oldies Steve Staunton (33) und Niall Quinn (35) hören auf.

Internet gar nicht nett
■ Kahn, Ballack oder Bode – die Internet-Auftritte unserer Spieler sind fast alle abgeschaltet oder veraltet. Nur Ziege, Bierhoff und Metzelder informieren ihre Fans aktuell.

Maradona-Analyse
■ Diego Maradona analysierte in seiner Kolumne für den Schweizer „Blick" die deutsche Mannschaft: „Sie spielt voraussehbar und mechanisch, ist aber kaum zu schlagen. Ein Panzer namens Briegel scheint das Vorbild aller deutschen Verteidiger zu sein."

Es ist eine der ganz großen Sensationen bei dieser WM. Italien hat fertig! 1:2 gegen Südkorea.

Doch: Scandalo!! Die Azzurri wittern ein Komplott.

Der Trap-Clan fühlt sich betrogen. Der Elfmeter (5.) für Südkorea – unberechtigt. Der Totti-Platzverweis (104.) – diskutabel. Und das Tommasi-Tor (110.) zu Unrecht abgepfiffen. Ganz Italien schreit Betrug!

Erinnerungen an den Tomaten-Schiri im Vorrundenspiel gegen Kroatien (2 Tore nicht gegeben) werden wach.

Delegationsleiter Raffaele Ranucci giftete gestern gegen Schiedsrichter Moreno (Ekuador): „Wir sind Opfer eines internationalen Komplotts geworden. So eine skandalöse Leistung habe ich noch nie gesehen."

Was erlauben Moreno? Fragt sich auch Trainer Trapattoni. „Ich weiß nicht, warum Totti vom Platz musste, nachdem er gefoult wurde", keift Temperament-Trap und donnert mit den Händen gegen das Plexiglas seiner Trainerbank. No, no, no!

2:1 für den Fußballzwerg Südkorea gegen das große Italien, Viertelfinale erreicht. Da wird der Hund in der Pfanne verrückt...

Die Koreaner schickten Portugal zurück an die Algarve. Nun Italien an die Adria. Bei der verrücktesten WM aller Zeiten gehen die Favoriten weiter baden...

Und Südkorea ist im Fußball-(W)-Ahn... Jung Hwan Ahn schießt sein Land in den 7. Fußball-Himmel. Kopfball in der 117. Minute. Goal – Golden Goal. Ausgerechnet Ahn. Er verdient seine Pasta in Italien bei AC Perugia.

Der Held vergießt Freudentränen. Dabei ist sein Start wenig heldenhaft gewesen: In der 5. Minute scheitert der 26-Jährige mit einem Elfmeter an Buffon.

13. Minute: Christan Vieri lässt Bella Italia jubeln. 1:0. Dann wird das letzte Achtelfinale zum packendsten. Zwei Minuten vor Toresschluss gleicht Seoul aus. Die Ereignisse überschlagen sich. Cha scheitert mit Fallrückzieher (90.). Hwang mit Schlitzohr-Freistoß – knapp vorbei (103.).

104.: Totti fällt im Strafraum. Moreno zückt Gelb-Rot für den Römer.

110.: Nach Vieri-Pass schießt Tommasi ein. Moreno pfeift Abseits.

117.: Ahn macht sich unsterblich. Es ist Italiens zweites Golden-Goal-Aus nach dem EM-Finale 2000 gegen Frankreich. Und nicht nur Perugia-Fans fragen jetzt: Was erlauben diese Aaaaahn?

Trap am Ende
Die Pleite gegen Südkorea hat den italienischen Trainer sichtlich gezeichnet

Elfmeter-Held am Boden
Der italienische Torhüter Buffon liegt auf dem Rücken in seinem Gehäuse

hat fertig

Bitter, bitter!

Alessandro del Piero (o.) kann es nicht fassen. Italien raus nach dem Golden Goal von Ahn (gr. Foto o.)

Glanzparade

In der 5. Minute hält Gianluigi Buffon einen Foul-Strafstoß des südkoreanischen Stars Ahn

Oh, nein!

Ahn nach seinem verschossenen Elfmeter

Golden Goal geköpft, fast gefeuert!

Jung Hwan Ahn stürzt Korea in den Wahn! In der 117. Minute knipst der 26-Jährige gegen Italien das Golden Goal. Um seine Glücksschuhe, die er in die Zuschauerränge wirft, prügeln sich kreischende Fans.

Weniger euphorisch die Reaktion seines italienischen Vereins Perugia. Präsident Luciano Gaucci schäumt, will den Stürmer kurzerhand rauswerfen: „Wer Italien eliminiert, kommt nicht zurück. Er hat unseren Fußball ruiniert." Nach Tagen weltweiter Empörung rudert der Präsident („alles nur ein Missverständnis") zurück und verlängert Ahns Vertrag um ein Jahr...

W-Ahn-sinn!

Koreas Volksheld Jung Hwan Ahn im Jubel-Rausch

Wunderheilung

Dieser Sieg lässt alle Schmerzen vergessen

Der Titan

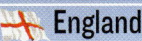

Die WM-Schlagzeile des Tages

Viertelfinale
21. Juni · 15:30 Uhr   Shizuoka (JPN)

England – Brasilien   **1:2**

England: Seaman – Mills, Ferdinand, Campbell, A. Cole (80. Sheringham) – Beckham, Scholes, Butt, Sinclair (56. Dyer) – Heskey, Owen (79. Vassell)

Brasilien: Marcos – Cafu, Lucio, Edmilson, Roque Junior – Silva, Kleberson, Ronaldinho, Carlos – Ronaldo (70. Edilson), Rivaldo

Tore: 1:0 Owen (23.), 1:1 Rivaldo (45+2.), 1:2 Ronaldinho (50.)
Ecken: 5:2 **Schiedsrichter:** Felipe Ramos Rizo (Mexiko)
Zuschauer: 47.436 **Gelbe Karten:** Scholes, Ferdinand **Gelb/Rote Karten:** keine **Rote Karten:** Ronaldinho (57.)

Kein Trost hilft
Der Unglücksrabe mit...

...Trainer Sven-Göran Eriksson

...Martin Keown, mit dem er auch bei Arsenal London spielt

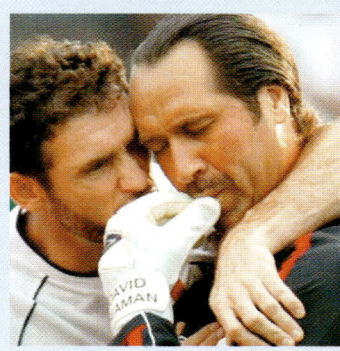

...Kapitän David Beckham

Der alte Zopf ist der größte Tropf. Es ist vorbei – bye, bye England. „Zopfenstreich" für das Königreich – weil Torwart-Dino David Seaman (38) beim 1:2 gegen Brasilien patzte... Au Mann, Seaman! Der alte Zopf ist der größte Tropf. Zwei Patzer bringen Brasilien ins Halbfinale. Seamans schwarzer Freitag: Beim 1:1 fällt der Arsenal-Torhüter wie eine Bahnschranke. Gaaanz gemächlich reckt er sich nach dem Rivaldo-Schuss. Zu spät: Rivaldos 5. WM-Treffer (45). Soviel wie Ronaldo und Klose. Die Vorarbeit: Mustergültig. Ronaldinho (22) lässt Cole aussteigen und passt mit dem Außenrist auf Rivaldo. 50. Minute – eine Szene mit Albtraum-Charakter für Seaman. Jungstar Ronaldinho wie ein Ausgebuffter. Sein Freistoß mit dem Innenspann aus 35 Metern wird lang und länger und schlägt in der langen Ecke ein. 2:1! Seaman schluchzte: „Es tut mir so leid für die Mannschaft und die Fans daheim. Die Schuld liegt ganz allein bei mir." Sieben Minuten später wird Ronaldinho zum tragischen Helden: Ungestüm attackiert er Mills. Platzverweis! Brasilien-Trainer Scolari tobte: „Das war nie und nimmer Rot." Doch auch in Überzahl bleibt England harmlos. Trainer Eriksson: „Wir waren zu müde. Auch mit nur 10 Spielern verstanden es die Brasilianer besser, den Ball in den eigenen Reihen zu halten." Dabei begann es für England so vielversprechend: Michael Owen trifft nach groben Lucio-Patzer (23.) zum 1:0. Das Giganten-Treffen eher mau als wow! Das Duell hielt nicht, was der Name versprach. Aber wenigstens Beckhams neue Frisur hielt...

Der Torwart-Tropf lässt sich von einen Freistoß aus 35 Metern überrasche

n versenkt England

Englands Albtraum-Szene

Keeper Seaman steht zu weit vorm Tor. Der Ronaldinho-Freistoß wird immer länger, senkt sich hinter ihm ins Netz. Ein ähnliches Tor hat er schon 1995 kassiert

Brasiliens bester Mann!

Ronaldinho trifft und fliegt

Zwischen Triumph und Trauer lagen für Brasiliens Ronaldinho (22) nur sieben Minuten. Nach dem frechen Freistoß-Tor fliegt er in der 57. Minute vom Platz. Schiedsrichter Felipe Ramos Rizo (Mexiko) wertet einen Zweikampf mit Danny Mills als grobes Foul, zeigt sofort Rot. Ungläubig schlägt Ronaldinho die Hände vors Gesicht. Er fühlt sich um sein Spiel betrogen. Denn noch schöner als der Freistoß war die Vorbereitung zum 1:1. Da ist er grandios durch Englands Abwehr gekurvt, ehe Rivaldo seinen Pass verwertet. Schwacher Trost: Die FIFA sperrte Ronaldinho nur für ein Spiel.

Kein Pardon

Brasiliens Star Ronaldinho (r.) kann es nicht fassen: Der mexikanische Schiedsrichter Felipe Ramos Rizo zeigt ihm Rot

Ins Halbfinale gerumpelt

Die WM-Schlagzeile des Tages

Viertelfinale 21. Juni · 20:30 Uhr		Ulsan (KOR)
🇩🇪 Deutschland –	🇺🇸 USA	1:0

Deutschland: Kahn – Linke, Kehl, Metzelder – Frings, Schneider (60. Jeremies), Hamann, Ballack, Ziege – Klose (88. Bierhoff), Neuville (79. Bode)

USA: Friedel – Hejduk (65. Jones), Sanneh, Pope, Berhalter – Reyna, O'Brien, Mastroeni (80. Stewart), Lewis – Donovan – McBride (58. Mathis)

Tore: 1:0 Ballack (39.). **Ecken:** 6:6 **Schiedsrichter:** Hugh Dallas (Schottland) **Zuschauer:** 37.337 **Gelbe Karten:** Kehl, Neuville – Lewis, Pope, Reyna, Mastroeni, Berhalter **Gelb/Rote Karten:** keine **Rote Karten:** keine

Die deutsche Fußball-Nationalmannschaft beim Abspielen der Nationalhymnen. Die Spieler tragen zum Gedenken an den verstorbenen Ehrenspielführer Fritz Walter Trauerflor

WM-NEWS

Irische Helden

■ 100 000 Fans bereiteten der irischen Nationalmannschaft bei ihrer Rückkehr in Dublin einen rauschenden Empfang. Trainer McCarthy gerührt: „Ihr seid einfach wunderbar."

Nur drei dabei

■ Nur drei deutsche Spieler wurden bei der FIFA-Vorauswahl zum WM-All-Star-Team berücksichtigt: Oliver Kahn, Michael Ballack und Miroslav Klose.

Pelé: Franz for President

■ Brasiliens Fußball-Legende Pelé hat Franz Beckenbauer als nächsten FIFA-Präsidenten vorgeschlagen: „Ich habe ihm selbst und anderen schon diesen Vorschlag gemacht. Franz als FIFA-Boss wäre ein Gewinn für den Fußball."

Trapattoni bleibt

■ Italiens Fußball-Präsident Franco Carraro hat eine Ehrenerklärung für Trainer Giovanni Trapattoni abgegeben: „Er bleibt wie vorgesehen bis nach der EM 2004 im Amt."

YES! 1:0 gegen die USA. Deutschland schafft den Einzug ins Halbfinale. Und einen WM-Rekord: Zehnmal unter den letzten Vier – das packte noch keiner.

NO! Rudis Renner rumpeln sich weiter über die Runden. Es war noch eine Steigerung zum Paraguay-Spiel – in negativer Hinsicht.

Völler gnadenlos ehrlich: „Das einzig Positive ist, dass wir im Halbfinale stehen. Ich habe richtig gelitten."

Es tat ja auch weh. Harmloser Sturm. Ideenloses Mittelfeld. Wacklige Abwehr.

Die Cowboys können wie wild um sich schießen. Doch sie treffen immer nur einen: unseren Weltklasse-Torwart Oliver Kahn! Er packt sich jede Kugel.

Deutschland schaurig schlecht – aber gnadenlos erfolgreich.

Und so effizient. Freistoß Ziege. Ballack springt höher als Sanneh, wuchtet den Ball mit dem Kopf aufs US-Tor – drin, drin, drin! Nach 39 Minuten liegen Rudis Rumpler vorn. Nicht unbedingt verdient.

Plötzlich aber so was wie ansehnlicher Fußball. Nach Neuville-Flanke köpft Klose die Kugel an den Pfosten (43.). Es geht doch.

Nach der Pause die Deutschen aber wieder wie gelähmt. Mit Dusel und King Kahn stolpern sich die Völler-Jungs weiter.

Der Teamchef sauer: „Wir waren zu pomadig, zu ängstlich. Haben den Druck, gewinnen zu müssen, nicht verkraftet."

Deutschland im Halbfinale. Auch ein Erfolg der Minimalisten über die Kreativen dieser (Fußball-) Welt. Zidane, Figo und Beckham sind schon längst zu Hause. Die deutschen Rumpler dagegen weiter heiß im Rennen.

Doch wer fragt noch nach dem USA-Spiel? Bei der WM heißt es: Lieber rumpelnd siegen als zaubernd fliegen…

Das war eng

Rudi Völler zwischen Freud (Bild o.l.) und Leid (Bild o.r.). Er hat wenig Spaß am Spiel seiner Elf. Egal – es hat gelangt. Das Entscheidungs-Tor: Michael Ballack (r.) wuchtet in der 39. Minute den Ball ins Netz. Danach bejubelt er seinen 2. WM-Treffer

Kolossal!

Kahn im Hechtsprung. Auch diesen Ball von Berhalter packt sich Olli

Akrobatisch!

Kahn mit den Fäusten voraus. Olli riskiert alles, rettet vor Donovan

Heldenhaft!

Kahn mit den Stollen voraus. Wieder klärt Olli vor Donovan

Nervenstark!

Kahn hält bis zum Halbfinale 93 % aller Torschüsse – keiner war besser

Einfach Kahn-tastisch, dieser Mann!

Schauen Sie noch mal nach, was Oliver Kahn gegen die USA alles aus dem Kasten kratzte. Wie er den Sieg festhielt. Nur einmal war Olli fast geschlagen. In der 51. Minute half die Hand von Frings auch noch ein bisschen mit.

Nach dem Abpfiff war Kahn nicht mehr zu helfen. Er lag auf dem Rücken, pumpte nach Luft. Unser Torwart-Titan am Ende seiner Kräfte. Manchmal kann eben auch der Stärkste nicht mehr.

Kahn: „Der Druck war Wahnsinn. Da verlierst du unheimlich an Substanz. Du denkst nur: Wenn wir uns ein Tor einfangen, ist alles aus." Aber hätten die US-Boys gegen diesen Mann überhaupt jemals ein Tor geschossen?

Die Weltpresse schwärmte: „Kahn hielt Deutschland am Leben" („Korean Herald"). „Nikkan Sports"/Japan: „Der Schutzgott-Gorilla." Nur die „Sun" aus England lästerte über Frings: „Die Hand Gottes."

Kahn nach seinem 50. Länderspiel bescheiden: „Ohne meine Mitspieler wäre das alles nicht möglich."

Und ohne eine intakte Familie ebenfalls nicht. Frau Simone saß auf der Tribüne, sagte nur: „Ich bin ja so stolz auf ihn." Mutter Monika konnte bei den gefährlichen Aktionen gar nicht hinschauen. Vater Rolf hockte dagegen stoisch daneben. Er weiß, wie gut sein Sohn ist. „Vieles liegt im untrainierbaren Bereich. Das ist Intuition. Wie bei Boris Becker. Olli will seine Ziele kompromisslos erreichen."

Olli hält den Sieg fest...
...und die Hand von Frings hilft auch noch mit

Spanien betro

Südkorea siegt! Weil der Schiri diese beiden

Viertelfinale
22. Juni · 15:30 Uhr **Gwangju (KOR)**

Spanien	– Südkorea	3:5*

Spanien: Casillas – Puyol, Hierro, Nadal, Romero – Joaquin, Baraja, Helguera (93. Xavi), de Pedro (70. Mendieta) – Valeron (80. Luis Enrique) – Morientes

Südkorea: W. J. Lee – J. C. Choi, Hong, T. Y. Kim (90. Hwang) – Song, N. I. Kim (32. E. Y. Lee), Y. P. Lee, Yoo (61. C. S. Lee) – Park, Ahn, Seol

Tore: keine **Elfmeterschießen:** 0:1 Hwang, 1:1 Hierro, 1:2 Park, 2:2 Baraja, 2:3 Seol, 3:3 Xavi, 3:4 Ahn, 3:5 Hong **Ecken:** 6:5 **Schiedsrichter:** Gamal Ghandour (Ägypten) **Zuschauer:** 42.114 **Gelbe Karten:** de Pedro, Morientes – Yoo **Gelb/Rote Karten:** keine **Rote Karten:** keine

* im Elfmeterschießen

WM-NEWS

Bayer will Chas Sohn
■ Leverkusen will den koreanischen Nationalspieler Du Ri Cha (21), den Sohn des ehemaligen Leverkuseners Bum Kun Cha, verpflichten.

Frustrierter Barthez
■ Frankreichs Nationaltorwart Fabien Barthez hat sich seit dem schmachvollen Ausscheiden der „Equipe Tricolore" keine einzige TV-Übertragung der WM mehr angesehen. Der Keeper: „Nur so kann ich ins normale Leben zurückkehren." Einen Rücktritt schloss er aber aus.

Tapferer Kim
■ Ein koreanischer Krieger kennt keinen Schmerz: Trotz des gegen Italien zugezogenen Nasenbeinbruchs will Koreas Verteidiger Tae Young im Viertelfinalspiel gegen Spanien dabei sein.

Ball gefällig?
Südkoreas niederländischer Trainer Guus Hiddink zeigt sich glücklich im Triumph

Morientes köpft das Golden Goal – denken alle. Doch der Schiri hat die Flanke zuvor im Aus gesehen

Koreas Tae Young Kim (r.) trifft ins eigene Tor (48.). Al-Ghandour pfeift aber ein angebliches Foul von Helguera (M.)

Spaniens Stars schnaubten wie wütende Stiere. Ivan Helguera (Real Madrid) rannte brüllend auf den Platz, musste von sechs Betreuern gebändigt werden.

Ziel des Zorns: Schiedsrichter Gamal Al-Ghandour (Ägypten) und seine Assistenten. Al-Ghandour verweigerte den Spaniern gegen Südkorea zwei glasklare Treffer. Bei Kim Tae Youngs Eigentor (48.) hatte er als Einziger im Stadion ein angebliches Foul von Helguera gesehen. In der Verlängerung gab er Spaniens Golden Goal durch Morientes nicht. Assistent Ragoonath (Trinidad) hatte den Ball bei der Flanke im Aus gesehen. Ein krasser Irrtum! Torjäger Morientes schrie: „Die Schiedsrichter haben das Spiel entschieden!" Trainer Camacho giftete: „Ein Skandal!"

Ein ganzes Land fühlte sich betrogen. „Marca" titelte: „Spanien fiel dem Raub des Jahrhunderts zum Opfer. Diese WM ekelt uns an." Und „As" schrieb wütend: „Südkorea kam mit Hilfe von Heimschiedsrichtern ins Halbfinale."

Dass Joaquin im Elfmeterschießen an Torhüter Lee Woon Jae scheiterte, spielte keine Rolle.

Merkwürdig, dass schon wieder Südkorea von Fehlentscheidungen profitierte. Wie auch schon eine Runde zuvor gegen Italien.

Nach diesem Skandalspiel wechselte die FIFA den Ansetzungs-Modus für Schiedsrichter, schickte bei der Partie Deutschland – Südkorea den erfahrenen Schweizer Urs Meier aufs Feld...

Joaquin scheitert
Der spanische Mittelfeldspieler Joaquin Sanchez verschießt seinen Elfer – den 4. der Spanier im Duell vom Punkt

Fußball-Krieger
Koreas Tae Young Kim mit Maske

gen
e nicht gab

Zornige Spanier
Ivan Helguera geht auf den ägyptischen Schiedsrichter Gamal Al-Ghandour los

Umkämpftes Spiel
Spaniens Mendieta (r.) reißt den Koreaner Jin Cheul Choi um

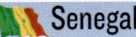

Die WM-Schlagzeile des Tages

Viertelfinale 22. Juni · 20:30 Uhr		Osaka (JPN)
Senegal – Türkei		0:1*

Senegal: Sylva – Coly, Diatta, P. M. Diop, Daf – Diao, P. B. Diop, Cisse, Fadiga – H. Camara, Diouf

Türkei: Recber – Akyel, Korkmaz, Özalan, Penbe – Davala, Kerimoglu, Bastürk, Belözoglu (91. Erdem), Sas – Sükür (67. Mansiz)

Tore: 0:1 Mansiz (94.) **Ecken:** I:7 **Schiedsrichter:** Oscar Ruiz (Kolumbien) **Zuschauer:** 44.233 **Gelbe Karten:** Daf, Cisse – Belözoglu, Mansiz **Gelb/Rote Karten:** keine **Rote Karten:** keine

* in der Verlängerung

WM-NEWS

Rivaldo jagt Torrekord

■ Fünf Treffer in fünf aufeinander folgenden WM-Spielen – Brasiliens Rivaldo ballert sich in Richtung WM-Rekord. Trifft er auch im Halbfinale, hat er die Bestmarke von Just Fontaine (Frankreich/WM '58) und Jairzinho (Brasilien/WM '70) eingestellt. Beide trafen in sechs Spielen hintereinander.

Dönerwetter!
Türken im Ha...

Das „Traum-Endspiel" kommt immer näher. Nach dem 1:0-Triumph über Senegal fehlt der Türkei nur noch ein Sieg zum Finale. Dönerwetter, diese Türken! 48 Jahre erlebte die Türkei Fußball-Weltmeisterschaften nur am Fernseher, nach 1954 sind sie überhaupt erst zum 2. Mal dabei. Und jetzt lässt sie Ilhan Mansiz mit seinem Golden Goal (94.) vom Titel träumen. „Es ist der schönste Moment in unserem Fußballer-Leben", strahlt Senol Günes. Der Trainer mit dem glücklichen Händchen. Nach 67 Minuten bringt er Mansiz für den erneut enttäuschenden Super-Star Hakan Sükür. Der Joker sticht.

Die Türken planen schon den nächsten Triumph. Im Halbfinale gegen Brasilien. Matchwinner Mansiz ist siegessicher: „Nachdem wir so weit gekommen sind, erkennen wir, dass keiner besser ist als wir." Brasilien und die Türkei – bereits in der Vorrunde waren sie Gegner. Da siegten die Zauberer vom Zuckerhut mit 2:1 – aber mit viel Glück. Für das Siegtor in der 87. Minute brauchte Rivaldo einen „geschenkten" Elfmeter. Mittelfeld-Mann Ümit Davala: „Diese Niederlage haben wir nicht vergessen. Sie ist irregulär zu Stande gekommen. Jetzt wollen wir es wieder gutmachen." Günes: „Unsere Chancen liegen bei 50 Prozent. Die Spieler haben gemerkt, welches Potenzial sie haben. Sie wollen noch mehr erreichen." Aber auch die geschlagenen Senegalesen werden in der Heimat bejubelt. Zehntausende feiern nach dem Abpfiff in der Hauptstadt Dakar mit Tänzen, Gesängen und Hupkonzerten. Und das obwohl sie raus sind...

YasasinTürkiye!*
*Hoch lebe die Türkei

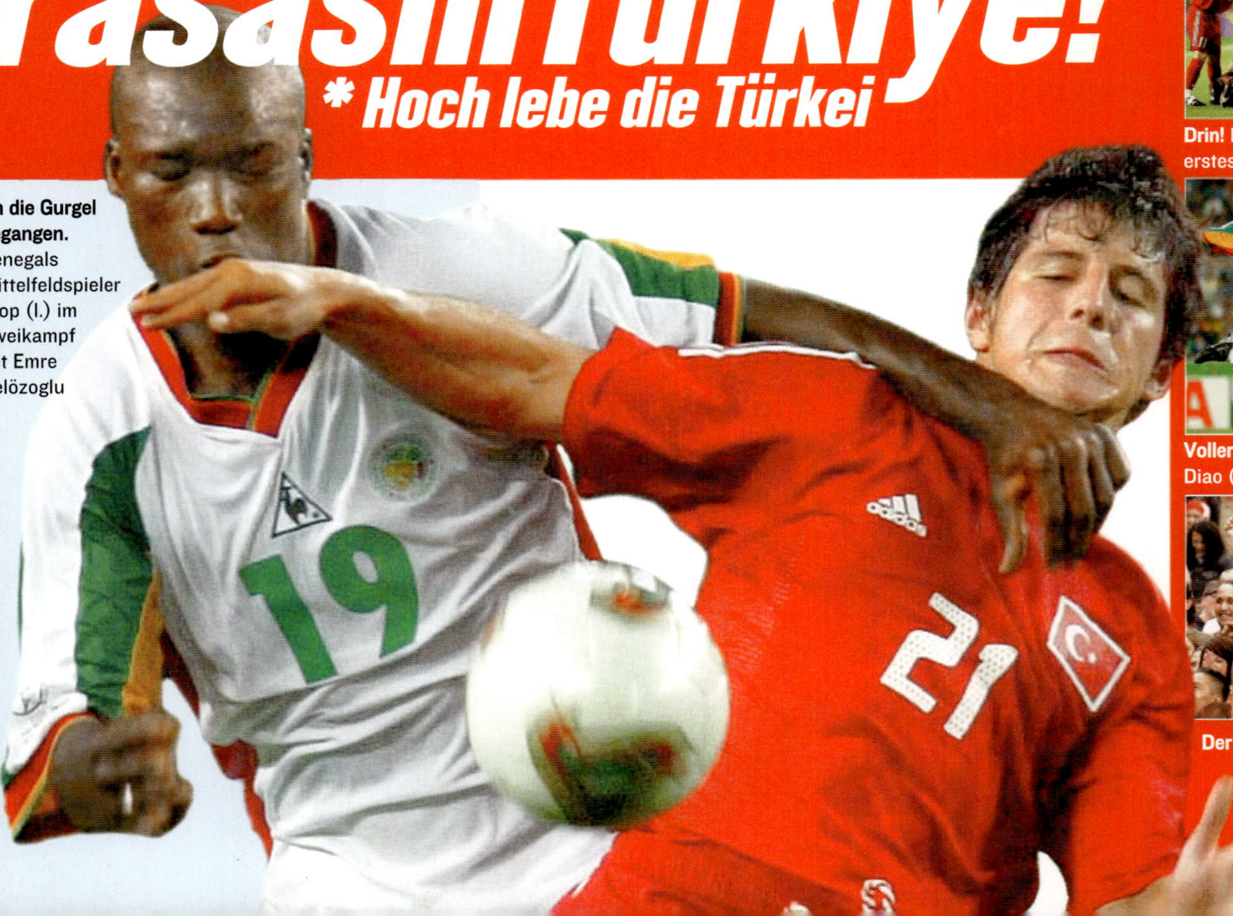

An die Gurgel gegangen. Senegals Mittelfeldspieler Diop (l.) im Zweikampf mit Emre Belözoglu

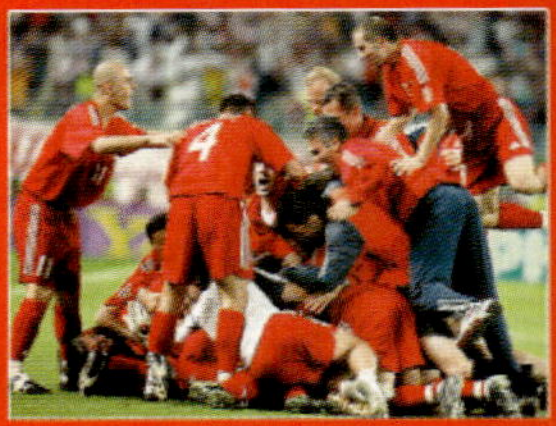

Drin! Die Türken bejubeln ihr erstes WM-Halbfinale

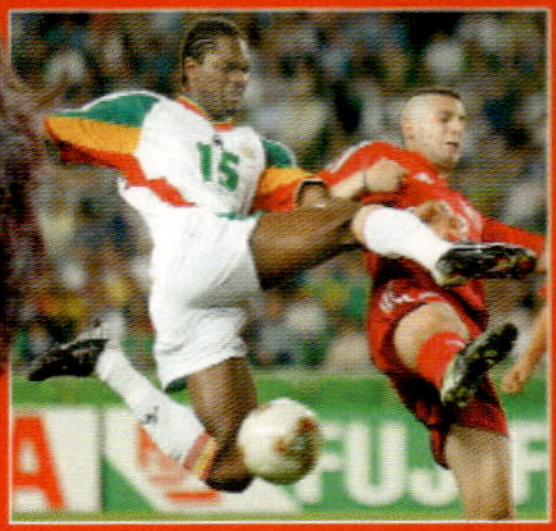

Voller Einsatz! Senegals Salif Diao (l.) im Duell mit Ümit Dava...

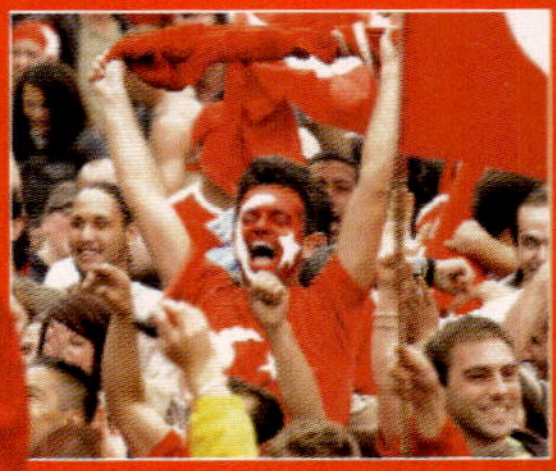

Der Kiez steht Kopf. Tausende Türken feiern auf der Hamburger Reeperbahn

Der Held vom Bosporus

Ilhan Mansiz ballert die Türkei in der 94. Minute ins Halbfinale

bfinale

Hoch-Stimmung in Osaka

Fußballbegeisterte Türkinnen schwenken im Nagai-Stadion die Halbmond-Fahne

Zwei „Deutsche" schossen Türkei ins Halbfinale

Die Türkei siegte. Und in Deutschland ging nichts mehr. Die Innenstädte wurden lahm gelegt. Autokorsos, Hupkonzerte, Leuchtraketen. 2,4 Millionen Türken tanzten, feierten bei uns und mit uns ihren Triumph.

Und immer wieder riefen sie: Yasasin Türkiye!

Heißt: Hoch lebe die Türkei. Die Fans hätten aber auch rufen können: Danke Deutschland! Schließlich schossen zwei „Deutsche" die Truppe von Trainer Senol Günes ins Halbfinale.

Kein Witz: Ein „Mannheimer" bereitete in der 94. Minute das Golden Goal vor. Ein „Allgäuer" traf. Und die beiden erklärten anschließend in perfektem Deutsch, wie sie es gemacht hatten.

Das Geheimnis des Türken-Wunders liegt bei uns. Irokesen-Mann Ümit Davala (29) wohnte bis zum 20. Lebensjahr in Mannheim. Seit 1996 spielt er bei Galatasaray Istanbul.

Gold-Junge Ilhan Mansiz (26) ist in Kempten/Allgäu geboren, kickt mittlerweile bei Samsunspor.

Außerdem hatten die Türken ja noch den „Berliner" Tayfur Havütcü und den Leverkusener Yildiray Bastürk. Was viele nicht wissen: Der kleine Bastürk kommt aus Wanne-Eickel.

Die Türken ließen den Bosporus überlaufen vor Stolz. Coach Günes nach dem goldenen Sieg gegen Senegal: „Es ist der schönste Moment in unserem Fußballer-Leben."

Goldener Schuss

Ilhan Mansiz trifft in der 94. Minute zum 1:0

Putz meine Schuhe, Kleiner!

Torschütze Mansiz (l.) bedankt sich bei Vorbereiter Davala

Der Schuss ins Finale

HALBFINALE

DIE SPIELE MIT ALLEN HÖHEPUNKTEN

DEUTSCHLAND – SÜDKOREA

BRASILIEN – TÜRKEI

SPIEL UM PLATZ 3

SÜDKOREA – TÜRKEI

● Heute 13.30 Uhr gegen Korea ● Es wird die Hölle

Kampf, Kampf, Kahn!

Bild

BERLIN-BRANDENBURG

Sodbrennen: Soforthilfe Kompensan!

Königin Silvia

Sooo schön mit 58

Heute wieder 10 BILD-Autos gewinnen!

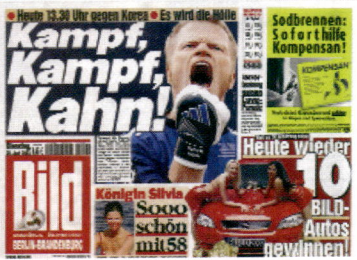

Die WM-Schlagzeile des Tages

Halbfinale
25. Juni · 20:30 Uhr **Seoul (KOR)**

Deutschland – Südkorea 1:0

Deutschland: Kahn - Frings, Linke, Ramelow, Metzelder - Schneider (85. Jeremies), Hamann, Ballack, Bode - Neuville (88. Asamoah), Klose (70. Bierhoff)

Südkorea: W. J. Lee - J. C. Choi (56. M. S. Lee), Hong (80. Seol), T. Y. Kim - Song, Y. P. Lee, Yoo, C. S. Lee - Park - Hwang (54. Ahn), Cha

Tore: 1:0 Ballack (75.) Ecken: 8:6 Schiedsrichter: Urs Meier (Schweiz) Zuschauer: 65.625 Gelbe Karten: Neuville, Ballack - M. S. Lee Gelb/Rote Karten: keine Rote Karten: keine

WM-NEWS

Donezk will Jancker

■ Bayern und Galatasaray Istanbul feilschen um die Ablöse für Carsten Jancker (27). Jetzt bietet auch Schachtjor Donezk mit, würde die geforderten acht Millionen Euro Ablöse zahlen. Doch Jancker lehnte ab. In die Ukraine will er nicht.

Cruyff lästert

■ Holland-Legende Johan Cruyff kritisiert das WM-Niveau: „Den sportlichen Leistungen gebe ich Note 4, dem Unterhaltungswert eine 2. Denn es macht großen Spaß, dass die großen Länder rausfliegen."

TV verklagt FIFA

■ Der italienische Fernsehsender RAI plant eine Klage gegen die FIFA. Ein Sprecher der staatlichen Rundfunkanstalt: „Die Schiedsrichter haben Fehler gemacht, die man nur als Ergebnis eines ernsthaften Betrugs bezeichnen kann!" RAI fordert 7 Mio. Euro Schadenersatz für entgangene Werbeeinnahmen nach dem Ausscheiden Italiens.

Wett-Weltmeister

■ Die Griechen konnten sich für die WM nie qualifizieren. Aber sie zocken wie die Weltmeister. Laut der Wettfirma „Stoichima" wurden schon 58,7 Millionen Euro mit WM-Wetten umgesetzt. In einem Land mit knapp elf Millionen Einwohnern.

Rache auf spanisch

■ Eine spanische Computerladen-Kette hat zwei Tage keine Bildschirme aus Südkorea verkauft. Die Begründung des Unternehmens: „Jeder Tag des Boykotts steht für ein Tor, das man uns im Viertelfinale gegen die Koreaner gestohlen hat."

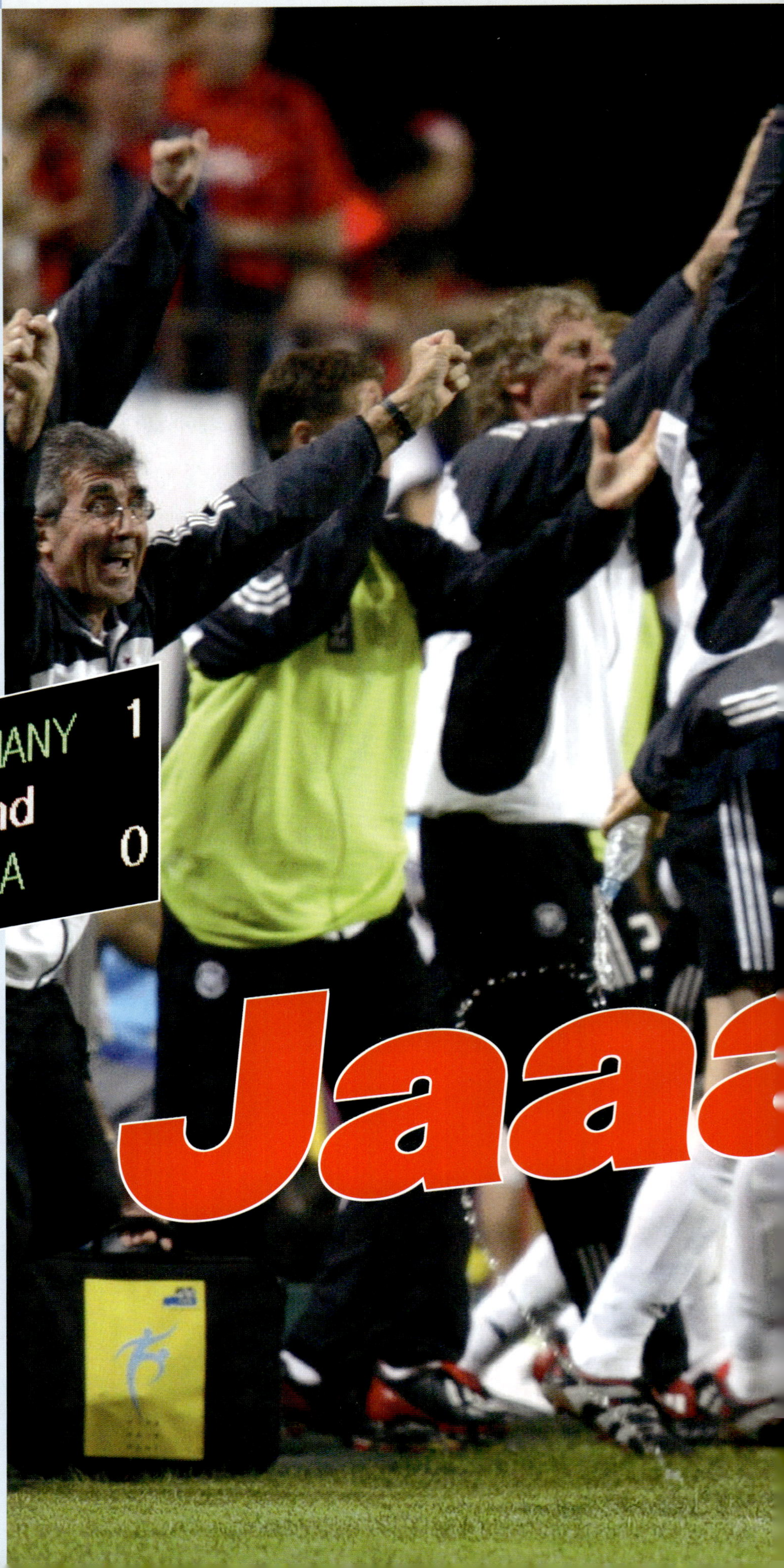
GERMANY 1
2nd
KOREA 0
Jaaa

Abpfiff – die Erlösung!

Alle springen auf, Rudi ballt die Faust. Sein blaues
Sieger-Hemd bis zum Zerreißen gespannt

aaaaaa!

Ballack schießt uns ins Finale und ist selbst nicht dabei

Die Entscheidung

Neuville flankt von rechts. Oliver Bierhoff (l.) macht schnell Platz für Michael Ballack. Der scheitert beim ersten Versuch, knallt dann den Nachschuss ins Netz. Südkoreas Keeper Lee landet unsanft auf dem Hintern – 1:0 für Deutschland

Aus! Aus! Aus! Das Spiel ist aus. Deutschland ist im Finale. Jaaaaa!

Die deutsche Bank „explodiert". Alle Spieler springen auf. Rudi Völler schwingt die Faust in wilder Siegergeste, rennt seinen Jungs entgegen. 20 Minuten später umarmt und drückt er seine Spieler immer noch.

Es ist ja auch eine Mega-Erlösung: 1:0 gegen Südkorea, gegen 65 000 „rote" Fans.

Was für eine Sensation!

Erst vor zwei Jahren schied Deutschland bei der EM kläglich aus. Raus in der Vorrunde – einfach peinlich.

Erst vor zehn Monaten wurden wir von den Engländern gedemütigt. 1:5 in München – einfach blamabel.

Erst vor acht Monaten qualifizierten wir uns in den Entscheidungs-Spielen gegen die Ukraine für die WM – einfach nervenzerfetzend.

Und nun schaffen Rudis Riesen das Endspiel – einfach genial.

Deutschland hat nach solchen Siegen gelechzt. Auf einmal sind alle völlig „Balla-Ballack". Autokorsos, Hupkonzerte, Leuchtraketen...

Und immer wieder brüllen die Fans einen Namen: Michael Ballack! Der Junge bringt Deutschland mit seinem Tor in der 75. Minute ins Endspiel. Nach Flanke von Neuville trifft „Balla" – sein dritter WM-Treffer.

Ein Tor zwischen Verzweiflung und Jubel. Denn schon vorher hat er seine zweite Gelbe Karte kassiert, ist damit für das Finale gesperrt.

Egal!

Deutschland feiert seine Helden. Endlich Schluss mit Rumpel-Fußball! Völlers Elf hat alles fest im Griff. Und wenn doch mal einer dieser Lees, Hongs oder Ahns durchkommt, packt Kahn wieder zu.

Völler: „Viele hatten uns nicht auf der Rechnung. Wir aber haben immer an unsere Stärken geglaubt."

Rudis Riesen im Finale – einfach unglaublich!

Ganz Deutschland völlig Balla-Ballack

Der große Hit: Oberkörper durchs Schiebedach stecken und wild die Fahne schwenken

Verdient gewonnen, Rudi!

Korea-Trainer Guus Hiddink (l.) gratuliert Völler

Sieg in der roten Hölle

Die rote Wand!
65 000 Korea-Fans sangen und brüllten gegen Deutschland. Es nutzte alles nichts

Schiedsrichtern die rote Hölle zu heiß wurde. Es gab viele falsche Entscheidungen. Italien kochte, Spanien brodelte.

Aber Deutschland bleibt cool. Oliver Kahn & Co holen den WM-Gastgeber ganz gelassen vom roten Fußball-Himmel. Vielleicht lag es ja an Beethoven. Vertraute Töne des deutschen Genies hallen durchs Stadion. „Freude schöner Götterfunken..." singen die Korea-Fans. Inspirieren lassen sich davon aber nur die Deutschen.

Und sie lassen sich auch nicht von dem gebrüllten Kampf-Schrei „De-ha-min-go!" (geschrieben Dae Han Min Guk) einschüchtern. Auf deutsch: Korea ist groß! Respekt vor den roten Fans: Es blieb aber immer fair. Pfiffe gegen die Deutschen? Nein, maximal ein geflüstertes Buh. Randale? Kein bisschen. Korea-Trainer Guus Hiddink: „Hier gibt es nur Arm-Verletzungen, weil die Fans die Fahnen zu heftig schwingen..."

Und die „Roten" haben auch Humor. Ein Rundfunk-Sender meldet: „Doping! Deutschland disqualifiziert."

Unsinn. Sonst wären wir ja in der Hölle gelandet...

Rot, alles rot! Seoul ein großer, roter Fleck auf dem blauen Planeten Erde. Sieben Millionen Menschen auf den Straßen, 65 000 im World Cup-Stadion. Und alle tragen Shirts mit der Aufschrift „Be the Reds" (Seid die Roten).
DIE ROTE HÖLLE!

Gegen Korea verglühten schon die Träume von Portugal, Italien und Spanien. Auch weil den

K.o. für den Masken-Mann
Kim Tae-Young gewann den Zweikampf mit Neuville, schied aber mit Korea aus

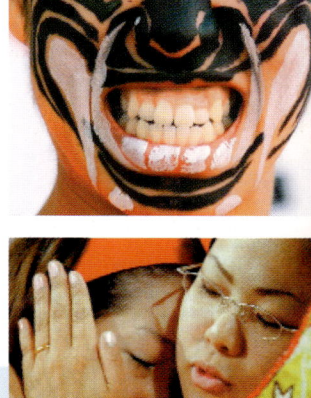

Bissig
Koreas Fans beweisen Kreativität

Enttäuscht
Nach dem 0:1 fließen Tränen

Im Endspiel gesperrt
Der Tor-Held weinte in der Kabine

Er wollte nur runter vom Rasen. Rein in die Kabine. Keinen mehr sehen. Michael Ballack, der Tor-Held. Er weinte. „Das ist die schlimmste Sache, die du erleben kannst", sagte er später mit leiser Stimme.

Das WM-Finale zum Greifen nahe. Und doch unendlich weit weg. Beim Endspiel saß Ballack nur tatenlos draußen. Wegen einer Karte zuviel. Es war die 72. Minute. Ballack hatte Park zu

Fall gebracht. Ein „taktisches Foul", als der deutschen Mannschaft bei einem Konter der Südkoreaner das 0:1 drohte. Jedem war klar, dass es dafür Gelb geben würde. Ballack auch. Ballacks zweite Verwarnung. Er war damit fürs Finale gesperrt.

Rudi Völler: „Vor Michael müssen wir alle den Hut ziehen – das Team und ganz Deutschland." Denn Ballack hatte sich selbstlos in den Dienst der Mannschaft gestellt und genau die richtige Entscheidung getroffen: Besser er verpasste das Finale ganz sicher – als Deutschland vielleicht...

Verzweiflung und Freude: Erst Gelb für Michael Ballack (kl. Foto) dann der Tor-Jubel (l.)

1:0 gegen Südkorea
Finale!!!
Ballack
Weinkrampf in der Kabine
Kopf-schmerz
BILD fliegt 50 Leser zum Endspiel!
Bild

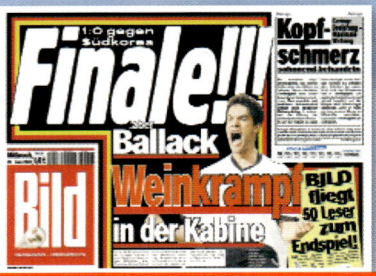

Die WM-Schlagzeile des Tages

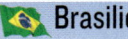

Halbfinale · 26. Juni · 20:30 Uhr Saitama (JPN)

Brasilien – Türkei 1:0

Brasilien: Marcos - Lucio, Roque Junior - Cafu, Edmilson, Carlos - Kleberson (86. Belletti), Silva - Edilson (75. Denilson) - Ronaldo (67. Luizao), Rivaldo

Türkei: Recber - Korkmaz, Özalan, Akyel - Belözoglu (62. Mansiz), Kerimoglu - Davala (74. Izzet), Penbe - Bastürk (88. Erdem), Sas - Sükür

Tore: 1:0 Ronaldo (49.) **Ecken:** 7:8 **Schiedsrichter:** Kim Milton Nielsen (Dänemark) **Zuschauer:** 61.058 **Gelbe Karten:** Silva - Kerimoglu, Sas **Gelb/Rote Karten:** keine **Rote Karten:** keine

WM-NEWS

WM-Spruch

■ „Besäßen die Engländer die mentale Stärke der deutschen Mannschaft, dann wären sie im Finale gelandet."
(Franz Beckenbauer in der englischen Zeitung „Daily Mirror")

Posse um Ahn

■ Der italiensiche Erstligist AC Perugia hat jetzt doch seine Kaufoption auf den koreanischen WM-Helden Jung Hwan Ahn wahrgenommen. Ein Deal mit Hintergeganken: Perugia zahlt 1,6 Millionen Dollar an Ahns Stammverein Busan, will ihn dann für ein Vielfaches weiterverhökern. Englands West Ham United bietet bereits 10 Millionen Euro.

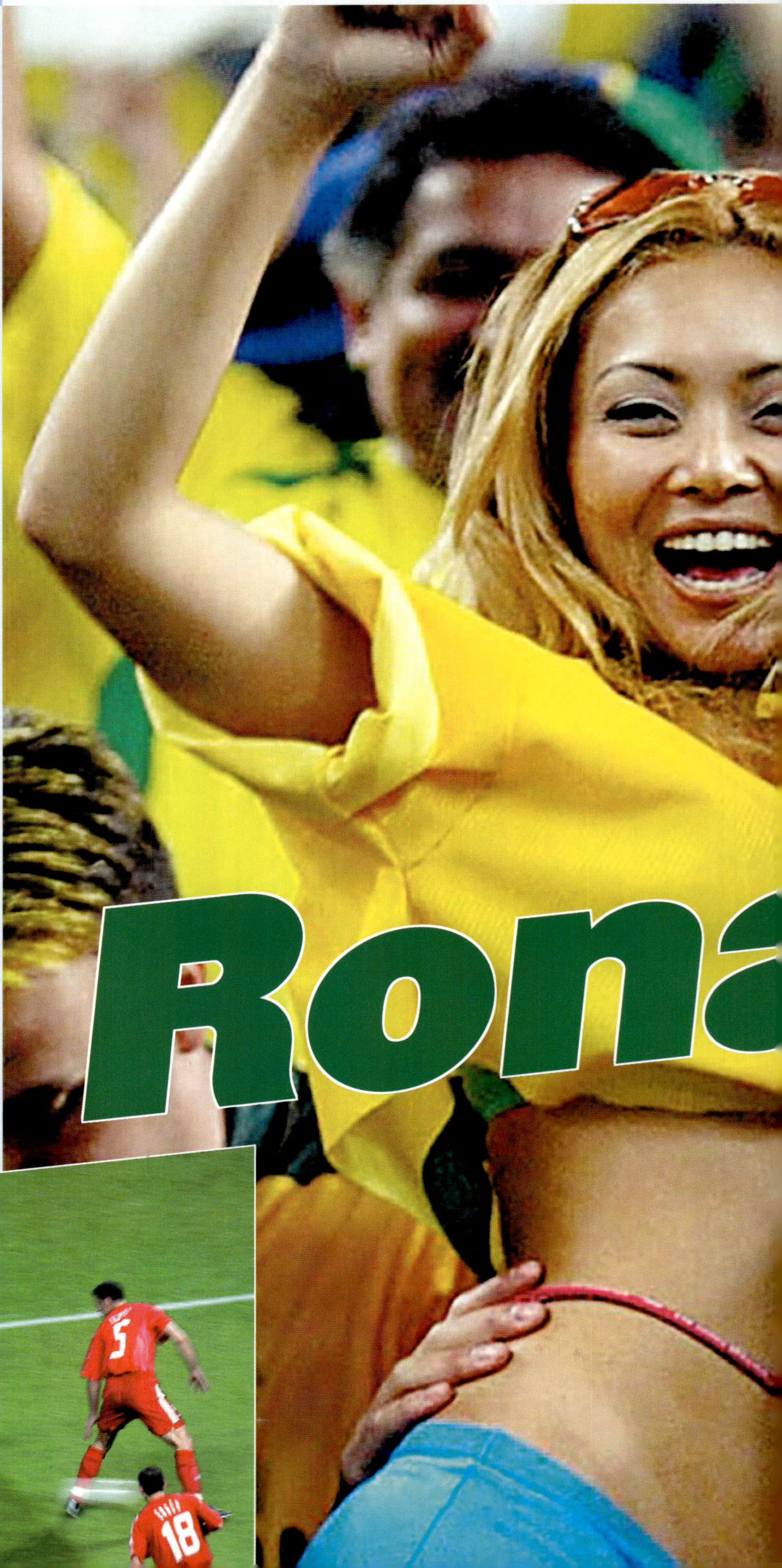

Rona

Vernascht

In seinen nagelneuen Silberschuhen lässt Ronaldo vier Türken schlecht aussehen und trifft mit der rechten Pike - 1:0 in der 49. Minute

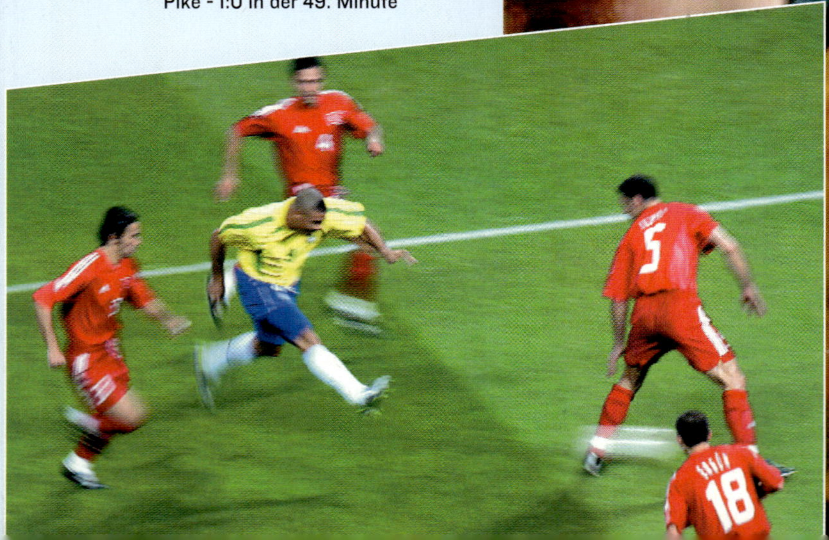

ldooo!

**Traum-Finale
der Fans perfekt**

Untröstlich: der Halbmond weinte...

Ende der wilden Jagd! Die Türkei ertrank in Tränen

Sie waren mit Mut, Leidenschaft und grenzenlosem Willen bis ins Halbfinale gestürmt. Doch gegen Brasilien war die wilde Jagd der Türken zu Ende. Ein Land ertrank in Tränen!

Was blieb, war Stolz auf die Mannschaft. „Wir danken euch, ihr seid die Sieger unserer Herzen", schrieb „Hürriyet". Für die Türkei war es die beste Platzierung aller Zeiten. Was niemand nach der wackeligen Vorrunde gedacht hätte. Trainer Senol Günes stand vor dem Aus. Doch die Mannschaft steigerte sich von Runde zu Runde. Nun könnte dem jungen Team (Altersschnitt unter 28 Jahren) die Zukunft gehören. „Wir wollten den Titel gewinnen", sagte Trainer Senol Günes. „Was wir bei der WM nicht geschafft haben, holen wir bei der EM in Portugal nach."

Noch nie hat es dieses Duell bei einer WM gegeben: Deutschland gegen Brasilien! Die beiden erfolgreichsten Mannschaften der Welt! Nun steht es bevor, ausgerechnet im Endspiel.

Das Traum-Finale von Yokohama ist perfekt!

Deutschland ist schon qualifiziert. Rekordweltmeister Brasilien zieht nach. 1:0 gegen die Türkei. Der sechste Sieg im sechsten Spiel. Doch trotz der Siege und trotz der 16:4 Tore hat der große Favorit bei dieser WM noch nicht überzeugt.

Wieder einmal ist es ein Einzelkönner, der die Partie entscheidet. Ronaldo vernascht in der 49. Minute vier türkische Abwehrspieler, trifft mit der rechten Pike ins lange Eck. Der 25-Jährige: „Ein Tor wie von Romario. Nicht schön, aber sehr wichtig." Es ist Ronaldos einzig erfolgreiche Aktion.

Der Rest von Brasilien: Egoistisch, eigensinnig, erfolglos! Ohne den gesperrten Ronaldinho fehlt die zentrale Figur im Spiel. Immer wieder die gleiche Situation: Ein Nebenmann frei vorm Tor – aber statt abzuspielen, versuchen es Cafu, Rivaldo oder Roberto Carlos mit Kunstschüssen aus der Distanz.

Brasiliens Problem: Jeder will für sich glänzen, als großer WM-Star in die Geschichte eingehen. Keine Spur von verschworener Gemeinschaft. Ganz anders als Deutschland eben.

Der Erfolg gibt Trainer Luiz Felipe Scolari, früher ein beinharter Verteidiger, jedoch in allen seinen Handlungen Recht. Der Finaleinzug ist bereits der dritte in Folge – nach 1994 in den USA (Sieg gegen Italien) und 1998 in Frankreich

(Pleite gegen den Gastgeber). Das gelang vorher nur Deutschland (1982, ´86 und ´90).

Zwar standen seit 1954 bei jeder Weltmeisterschaft (außer 1978) immer Brasilien oder Deutschland im Finale. Doch noch nie beide gleichzeitig.

Für Deutschland hieß der brasilianische Halbfinal-Sieg: vier Tage Euphorie und Hochspannung. Oliver Kahn: „Das ist das absolute Wahnsinns-Endspiel und für alle das Spiel des Lebens." Teamchef Rudi Völler: „Reizvoll ohne Ende. Brasilien ist absoluter Favorit." Kein Wunder, angesicht der fast beängstigenden Statistik. Gegen kein anderes Team hat Deutschland eine schlechtere Länderspiel-Bilanz! Vor dem Finale gab's in 17 Spielen nur drei Siege und vier Unentschieden.

Für die Brasilianer Grund genug, schon vor dem Endspiel eine dicke Lippe zu riskieren. „Wir haben die besten Spieler der Welt", sagte Roberto Carlos. „Die Deutschen können froh sein, gegen uns spielen zu dürfen."

Taktik über Bord geworfen

Wie ein Rudel junger Hunde hetzten Tugay, Izzet, Korkmaz und Alpay (v.l.n.r.) den Brasilianer Denilson

Ronaldo wieder der Größte

Der Mann mit den Hasenzähnen hatte es schon vorher gewusst: „Ihr könnt auf mich wetten", verkündete Ronaldo vor dem Turnier, „ich werde der Spieler der WM." Eine gewagte Prognose. Zu frisch waren die Erinnerungen an den langen Leidensweg des 25-Jährigen, der bei der WM 1998 begann.

Wir erinnern uns: Kurz vor Anpfiff des Finales gegen Frankreich hatte Ronaldo mit Schaum vorm Mund im Bett gelegen. Sein Zimmer-Kollege Roberto Carlos alarmierte den Notarzt. Eine Vergiftung? Ein Kollaps? Die Umstände wurden nie aufgeklärt. Ronaldo wurde aufgepäppelt, spielte das schlechteste Spiel seines Lebens. Brasilien verlor.

Es kam noch schlimmer. Seit Herbst 1998 streikte immer wieder sein rechtes Knie. Der jahrelange Leidensweg mit Operation, Aufbautraining, Comeback-Versuch und erneuter Verletzung folgte...

Drei Monate vor der WM 2002 meldete sich Ronaldo zurück. Und dann führte er die „Selecao" mit 6 Toren fast im Alleingang ins Finale. „Ronaldo begeistert die ganze Welt", schrieb „Gazzetta dello Sport".

Ronaldo lächelte verschmitzt. Er hatte es ja schon vorher gewusst: Der Größte ist wieder – Ronaldo!

„Die Zeit der Albträume ist vorbei", jubelte Brasiliens Superstar Ronaldo: „Ich bin so glücklich, wie schon lange nicht mehr"

Die WM-Schlagzeile des Tages

Spiel um Platz 3
29. Juni · 20.00 Uhr **Daegu (KOR)**

🇰🇷 Südkorea – 🇹🇷 Türkei **2:3**

Südkorea: W. J. Lee – Yoo, Hong (46. T. Y. Kim), M. S. Lee – Song, Y. P. Lee, E. Y. Lee (65. Cha) – Park – Seol (79. T. U. Choi), Ahn, C. S. Lee

Türkei: Recber – Akyel, Özalan, Korkmaz, Penbe – Kerimoglu – Davala (76. Buruk), Bastürk (86. Havutcu), Belözoglu (41. Ünsal) – Mansiz, Sükür

Tore: 0:1 Sükür (1.), 1:1 E. Y. Lee (9.), 1:2 Mansiz (13.), 1:3 Mansiz (32.), 2:3 Song (90+3.) **Ecken:** 10:4 **Schiedsrichter:** Saad Mane (Kuwait) **Zuschauer:** 63.483 **Gelbe Karten:** E. Y. Lee – Kerimoglu, Recber **Gelb/Rote Karten:** keine **Rote Karten:** keine

WM-NEWS

Spruch des Tages

■ Türkei-Trainer Senol Günes über die WM 2006 in Deutschland: „Hier sind wir Gäste, 2006 laden wir ein."

DIE BLITZ-TORE DER WM-GESCHICHTE

■ **11 Sek. . . . . .Sükür**
Türkei – Südkorea 29.6.02

■ **15 Sek. . . . . .Masek**
Mexiko – CSSR 7.6.62

■ **27 Sek. . . . . .Robson**
England – Frankreich 16.6.82

■ **37 Sek. . . . . .Lacombe**
Frankreich – Italien 2.6.78

■ **52 Sek. . . . . .Ayala**
Paraguay – Nigeria 24.6.98

Das kleine Finale – der größte Erfolg der türkischen Nationalmannschaft in ihrer Geschichte

Die Spieler Fatih Akyel (l., springend), Ümit Davala (2.v.l.) und Hakan Sükür (r.) feiern Ilhan Mansiz (Nr. 17) für seinen zweiten Treffer gegen Südkorea

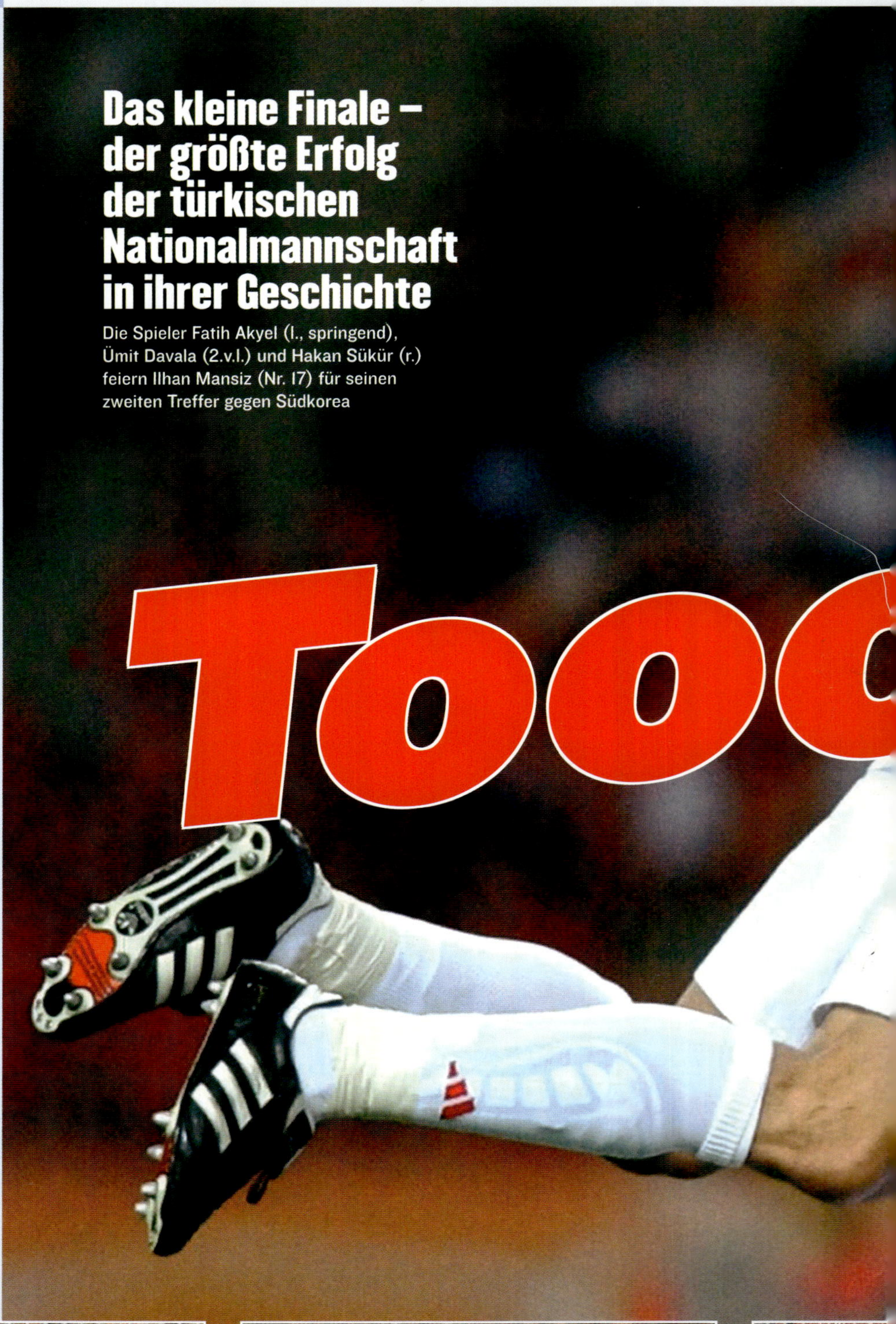

Tooo

11 Sekunden nach Anpfiff: Der zuvor glücklose Torjäger Hakan Sükür erzielt das 1:0

Der Südkoreaner Lee Eul Yong hebt den Ball beim Freistoß über die Mauer ins Tor. 9. Minute, Ausgleich 1:1

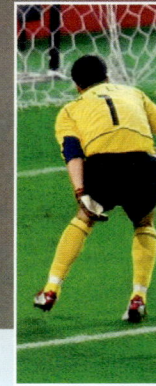

Die neuerliche türk 13. Minute, 2:1

Hakan Sükür: Von 0 auf Tor in 11 Sekunden

Mit dem schnellsten WM-Tor aller Zeiten wird die Türkei Dritter gegen Südkorea

ooooor!

g besorgt Ilhan Mansiz (r.).

Und wieder Mansiz (r.o.). 32. Minute, 3:1

Türken-Torwart Recber Rüstü kommt nicht an den abgefälschten Schuss von Song Chon Gug. 90. Minute, Endstand 3:2

Türkei und Südkorea schenkten ihre

Fans ein Fußball-Fest

Gewonnen hat der Fußball

Nach einem Spiel ohne wirklichen Verlierer nehmen Türken und Südkoreaner Arm in Arm gemeinsam WM-Abschied von den Fans in Daegu

WM-Bronze

Die Türken Hakan Sükür, Alpay Özalan und Recber Rüstü (o.v.l.), begutachten zufrieden ihre Medaillen

Fliegende Trainer

Südkoreas Coach Guus Hiddink (l.) und Türken-Trainer Senol Günes werden für das großartige WM-Abschneiden ihrer Teams gefeiert

Tolle Geste

Der Türke Emre Belözoglu (r. Bild l.) mit der südkoreanischen Fahne und sein Mitspieler Ümit Davala mit der türkischen Flagge laufen jubelnd über den Rasen

Die Riesen-Chance

FINALE

**NACH 12 JAHREN
ENDLICH WIEDER
IM ENDSPIEL**

DEUTSCHLAND – BRASILIEN

Finale
30. Juni · 20.00 Uhr   Yokohama (JPN)

Deutschland – Brasilien   **0:2**

Deutschland: Kahn – Linke, Ramelow, Metzelder – Frings, Hamann, Jeremies (77. Asamoah), Bode (84. Ziege) – Schneider – Klose (74. Bierhoff), Neuville

Brasilien: Marcos – Lucio, Edmilson, Roque Junior – Cafu, Gilberto Silva, Roberto Carlos – Kleberson, Rivaldo – Ronaldo (90. Denilson), Ronaldinho (85. Paulista)

Tore: 0:1 Ronaldo (67.), 0:2 Ronaldo (79.) **Ecken:** 13:3
Schiedsrichter: Pierluigi Collina (Italien) **Zuschauer:** 69.029
Gelbe Karten: Klose – Roque Junior **Gelb/Rote Karten:** keine
Rote Karten: keine

STIMMEN ZUM SPIEL

Franz Beckenbauer

„Nach diesem Finale müssen wir nicht in Trauer versinken. Fantastisch, wie Rudi Völler den Teamgeist geweckt hat. Hätten wir das erste Tor gemacht, wäre jetzt Deutschland Weltmeister. So darf man gegen eine große brasilianische Elf verlieren."

Ottmar Hitzfeld

Der Bayern-Trainer: „Die deutsche Elf hat sich bravourös verkauft. Für den deutschen Fußball, der ja in den letzten Jahren im Tief war, werden trotz des brasilianischen Erfolges rosige Zeiten anbrechen."

Reiner Calmund

Der Leverkusen-Manager: „Die deutsche Mannschaft hat im Finale großartig gefightet und hätte durchaus in Führung gehen können. Trotz der Niederlage haben die Jungs eine große WM gespielt. Aber der Sieg von Brasilien ist im Endeffekt verdient."

Willi Schulz

Der Vize-Weltmeister von 1966: „Wir haben verloren. Aber auf diese Niederlage können wir stolz sein. Unsere Mannschaft hat sich großartig verkauft, darf erhobenen Hauptes nach Hause fahren."

Michael Schumacher

Der Formel-I-Star und begeisterter Hobby-Fußballer: „Ich bin natürlich schon ein wenig traurig, aber ich finde, unsere Jungs haben gut gespielt und toll gekämpft. Nur das berühmte Quäntchen Glück hat noch gefehlt."

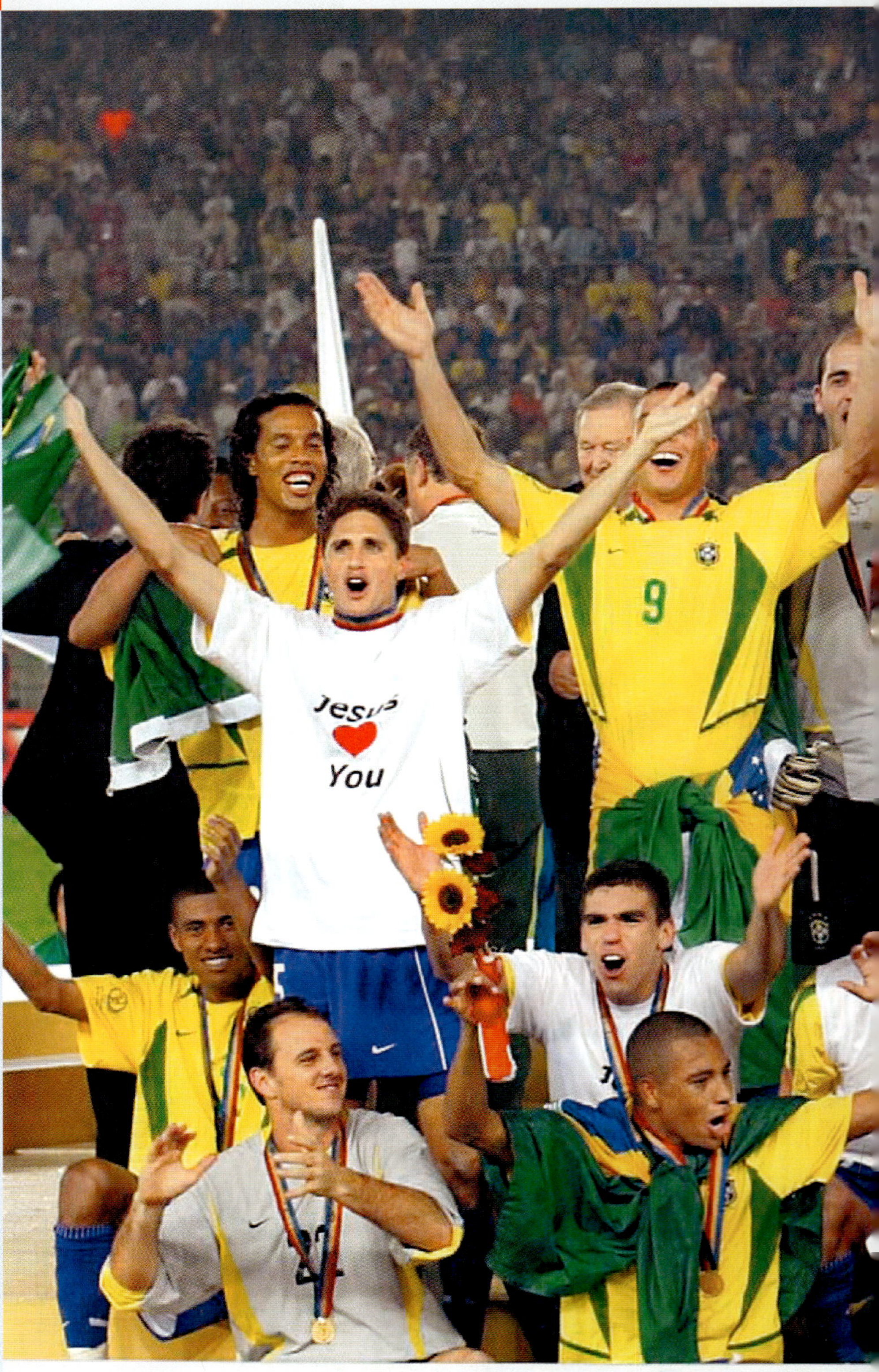

Brasilien feiert

Hier jubelt der neue Weltmeister! Alle brasilianischen Spieler sind zum Siegerfoto zusammengekommen – Aufstellung und Kleiderordnung sind jetzt egal! Viele tragen ein weißes T-Shirt „Jesus loves you", so auch Lucio in der mittleren Reihe. Der Abwehrmann feiert besonders lautstark: Er ist der einzige Leverkusener mit einem Titelgewinn in dieser Saison. Brasilien hat das „Penta", den fünften WM-Titel, geschafft. Es wird lange dauern, bis vielleicht einmal ein anderes Land Rekord-Weltmeister Brasilien ablösen wird...

... und die Fans freuen sich ebenso

Der Schuss ins deutsche Fußball-Herz

Olli Kahn wirft sich noch verzweifelt. Seinen Abpraller, sein einziger Fehler bei dieser WM, nutzt Ronaldo zum I:0 (67.). Danach war Brasilien gegen Deutschland auf Weltmeister-Kurs...

Der Kahn-Fehler: Olli taucht nach dem Ball (l.), hat ihn schon in den Händen (M.) und lässt ihn wegrutschen...

Ein Fehler von Kahn, zwei Tore von Ronaldo – aus, vorbei: Vize-Weltmeister! Dabei hat ausgerechnet Deutschland richtig „brasilianisch" begonnen...

Am Ende steht es: 13:3 Ecken für Deutschland. 56:44 Prozent Ballbesitz für Deutschland. Aber 2:0 für Brasilien. Schade, schade.

Das Endspiel, die Höhepunkte:

10. Minute: Deutschland spielt Samba-Fußball. Die wahren Brasilianer tragen Weiß. Klasse Kombinationen. Eine scharfe Schneider-Flanke rettet Edmilson vor Klose gerade noch zur Ecke.

15. Minute: Wieder flankt Schneider. Diesmal klärt Roque Junior vor dem einschussbereiten Klose. Dann die Brasilianer...

18. Minute: Ronaldo frei vor Kahn. Er schiebt den Ball knapp links am Tor vorbei.

45. Minute: Ein Kleberson-Schuss aus 16 Metern klatscht an die Latte.

Nachspielzeit 1. Halbzeit: Ronaldo zieht aus 11 Metern ab. Kahn mit Fußabwehr. Halbzeit.

47. Minute: Jens Jeremies köpft aus 9 Metern. Der hätte gepasst – wenn nicht der Fuß von Edmilson

Hände hoch! Stürmer Miroslav Klose bei der Ballannahme – beobachtet von Roque Junior

Pech, Pech, Pech! Wir hätten Brasilien schlagen können

noch dazwischen gewesen wäre.

49. Minute: Die größte deutsche Chance: Freistoß aus 30 Metern. Oliver Neuville haut drauf. Hammerhart, trotzdem mit Effet. An der Mauer vorbei. Aber Brasiliens Torwart Marcos lenkt den (fast) unhaltbaren Ball noch an den Pfosten. Mit den Fingerkuppen.
Pech, Pech, noch mehr Pech!

67. Minute: Kahn kann einen Rivaldo-Schuss nicht festhalten. Ronaldo versenkt den Abpraller. 0:1.
Zuvor hatte Hamann gegen Ronaldo im Zweikampf den Ball verloren. Franz Beckenbauer: „Da hätte der Schiri auch Foul pfeifen können." Hätte, wäre, wenn...

Rudi Völler wechselt: Bierhoff kommt für Klose, Asamoah für Jeremies, Ziege für Bode.

79. Minute: Kleberson flankt von rechts, Rivaldo lässt den Ball durch – direkt auf den frei stehenden Ronaldo. Der zieht ab, mit rechts ins rechte, untere Eck. Unhaltbar. 0:2.

83. Minute: Brasiliens Keeper Marcos hält einen Bierhoff-Knaller aus 12 Metern. Die letzte deutsche Chance.
Aus, vorbei. Vize-Weltmeister! Viel Pech! Aber irgendwie auch nicht schlecht...

Leverkusener unter sich Lucio (r.) rettet in letzter Sekunde mit einer spektakulären Sprung-Einlage vor Oliver Neuville

Ein toller Hecht. 47. Minute: Jens Jeremies (M.) mit Kopfball-Hecht. Der hätte gepasst, doch Edmilson kommt noch mit dem Fuß dazwischen

Die Riesenchance. 49. Minute, Spielstand 0:0. Feistoß für Deutschland. 30 Meter Torentfernung. Marcos lenkt Neuvilles Geschoss an den Pfosten

Brasilianische Kampfgrätsche Gilberto Silva tritt mittels Kung-Fu-Schritt vor Jeremies (Augen zu!) nach dem Ball

Oliver Neuville tief enttäuscht

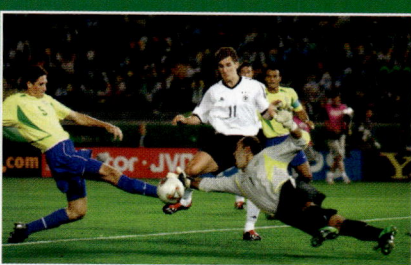

Mit letztem Einsatz klären Edmilson (l.) mit langem Bein und der „fliegende" Keeper Marcos vor Miroslav Klose (M.)

Vier Köpfe und ein Ball: Roque Junior, Linke, Gilberto Silva und Metzelder (v.l.)

Erbittertes Duell. Linke trifft bei dieser Grätsche beide, Ronaldo und Ball

Vom Glück verlassen

Eines der Lieblingswörter von Oliver Kahn (33) ist „brutal". Er spricht oft von dem „brutalen Druck" auf Spitzensportler.

Ob er sich hätte träumen lassen, dass ihn selbst das Fußball-Schicksal einmal so brutal treffen würde?

Die 67. Minute des WM-Endspiels im Internationalen Stadion von Yokohama. Niemand, der sich mit Fußball befasst, wird diese Sekunden jemals vergessen.

Es war der Moment, in dem Kahn der Traum vom Titel aus den Händen glitt.

20 Meter vor dem deutschen Tor. Ronaldo erkämpft den Ball von Hamann, spielt zu Rivaldo. Der schießt mit links flach drauf, genau auf Kahn. Zehntausend Schüsse dieser Art hat Kahn schon gefangen, zwanzigtausend. Diesen nicht. Er lässt den Ball aus den Händen prallen, springt noch hinterher – zu spät. Ronaldo schiebt eiskalt ein. Das Endspiel ist praktisch entschieden, unser Traum vom Titel ist ausgeträumt.

Kahn liegt auf dem Bauch, drückt das Gesicht in seine Handschuhe. Tief graben sich Falten in seine Schläfen und Wangen.

Ronaldo trifft auch noch zum 2:0, dieser Schuss war nicht zu halten. Auch egal.

Nach dem Abpfiff wirft Kahn seine Handschuhe ins Tornetz, lehnt sich an den Pfosten, rutscht runter. Ein Mitspieler nach dem anderen kommt zum sitzenden Kahn. Erst Linke, dann Ramelow, Schiri Collina, Völler, Skibbe – doch der geschlagene Titan will nichts hören. „Okay", sagt er ab und an – und schaut wieder ins Nichts.

Fünf Minuten später steht er auf, eine halbe Stunde später spricht er.

„Ich musste diesen Ball festhalten. Fehler sind immer bitter. Wenn der einzige Fehler im Turnier so bestraft wird, ist das zehnfach bitter. Da gibt es keinen Trost. Da kann man noch so viel erzählen, es nützt nichts. Damit muss ich selber leben, selber klar kommen."

Es ehrt ihn, dass er nicht von seiner Fingerverletzung (Bänderriss im Ringfinger) nach einem Zweikampf kurz zuvor spricht. Kahn sagt ruhig: „So extrem schlimm ist es nicht."

Dafür spricht er über die WM. „Dieses Turnier war ein Riesen-Erfolg. Man darf jetzt den Kopf nicht hängen lassen. Mit ein, zwei Wochen Abstand kann man dann wieder nach vorne schauen. Es muss weitergehen!"

Recht hat er. Wenn einer die brutalen Sekunden von Yokohama wegstecken kann, dann sicher „King Kahn".

In 1437 Tagen ist wieder WM. Und keiner ist heißer als er, um dann eine offene Endspiel-Rechnung zu begleichen...

Am Boden zerstört

Oliver Kahn nach seinem Patzer (kl. Foto r.). Auch Jens Jeremies vermag ihn nicht zu trösten (gr. Foto)

Wir haben ihn
Kapitän Cafu und der Cup

Zwei Superstars
Ronaldo (l.) und Pelé

Sayonara Japan!
Das gesamte deutsche Team verabschiedet sich samt
Betreuer von der Weltmeisterschaft 2002

Das war's
Der deutsche Torhüter und
Kapitän Oliver Kahn verlässt
nach der Siegerehrung mit der
Medaille für den geschlagenen
Finalisten um den Hals das
Podest (l.). Tief enttäuscht
verlässt er die Arena (r.).

Ein trauriger Abgang

GRUPPE F

Argentinien am 7. Juni 2002 in Sapporo vor dem zweiten Spiel in der Gruppe F gegen England (0:1). Stehend (v.l.): Javier Zanetti, Juan Pablo Sorin, Pablo Cavallero, Mauricio Pochettino, Diego Placente, Walter Samuel; hockend (v.l.): Diego Simeone, Gabriel Batistuta, Kily Gonzalez, Ariel Ortega, Juan Sebastian Veron

Name, Vorname	geboren am	Größe	Gewicht	Verein (Land)	Position	Länderspiele	LS-Tore	WM-Spiele	Einsätze	Auswechslung	Einwechslung	Tore	Elfmeter	Eigentore	Gelbe Karten	Gelb/R. Karten	Rote Karten	Rücken-Nr.
Aimar, Pablo	03. 11. 1979	170	62	FC Valencia (ESP)	Mittelfeld	18	2		3	0	2	0	0	0	0	0	0	16
Almeyda, Matias	21. 12. 1973	174	72	AC Parma (ITA)	Mittelfeld	33	1	5 (98)	1	1	0	0	0	0	1	0	0	5
Ayala, Roberto	12. 04. 1973	177	75	FC Valencia (ESP)	Abwehr	74	3	5 (98)	0	0	0	0	0	0	0	0	0	2
Batistuta, Gabriel	01. 02. 1969	185	73	AS Rom (ITA)	Angriff	75	55	9 (94/98)	3	3	0	1	0	0	1	0	0	9
Bonano, Roberto	24. 01. 1970	186	83	FC Barcelona (ESP)	Tor	13	0		0	0	0	0	0	0	0	0	0	23
Burgos, German	16. 04. 1969	188	90	Atletico Madrid (ESP)	Tor	35	0		0	0	0	0	0	0	0	0	0	1
Caniggia, Claudio	09. 01. 1967	172	68	Glasgow Rangers (SCO)	Angriff	50	16	8 (90/94)	0	0	0	0	0	0	0	0	1	21
Cavallero, Pablo	13. 04. 1974	188	78	Celta Vigo (ESP)	Tor	8	0		3	0	0	0	0	0	0	0	0	12
Chamot, Jose	17. 05. 1969	185	78	AC Mailand (ITA)	Abwehr	42	2	7 (94/98)	1	0	0	0	0	0	1	0	0	22
Crespo, Hernan	05. 07. 1975	184	78	Lazio Rom (ITA)	Angriff	33	17		3	0	3	1	0	0	0	0	0	19
Gallardo, Marcelo	18. 01. 1976	169	70	AS Monaco (FRA)	Mittelfeld	42	14	1 (98)	0	0	0	0	0	0	0	0	0	20
Gonzalez, Kily	04. 08. 1974	175	71	FC Valencia (ESP)	Angriff	30	5		3	1	2	0	0	0	1	0	0	18
Husain, Claudio	20. 10. 1974	177	75	Club Atletico River Plate (ARG)	Mittelfeld	14	1		0	0	0	0	0	0	0	0	0	15
Lopez, Claudio	17. 07. 1974	178	75	Lazio Rom (ITA)	Angriff	49	10	4 (98)	3	1	1	0	0	0	0	0	0	7
Lopez, Gustavo	13. 04. 1973	174	73	Celta Vigo (ESP)	Angriff	31	4		0	0	0	0	0	0	0	0	0	17
Ortega, Ariel	04. 03. 1974	170	64	Club Atletico River Plate (ARG)	Mittelfeld	81	17	6 (94/98)	3	0	0	0	0	0	0	0	0	10
Placente, Diego	24. 04. 1977	176	72	Bayer 04 Leverkusen (GER)	Abwehr	6	0		2	0	0	0	0	0	0	0	0	13
Pochettino, Mauricio	02. 03. 1972	182	80	Paris SG (FRA)	Abwehr	16	2		3	0	0	0	0	0	0	0	0	4
Samuel, Walter	23. 03. 1978	179	73	AS Rom (ITA)	Abwehr	30	3		3	0	0	0	0	0	1	0	0	6
Simeone, Diego	28. 04. 1970	178	70	Lazio Rom (ITA)	Mittelfeld	104	11	8 (94/98)	2	0	0	0	0	0	1	0	0	14
Sorin, Juan	05. 05. 1976	173	65	Cruzeiro (BRA)	Mittelfeld	35	6		3	1	0	0	0	0	0	0	0	3
Veron, Juan	09. 03. 1975	186	80	Manchester United (ENG)	Mittelfeld	47	8	5 (98)	3	2	1	0	0	0	0	0	0	11
Zanetti, Javier	10. 08. 1973	178	75	Inter Mailand (ITA)	Mittelfeld	66	3	5 (98)	3	0	0	0	0	0	0	0	0	8

DER TRAINER

Marcelo Bielsa
Nationalität: Argentinier
Geburtsdatum: 21.07.1955
Nationaltrainer seit Dezember 1998

DIE ERFOLGE

WM 2002 Dritter Gruppe F

Weltmeister 1978 und 1986
Vize-Weltmeister 1930 und 1990
Sieger der Copa America 1921, 1925, 1927, 1929, 1937, 1941, 1945, 1946, 1947, 1955, 1957, 1959, 1991, 1993

DER KAPITÄN

Gabriel Batistuta

GRUPPE H

Belgien am 4. Juni 2002 in Saitama vor dem ersten Spiel in der Gruppe H gegen Japan (2:2). Stehend (v.l.): Geert de Vlieger, Timmy Simons, Marc Wilmots, Daniel van Buyten, Eric van Meir, Peter van der Heyden; hockend (v.l.): Jacky Peeters, Johan Walem, Yves Vanderhaeghe, Bart Goor, Gert Verheyen

Name, Vorname	geboren am	Größe	Gewicht	Verein (Land)	Position	Länderspiele	LS-Tore	WM-Spiele	Einsätze	Auswechslung	Einwechslung	Tore	Elfmeter	Eigentore	Gelbe Karten	Gelb/R. Karten	Rote Karten	Rücken-Nr.
de Boeck, Glen	22.08.1971	190	78	RSC Anderlecht (BEL)	Abwehr	34	1	–	2	1	0	0	0	0	0	0	0	3
Boffin, Danny	10.07.1965	173	62	VV St. Truiden (BEL)	Mittelfeld	53	1	4 (94/98)	0	0	0	0	0	0	0	0	0	21
van Buyten, Daniel	07.02.1978	196	87	Olympique Marseille (FRA)	Abwehr	8	1	–	4	0	0	0	0	0	1	0	0	16
Deflandre, Eric	02.08.1973	179	80	Olympique Lyon (FRA)	Abwehr	42	0	2 (98)	1	0	0	0	0	0	0	0	0	2
Englebert, Gaetan	11.06.1976	178	70	FC Brügge (BEL)	Mittelfeld	4	0	–	0	0	0	0	0	0	0	0	0	17
Goor, Bart	09.04.1973	183	75	Hertha BSC Berlin (GER)	Mittelfeld	39	10	–	4	0	0	0	0	0	0	0	0	8
Herpoel, Frederic	16.08.1974	183	77	AA Gent (BEL)	Tor	7	0	–	0	0	0	0	0	0	0	0	0	23
van der Heyden, Peter	16.07.1976	183	81	FC Brügge (BEL)	Abwehr	4	0	–	2	0	0	1	0	0	1	0	0	12
van Kerckhoven, Nico	14.12.1970	190	80	FC Schalke 04 (GER)	Abwehr	41	3	1 (98)	2	0	0	0	0	0	0	0	0	5
van Meir, Eric	28.02.1968	186	89	Standard Lüttich (BEL)	Abwehr	33	1	–	2	0	1	0	0	0	1	0	0	4
Mpenza, Mbo	04.12.1976	175	72	Excelsior Mouscron (BEL)	Angriff	27	0	–	3	1	1	0	0	0	0	0	0	22
Peeters, Jacky	13.12.1969	184	82	AA Gent (BEL)	Abwehr	13	0	–	3	1	0	0	0	0	0	0	0	15
Simons, Timmy	11.12.1976	186	77	FC Brügge (BEL)	Mittelfeld	13	0	–	4	1	1	0	0	0	0	0	0	6
Sonck, Wesley	09.08.1978	174	74	RC Genk (BEL)	Angriff	12	2	–	4	1	4	1	0	0	0	0	0	9
Strupar, Branko	09.02.1970	190	86	Derby County (ENG)	Angriff	15	5	–	2	1	1	0	0	0	0	0	0	20
Thijs, Bernd	28.06.1978	186	80	RC Genk (BEL)	Mittelfeld	2	0	–	0	0	0	0	0	0	0	0	0	19
Vandendriessche, Franky	07.04.1971	185	78	Excelsior Mouscron (BEL)	Tor	0	0	–	0	0	0	0	0	0	0	0	0	13
Vanderhaeghe, Yves	30.01.1970	180	86	RSC Anderlecht (BEL)	Mittelfeld	31	2	–	4	0	0	0	0	0	2	0	0	18
Verheyen, Gert	20.09.1972	189	86	FC Brügge (BEL)	Mittelfeld	47	10	–	4	3	0	0	0	0	1	0	0	11
Vermant, Sven	04.04.1973	183	80	FC Schalke 04 (GER)	Mittelfeld	13	0	–	1	0	1	0	0	0	0	0	0	14
de Vlieger, Geert	16.10.1971	186	80	Willem II (NED)	Tor	26	0	–	4	0	0	0	0	0	0	0	0	1
Walem, Johan	01.02.1972	169	68	Standard Lüttich (BEL)	Mittelfeld	34	1	–	3	1	0	1	0	0	0	0	0	10
Wilmots, Marc	22.02.1969	184	86	FC Schalke 04 (GER)	Angriff	67	26	4 (94/98)	4	0	0	3	0	0	0	0	0	7

DER TRAINER

Robert Waseige
Nationalität: Belgier
Geburtsdatum: 26.08.1939
Nationaltrainer seit August 1999

DIE ERFOLGE

WM 2002 Achtelfinale

WM-Vierter 1984
Vize-Europameister 1980
Olympiasieger 1920

DER KAPITÄN

Marc Wilmots

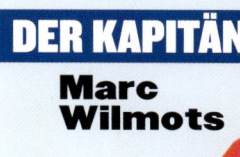

GRUPPE C

Brasilien am 17. Juni 2002 in Kobe vor dem Achtelfinalspiel gegen Belgien (2:0). Stehend (v.l.): Lucio, Edmilson, Gilberto Silva, Roque Junior, Marcos, Cafu; hockend (v.l): Ronaldinho, Ronaldo, Roberto Carlos, Juninho Paulista, Rivaldo

Name, Vorname	geboren am	Größe	Gewicht	Verein (Land)	Position	Länderspiele	LS-Tore	WM-Spiele	Einsätze	Auswechslung	Einwechslung	Tore	Elfmeter	Eigentore	Gelbe Karten	Gelb/R. Karten	Rote Karten	Rücken-Nr.
Belletti	20. 06. 1976	179	74	FC Sao Paulo (BRA)	Abwehr	11	1	–	1	0	1	0	0	0	0	0	0	13
Cafu	07. 06. 1970	176	74	AS Rom (ITA)	Abwehr	104	5	9 (94/98)	7	0	0	0	0	0	1	0	0	2
Ceni, Rogerio	22. 01. 1973	188	85	FC Sao Paulo (BRA)	Tor	12	0	–	0	0	0	0	0	0	0	0	0	22
Denilson	24. 08. 1977	177	72	Betis Sevilla (ESP)	Angriff	54	8	1 (98)	5	0	5	0	0	0	1	0	0	17
Dida	07. 10. 1973	195	85	Corinthians (BRA)	Tor	50	0	–	0	0	0	0	0	0	0	0	0	12
Edilson	17. 09. 1970	185	73	Cruzeiro (BRA)	Angriff	18	6	–	4	2	2	0	0	0	0	0	0	20
Edmilson	10. 07. 1976	185	73	Olympique Lyon (FRA)	Abwehr	13	0	–	6	0	0	1	0	0	0	0	0	5
Junior	20. 06. 1973	170	63	AC Parma (ITA)	Abwehr	13	0	–	1	0	0	1	0	0	0	0	0	16
Kaka	22. 04. 1982	183	73	FC Sao Paulo (BRA)	Angriff	3	1	–	1	0	1	0	0	0	0	0	0	23
Kleberson	19. 06. 1979	175	64	Atlético Paranaense (BRA)	Mittelfeld	6	2	–	5	1	2	0	0	0	0	0	0	15
Lucio	08. 05. 1978	188	81	Bayer 04 Leverkusen (GER)	Abwehr	16	0	–	7	0	0	0	0	0	0	0	0	3
Luizao	14. 11. 1975	176	77	Gremio (BRA)	Angriff	9	2	–	2	0	2	0	0	0	0	0	0	21
Marcos	04. 08. 1973	193	86	Palmeiras (BRA)	Tor	16	0	–	7	0	0	0	0	0	0	0	0	1
Paulista, Juninho	22. 02. 1973	165	58	Flamengo (BRA)	Mittelfeld	44	5	–	5	4	1	0	0	0	0	0	0	19
Polga, Anderson	09. 02. 1979	182	73	Gremio (BRA)	Abwehr	6	3	–	2	0	0	0	0	0	0	0	0	14
Ricardinho	23. 05. 1976	176	73	Corinthians (BRA)	Mittelfeld	3	0	–	3	3	0	0	0	0	0	0	0	7
Rivaldo	19. 04. 1972	186	75	FC Barcelona (ESP)	Mittelfeld	59	28	7 (98)	7	2	0	5	1	0	0	0	0	10
Roberto, Carlos	10. 04. 1973	168	70	Real Madrid (ESP)	Abwehr	85	6	7 (98)	6	0	0	1	0	0	1	0	0	6
Ronaldinho	21. 03. 1980	180	76	Paris SG (FRA)	Mittelfeld	25	10	–	5	4	0	2	1	0	1	0	1	11
Ronaldo	22. 09. 1976	183	77	Inter Mailand (ITA)	Angriff	57	37	7 (98)	7	5	0	8	0	0	0	0	0	9
Roque, Junior J. V.	31. 08. 1976	186	73	AC Mailand (ITA)	Abwehr	18	2	–	6	0	0	0	0	0	2	0	0	4
Silva, Gilberto	07. 10. 1976	185	78	Atlético Mineiro (BRA)	Mittelfeld	7	3	–	7	0	0	0	0	0	1	0	0	8
Vampeta, Marcos	13. 03. 1974	182	78	Corinthians (BRA)	Mittelfeld	37	2	–	1	0	1	0	0	0	0	0	0	18

DER TRAINER

Luiz Felipe Scolari
Nationalität: Brasilianer
Geburtsdatum: 09.11.1948
Nationaltrainer seit Juni 2001

DIE ERFOLGE

WM 2002 Erster

Weltmeister 1958, 1962, 1970, 1994
Vize-Weltmeister 1950, 1998
Sieger der Copa America 1919, 1922, 1949, 1989, 1997, 1999

DER KAPITÄN

Cafu

China am 4. Juni 2002 in Gwangju vor dem ersten Spiel in der Gruppe C gegen Costa Rica (0:2). Hinten (v.l.): Hao Haidong, Jiang Jin , Sun Jihai, Li Tie, Wu Chengying ; vorne (v.l.): Yang Chen, Xu Yunlong, Li Xiaopeng, Ma Mingyu, Fan Zhiyi, Li Weifeng

Name, Vorname	geboren am	Größe	Gewicht	Verein (Land)	Position	Länderspiele	LS-Tore	WM-Spiele	Einsätze	Auswechslung	Einwechslung	Tore	Elfmeter	Eigentore	Gelbe Karten	Gelb/R. Karten	Rote Karten	Rücken-Nr.
An Qi	21.06.1981	192	82	Dalian Shide (CHN)	Tor	5	0	–	0	0	0	0	0	0	0	0	0	1
Du Wie	09.02.1982	187	80	Shanghai Shenhua (CHN)	Abwehr	4	0	–	2	0	0	0	0	0	0	0	0	17
Fan Zhiyi	22. 01. 1970	183	70	Dundee FC (SCO)	Abwehr	105	16	–	1	1	0	0	0	0	0	0	0	5
Gao,Yao	13. 07. 1970	185	78	Shandong Luneng (CHN)	Abwehr	7	0	–	0	0	0	0	0	0	0	0	0	13
Hao,Haidong	25.08.1970	175	70	Dalian Shide (CHN)	Angriff	91	32	–	3	2	0	0	0	0	0	0	0	10
Jiang Jin	07. 10. 1969	198	87	Tianjin Teda (CHN)	Tor	53	0	–	3	0	0	0	0	0	0	0	0	22
Li Tie	18. 09. 1977	183	70	Liaoning Bodao (CHN)	Mittelfeld	68	5	–	3	0	0	0	0	0	1	0	0	8
Li Weifeng	26. 01. 1978	182	75	Shenzhen Pingan (CHN)	Abwehr	49	8	–	3	0	0	0	0	0	1	0	0	14
Li Xiaopeng	05. 11. 1976	182	76	Shandong Luneng (CHN)	Mittelfeld	21	1	–	3	0	0	0	0	0	1	0	0	18
Ma Mingyu	10. 08. 1972	176	74	Sichuan Dahe (CHN)	Mittelfeld	87	13	–	2	1	0	0	0	0	0	0	0	9
Ou Chuliang	26.08.1968	180	72	Yunnan Hongta (CHN)	Tor	0	0	–	1	0	1	0	0	0	0	0	0	23
Qi Hong	03.06.1976	178	72	Shanghai Zhongyuan (CHN)	Mittelfeld	34	10	–	1	1	0	0	0	0	0	0	0	19
Qu Bo	15. 07. 1981	181	68	Qingdao Hairiu (CHN)	Angriff	1	0	–	2	0	2	0	0	0	0	0	0	16
Shao,Jiayi	10. 04.1980	186	78	Beijing Guoan (CHN)	Mittelfeld	21	0	–	2	0	2	0	0	0	0	0	1	6
Su Maozhen	23. 07. 1972	186	80	Shandong Luneng (CHN)	Angriff	49	24	–	1	0	1	0	0	0	0	0	0	12
Sun Jihai	30.09. 1977	182	79	Dalian Shide (CHN)	Abwehr	58	0	–	1	1	0	0	0	0	0	0	0	7
Wu Chengying	21. 04. 1975	183	77	Shanghai Shenhua (CHN)	Abwehr	48	2	–	3	1	0	0	0	0	0	0	0	4
Xu Yunlong	17. 02. 1979	181	81	Beijing Guoan (CHN)	Abwehr	1	0	–	3	0	0	0	0	0	1	0	0	21
Yang Chen	17. 01. 1974	186	82	Eintracht Frankfurt (GER)	Angriff	25	10	–	2	2	0	0	0	0	0	0	0	20
Yang,Pu	30.03.1978	179	73	Beijing Guoan (CHN)	Abwehr	10	0	–	2	0	1	0	0	0	1	0	0	3
Yu Genwei	19. 08. 1976	180	72	Tianjin Teda (CHN)	Mittelfeld	14	1	–	2	0	2	0	0	0	0	0	0	11
Zhang Enhua	11. 05. 1974	183	80	Dalian Shide (CHN)	Abwehr	65	7	–	0	0	0	0	0	0	0	0	0	2
Zhao Junzhe	18. 04.1979	180	72	Beijing Guoan (CHN)	Mittelfeld	1	0	–	2	0	0	0	0	0	0	0	0	15

DER TRAINER

Velibor „Bora" Milutinovic
Nationalität: Jugoslawier
Geburtsdatum: 07.09.1944
Nationaltrainer
seit Herbst 2000

DIE ERFOLGE

WM 2002 Vierter Gruppe C

Zweiter Asien-Pokal 1984
Olympiateilnehmer Seoul 1988

DER KAPITÄN

Ma Mingyu

GRUPPE C

Costa Rica am 4. Juni 2002 in Gwangju vor dem ersten Spiel in der Gruppe C gegen China (2:0).
Stehend (v.l.): Erick Lonnis, Mauricio Solis, Paulo Wanchope, Mauricio Wright, Ronald Gomez, Rolando Fonseca; hockend (v.l.): Gilberto Martinez, Luis Marin, Carlos Castro, Harold Wallace, Walter Centeno

Name, Vorname	geboren am	Größe	Gewicht	Verein (Land)	Position	Länderspiele	LS-Tore	WM-Spiele	Einsätze	Auswechslung	Einwechslung	Tore	Elfmeter	Eigentore	Gelbe Karten	Gelb/R. Karten	Rote Karten	Rücken-Nr.
Bryce, Steven	16. 08. 1977	170	74	LD Alajuelense (CRC)	Angriff	34	4	–	3	0	3	0	0	0	0	0	0	16
Castro, Carlos	10. 09. 1978	172	64	LD Alajuelense (CRC)	Abwehr	23	0	–	3	0	0	0	0	0	1	0	0	22
Centeno, Walter	06. 10. 1974	171	70	Deportivo Saprissa San Jose (CRC)	Mittelfeld	50	6	–	3	1	0	0	0	0	1	0	0	10
Chinchilla, Pablo	21. 12. 1978	186	80	LD Alajuelense (CRC)	Abwehr	12	0	–	0	0	0	0	0	0	0	0	0	21
Cordero, Rodrigo	04. 12. 1973	173	76	CS Herediano (CRC)	Mittelfeld	25	1	–	0	0	0	0	0	0	0	0	0	19
Drummond, Jervis	08.09.1976	175	72	Deportivo Saprissa San Jose (CRC)	Abwehr	38	1	–	0	0	0	0	0	0	0	0	0	2
Fonseca, Rolando	06.06.1974	178	76	Deportivo Saprissa San Jose (CRC)	Angriff	80	38	–	2	1	1	0	0	0	0	0	0	7
Gomez, Ronald	24. 01. 1975	183	80	OFI Kreta (GRE)	Angriff	54	17	–	3	0	0	2	0	0	1	0	0	11
Lonnis, Erick	09.09.1965	182	76	Deportivo Saprissa San Jose (CRC)	Tor	75	0	–	3	0	0	0	0	0	0	0	0	1
Lopez, Wilmer	03.08.1971	173	68	LD Alajuelense (CRC)	Mittelfeld	69	6	–	3	1	1	0	0	0	0	0	0	6
Marin, Luis	10. 08. 1974	175	70	LD Alajuelense (CRC)	Abwehr	75	3	–	3	0	0	0	0	0	1	0	0	3
Martinez, Gilberto	01. 10. 1979	174	76	Deportivo Saprissa San Jose (CRC)	Abwehr	28	0	–	3	1	0	0	0	0	1	0	0	5
Medford, Hernan	23.05.1968	175	78	Deportivo Saprissa San Jose (CRC)	Angriff	88	20	–	2	0	2	0	0	0	0	0	0	17
Mesén, Alvaro	24. 12. 1972	180	80	LD Alajuelense (CRC)	Tor	16	0	–	0	0	0	0	0	0	0	0	0	18
Morgan, Lester	02.05.1976	182	77	CS Herediano (CRC)	Tor	5	0	–	0	0	0	0	0	0	0	0	0	23
Parks, Winston	12. 10. 1981	182	77	Udinese Calcio (ITA)	Angriff	4	1	–	2	0	2	1	0	0	0	0	0	12
Rodriguez, Juan José	23.06.1967	178	76	San Carlos (CRC)	Abwehr	3	0	–	0	0	0	0	0	0	0	0	0	14
Solis, Mauricio	13. 12. 1972	177	78	LD Alajuelense (CRC)	Mittelfeld	85	5	–	3	0	0	0	0	0	1	0	0	8
Sunsing, William	12. 05. 1977	184	75	CS Herediano (CRC)	Angriff	23	3	–	0	0	0	0	0	0	0	0	0	20
Vallejos, Daniel	27. 05. 1981	177	73	CS Herediano (CRC)	Mittelfeld	3	0	–	0	0	0	0	0	0	0	0	0	13
Wallace, Harold	07. 09. 1975	175	72	LD Alajuelense (CRC)	Abwehr	55	1	–	3	3	0	0	0	0	0	0	0	15
Wanchope, Paulo	31. 07. 1976	182	83	Manchester City (ENG)	Angriff	49	34	–	3	1	0	1	0	0	0	0	0	9
Wright, Mauricio	20. 12. 1970	191	78	CS Herediano (CRC)	Abwehr	41	4	–	3	0	0	1	0	0	0	0	0	4

DER TRAINER

Alexander Guimaraes
Nationalität: Costa-Ricaner
Geburtsdatum: 07.11.1959
Nationaltrainer
seit Januar 2001

DIE ERFOLGE

WM 2002 Dritter Gruppe C

Gewinner des UNCAF-Pokals 1991, 1997, 1999

DER KAPITÄN

Erick Lonnis

GRUPPE A

Dänemark am 6. Juni 2002 in Daegu vor dem zweiten Spiel in der Gruppe A gegen Senegal (1:1). Stehend (v.l.): Thomas Sörensen, Martin Laursen, Jon Dahl Tomasson, Thomas Gravesen, Jesper Grönkjaer, Ebbe Sand; hockend (v.l.): Stig Töfting, Dennis Rommedahl, Jan Heintze, Rene Henriksen, Thomas Helveg

Name, Vorname	geboren am	Größe	Gewicht	Verein (Land)	Position	Länderspiele	LS-Tore	WM-Spiele	Einsätze	Auswechslung	Einwechslung	Tore	Elfmeter	Eigentore	Gelbe Karten	Gelb/R. Karten	Rote Karten	Rücken-Nr.
Bögelund, Kasper	08.10.1980	180	74	PSV Eindhoven (NED)	Abwehr	2	0	–	2	0	2	0	0	0	0	0	0	20
Christiansen, Jesper	24.04.1978	192	86	Glasgow Rangers (SCO)	Tor	0	0	–	0	0	0	0	0	0	0	0	0	22
Gravesen, Thomas	11.03.1976	178	74	FC Everton (ENG)	Mittelfeld	23	2	–	4	1	0	0	0	0	0	0	0	7
Grönkjaer, Jesper	12.08.1977	187	82	FC Chelsea (ENG)	Angriff	26	2	–	4	2	1	0	0	0	0	0	0	8
Heintze, Jan	17.08.1963	170	63	PSV Eindhoven (NED)	Abwehr	84	4	3 (98)	2	1	0	0	0	0	1	0	0	5
Helveg, Thomas	24.06.1971	179	81	AC Mailand (ITA)	Abwehr	68	2	5 (98)	4	1	0	0	0	0	1	0	0	6
Henriksen, Rene	27.08.1969	183	73	Panathinaikos Athen (GRE)	Abwehr	40	0	–	4	0	0	0	0	0	0	0	0	3
Jensen, Claus	29.04.1977	183	79	Charlton Athletic (ENG)	Mittelfeld	14	1	–	1	0	1	0	0	0	0	0	0	14
Jensen, Niclas	17.08.1974	180	78	Manchester City (ENG)	Abwehr	8	0	–	3	0	1	0	0	0	1	0	0	12
Jörgensen, Martin	06.10.1976	180	76	Udinese Calcio (ITA)	Angriff	32	4	5 (98)	3	1	2	0	0	0	0	0	0	10
Kjaer, Peter	05.11.1965	187	88	FC Aberdeen (SCO)	Tor	4	0	–	0	0	0	0	0	0	0	0	0	16
Laursen, Martin	26.07.1977	190	83	AC Mailand (ITA)	Abwehr	16	0	–	4	0	0	0	0	0	1	0	0	4
Lövenkrands, Peter	29.01.1980	181	68	Glasgow Rangers (SCO)	Angriff	4	0	–	1	0	1	0	0	0	0	0	0	18
Lustü, Steven	13.04.1971	185	81	Lyn Oslo (NOR)	Abwehr	5	0	–	0	0	0	0	0	0	0	0	0	13
Madsen, Peter	26.04.1978	183	76	Bröndby IF (DEN)	Angriff	5	0	–	0	0	0	0	0	0	0	0	0	21
Michaelsen, Jan	28.11.1970	182	77	Panathinaikos Athen (GRE)	Mittelfeld	11	1	–	0	0	0	0	0	0	0	0	0	15
Nielsen, Brian	28.12.1968	180	80	Malmö FF (SWE)	Mittelfeld	65	3	–	1	0	1	0	0	0	0	0	0	23
Poulsen, Christian	28.02.1980	182	76	FC Kopenhagen (DEN)	Mittelfeld	3	0	–	3	1	2	0	0	0	2	0	0	17
Rommedahl, Dennis	22.07.1978	178	68	PSV Eindhoven (NED)	Angriff	20	6	–	4	1	0	1	0	0	0	0	0	19
Sand, Ebbe	19.07.1972	183	78	FC Schalke 04 (GER)	Angriff	45	18	2 (98)	3	1	0	0	0	0	1	0	0	11
Sörensen, Thomas	12.06.1976	185	78	FC Sunderland (ENG)	Tor	15	0	–	4	0	0	0	0	0	0	0	0	1
Töfting, Stig	14.08.1969	173	73	Bolton Wanderers (ENG)	Mittelfeld	37	2	–	4	2	0	0	0	0	1	0	0	2
Tomasson, Jon Dahl	29.08.1976	182	74	Feyenoord Rotterdam (NED)	Angriff	39	15	–	4	0	0	4	1	0	1	0	0	9

DER TRAINER

Morten Olsen
Nationalität: Däne
Geburtsdatum: 14.08.1949
Nationaltrainer seit Juli 2000

DIE ERFOLGE

WM 2002 Achtelfinale

Europameister 1992
Zweiter bei den Olympischen Spielen 1908, 1912, 1960

DER KAPITÄN

Jan Heintze

GRUPPE E

Deutschland am 5. Juni 2002 in Ibaraki vor dem zweiten Spiel in der Gruppe E gegen Irland (I:I). Stehend (v.l.): Dietmar Hamann, Christian Ziege, Christoph Metzelder, Carsten Jancker, Michael Ballack, Thomas Linke; hockend (v.l.): Carsten Ramelow, Miroslav Klose, Bernd Schneider, Torsten Frings, Oliver Kahn

Name, Vorname	geboren am	Größe	Gewicht	Verein (Land)	Position	Länderspiele	LS-Tore	WM-Spiele	Einsätze	Auswechslung	Einwechslung	Tore	Elfmeter	Eigentore	Gelbe Karten	Gelb/R. Karten	Rote Karten	Rücken-Nr.
Asamoah, Gerald	03. 10. 1978	180	85	FC Schalke 04 (GER)	Angriff	II	2	–	3	0	3	0	0	0	0	0	0	14
Ballack, Michael	26. 09. 1976	189	80	Bayer 04 Leverkusen (GER)	Mittelfeld	22	6	–	6	0	0	3	0	0	3	0	0	13
Baumann, Frank	29. 10. 1975	187	79	SV Werder Bremen (GER)	Abwehr	II	2	–	I	0	I	0	0	0	I	0	0	4
Bierhoff, Oliver	01. 05. 1968	191	90	AS Monaco (FRA)	Angriff	65	36	5 (98)	5	0	5	I	0	0	0	0	0	20
Bode, Marco	23. 07. 1969	189	85	SV Werder Bremen (GER)	Angriff	34	8	–	6	I	3	I	0	0	0	0	0	17
Böhme, Jörg	22. 0I. 1974	178	75	FC Schalke 04 (GER)	Abwehr	6	I	–	0	0	0	0	0	0	0	0	0	18
Butt, Hans-Jörg	28. 05. 1974	191	91	Bayer 04 Leverkusen (GER)	Tor	2	0	–	0	0	0	0	0	0	0	0	0	23
Frings, Torsten	22. 11. 1976	182	80	SV Werder Bremen (GER)	Mittelfeld	8	2	–	7	0	0	0	0	0	I	0	0	22
Hamann, Dietmar	27. 08. 1973	189	76	FC Liverpool (ENG)	Mittelfeld	40	4	3 (98)	6	0	0	0	0	0	2	0	0	8
Jancker, Carsten	28. 08. 1974	193	93	FC Bayern München (GER)	Angriff	26	7	–	3	3	0	I	0	0	I	0	0	9
Jeremies, Jens	05. 03. 1974	177	76	FC Bayern München (GER)	Mittelfeld	33	I	3 (98)	7	I	5	0	0	0	I	0	0	16
Kahn, Oliver	15. 06. 1969	188	88	FC Bayern München (GER)	Tor	45	0	–	7	0	0	0	0	0	I	0	0	I
Kehl, Sebastian	13. 02. 1980	186	80	Borussia Dortmund (GER)	Abwehr	8	I	–	2	0	I	0	0	0	I	0	0	15
Klose, Miroslav	09. 06. 1978	182	74	I. FC Kaiserslautern (GER)	Angriff	I2	8	–	7	6	0	5	0	0	I	0	0	II
Lehmann, Jens	10. 11. 1969	190	87	Borussia Dortmund (GER)	Tor	I4	0	–	0	0	0	0	0	0	0	0	0	12
Linke, Thomas	26. 12. 1969	183	79	FC Bayern München (GER)	Abwehr	34	0	–	7	0	0	0	0	0	I	0	0	2
Metzelder, Christoph	05. 11. 1980	193	84	Borussia Dortmund (GER)	Abwehr	6	0	–	7	I	0	0	0	0	0	0	0	21
Neuville, Oliver	01. 05. 1973	171	64	Bayer 04 Leverkusen (GER)	Angriff	30	3	–	6	3	2	I	0	0	I	0	0	7
Ramelow, Carsten	20. 03. 1974	185	80	Bayer 04 Leverkusen (GER)	Mittelfeld	25	0	–	5	I	0	0	0	0	0	I	0	5
Rehmer, Marko	29. 04. 1972	187	85	Hertha BSC Berlin (GER)	Abwehr	27	4	–	I	I	0	0	0	0	0	0	0	3
Ricken, Lars	10. 07. 1976	178	72	Borussia Dortmund (GER)	Mittelfeld	16	I	–	0	0	0	0	0	0	0	0	0	10
Schneider, Bernd	17. 11. 1973	176	74	Bayer 04 Leverkusen (GER)	Mittelfeld	9	0	–	7	4	0	I	0	0	I	0	0	19
Ziege, Christian	01. 02. 1972	186	82	Tottenham Hotspur (ENG)	Abwehr	66	9	I (98)	5	0	I	0	0	0	2	0	0	6

DER TRAINER

Rudi Völler
Nationalität: Deutscher
Geburtsdatum: 13.04.1960
Nationaltrainer
seit Juli 2000

DIE ERFOLGE

WM 2002 Zweiter

Weltmeister 1954, 1974, 1990
Vize-Weltmeister 1966, 1982, 1986
Europameister 1972, 1980, 1996
Vize-Europameister 1976, 1992

DER KAPITÄN

Oliver Kahn

EKUADOR 137

Ekuador am 13. Juni 2002 in Yokohama vor dem letzten Spiel in der Gruppe G gegen Kroatien (1:0). Stehend (v.l.): Raul Guerron, Augusto Porozo, José Cevallos, Ivan Hurtado, Alfonso Obregon; hockend (v.l.): Edison Mendez, Ulises de la Cruz, Carlos Tenorio, Kléber Chala, Marlon Ayovi, Agustin Delgado

Name, Vorname	geboren am	Größe	Gewicht	Verein (Land)	Position	Länderspiele	LS-Tore	WM-Spiele	Einsätze	Auswechslung	Einwechslung	Tore	Elfmeter	Eigentore	Gelbe Karten	Gelb/R. Karten	Rote Karten	Rücken-Nr.
Aguinaga, Alex	09.07.1968	172	70	CID Necaxa Mexiko City (MEX)	Mittelfeld	93	20	–	3	1	2	0	0	0	0	0	0	10
Asencio, Nicolas	26.04.1975	170	76	Barcelona SC Guayaquil (ECU)	Mittelfeld	5	0	–	1	0	1	0	0	0	0	0	0	7
Ayovi, Marlon	27.09.1971	170	65	CS Deportivo Quito (ECU)	Abwehr	26	0	–	3	0	2	0	0	0	0	0	0	15
Ayovi, Walter	11.08.1979	171	68	Emelec Guayaquil (ECU)	Abwehr	2	0	–	0	0	0	0	0	0	0	0	0	23
Burbano, Juan Carlos	15.02.1969	174	71	El Nacional Quito (ECU)	Mittelfeld	18	0	–	0	0	0	0	0	0	0	0	0	14
Cevallos, José	17.04.1971	182	80	Barcelona SC Guayaquil (ECU)	Tor	63	0	–	3	0	0	0	0	0	1	0	0	1
Chala, Kléber	29.06.1971	183	76	El Nacional Quito (ECU)	Mittelfeld	65	6	–	3	1	0	0	0	0	2	0	0	16
de la Cruz, Ulises	08.02.1974	178	74	Hibernian Edinburgh (SCO)	Abwehr	53	3	–	3	0	0	0	0	0	1	0	0	4
Delgado, Agustin	23.12.1974	187	83	FC Southampton (ENG)	Angriff	46	21	–	3	0	0	1	0	0	1	0	0	11
Espinoza, Giovanny	12.04.1977	185	68	SD Aucas Quito (ECU)	Abwehr	20	1	–	0	0	0	0	0	0	0	0	0	17
Fernandez, Angel	02.08.1971	172	68	El Nacional Quito (ECU)	Angriff	69	12	–	0	0	0	0	0	0	0	0	0	13
Gomez, Luis	20.04.1972	172	65	Barcelona SC Guayaquil (ECU)	Abwehr	9	1	–	0	0	0	0	0	0	0	0	0	8
Guerron, Raul	12.10.1976	182	81	CS Deportivo Quito (ECU)	Abwehr	24	0	–	3	0	0	0	0	0	1	0	0	6
Hurtado, Ivan	16.08.1974	180	77	Barcelona SC Guayaquil (ECU)	Abwehr	91	4	–	3	0	0	0	0	0	0	0	0	3
Ibarra, Oswaldo	08.09.1969	179	77	El Nacional Quito (ECU)	Tor	21	0	–	0	0	0	0	0	0	0	0	0	12
Kaviedes, Ivan	24.10.1977	182	71	Barcelona SC Guayaquil (ECU)	Angriff	27	10	–	2	1	1	0	0	0	1	0	0	9
Méndez, Edison	16.03.1979	175	68	CS Deportivo Quito (ECU)	Mittelfeld	25	2	–	3	0	0	1	0	0	0	0	0	19
Obregon, Alfonso	12.05.1972	180	69	LDU Quito (ECU)	Mittelfeld	41	0	–	3	2	0	0	0	0	0	0	0	5
Poroso, Augusto	13.04.1974	181	79	Emelec Guayaquil (ECU)	Abwehr	27	0	–	3	0	0	0	0	0	1	0	0	2
Sanchez, Wellington	19.06.1974	182	73	Emelec Guayaquil (ECU)	Mittelfeld	36	3	–	0	0	0	0	0	0	0	0	0	21
Tenorio, Carlos	14.05.1979	182	79	LDU Quito (ECU)	Angriff	10	2	–	3	1	2	0	0	0	1	0	0	18
Tenorio, Edwin	16.06.1976	168	68	Barcelona SC Guayaquil (ECU)	Mittelfeld	34	0	–	2	2	0	0	0	0	0	0	0	20
Viteri, Daniel	12.12.1981	185	79	Emelec Guayaquil (ECU)	Tor	0	0	–	0	0	0	0	0	0	0	0	0	22

DER TRAINER
Hernan Dario Gomez
Nationalität: Kolumbianer
Geburtsdatum: 03.02.1956
Nationaltrainer
seit August 1999

DIE ERFOLGE
WM 2002 Vierter Gruppe G

Vierter Platz Copa America 1993

DER KAPITÄN
Alex Aguinaga

GRUPPE F

England am 12. Juni 2002 in Osaka vor dem dritten Spiel in der Gruppe F gegen Nigeria (0:0). Stehend (v.l.): Michael Owen, Sol Campbell, Emile Heskey, Danny Mills, David Seaman, Rio Ferdinand; hockend (v.l.): Trevor Sinclair, Nicky Butt, Paul Scholes, Ashley Coles, David Beckham.

Name, Vorname	geboren am	Größe	Gewicht	Verein (Land)	Position	Länderspiele	LS-Tore	WM-Spiele	Einsätze	Auswechslung	Einwechslung	Tore	Elfmeter	Eigentore	Gelbe Karten	Gelb/R. Karten	Rote Karten	Rücken-Nr.
Beckham, David	02.05.1975	183	75	Manchester United (ENG)	Mittelfeld	49	6	2 (98)	5	1	0	1	1	0	0	0	0	7
Bridge, Wayne	05.08.1980	177	68	FC Southampton (ENG)	Abwehr	5	0	–	2	0	2	0	0	0	0	0	0	14
Brown, Wes	13.10.1979	185	77	Manchester United (ENG)	Abwehr	6	0	–	0	0	0	0	0	0	0	0	0	12
Butt, Nicky	21.01.1975	179	69	Manchester United (ENG)	Mittelfeld	18	0	–	4	0	0	0	0	0	0	0	0	21
Campbell, Sol	18.09.1974	188	91	FC Arsenal (ENG)	Abwehr	46	0	4 (98)	5	0	0	1	0	0	1	0	0	6
Cole, Ashley	20.12.1980	170	67	FC Arsenal (ENG)	Abwehr	8	0	–	5	2	0	0	0	0	1	0	0	3
Cole, Joe	08.11.1981	175	69	West Ham United (ENG)	Mittelfeld	6	0	–	1	0	1	0	0	0	0	0	0	19
Dyer, Kieron	29.12.1978	170	60	Newcastle United (ENG)	Mittelfeld	9	0	–	3	0	3	0	0	0	0	0	0	23
Ferdinand, Rio	07.11.1978	188	76	Leeds United (ENG)	Abwehr	22	0	–	5	0	0	1	0	0	1	0	0	5
Fowler, Robbie	09.04.1975	176	73	Leeds United (ENG)	Angriff	25	7	–	1	0	1	0	0	0	0	0	0	9
Hargreaves, Owen	20.01.1981	180	73	FC Bayern München (GER)	Mittelfeld	6	0	–	2	1	0	0	0	0	0	0	0	18
Heskey, Emile	11.01.1978	188	84	FC Liverpool (ENG)	Angriff	24	3	–	5	3	0	1	0	0	1	0	0	11
James, David	01.08.1970	193	94	West Ham United (ENG)	Tor	9	0	–	0	0	0	0	0	0	0	0	0	22
Keown, Martin	24.07.1966	186	78	FC Arsenal (ENG)	Abwehr	43	2	–	0	0	0	0	0	0	0	0	0	15
Martyn, Nigel	11.08.1966	187	91	Leeds United (ENG)	Tor	23	0	–	0	0	0	0	0	0	0	0	0	13
Mills, Danny	18.05.1977	180	74	Leeds United (ENG)	Abwehr	7	0	–	5	0	0	0	0	0	1	0	0	2
Owen, Michael	14.12.1979	172	67	FC Liverpool (ENG)	Angriff	36	16	2 (98)	5	4	0	2	0	0	0	0	0	10
Scholes, Paul	16.11.1974	170	70	Manchester United (ENG)	Mittelfeld	44	13	3 (98)	5	1	0	0	0	0	1	0	0	8
Seaman, David	19.09.1963	191	93	FC Arsenal (ENG)	Tor	68	0	4 (98)	5	0	0	0	0	0	0	0	1	1
Sheringham, Teddy	02.04.1966	183	78	Tottenham Hotspur (ENG)	Angriff	47	11	2 (98)	4	0	4	0	0	0	0	0	0	17
Sinclair, Trevor	02.03.1973	178	71	West Ham United (ENG)	Mittelfeld	4	0	–	4	1	1	0	0	0	0	0	0	4
Southgate, Gareth	03.09.1970	184	78	FC Middlesbrough (ENG)	Abwehr	49	1	2 (98)	0	0	0	0	0	0	0	0	0	16
Vassell, Darius	13.06.1980	170	76	Aston Villa (ENG)	Angriff	5	3	–	3	1	2	0	0	0	0	0	0	20

DER TRAINER

Sven-Göran Eriksson
Nationalität: Schwede
Geburtsdatum: 05.02.1948
Nationaltrainer seit Januar 2001

DIE ERFOLGE

WM 2002 Viertelfinale

Weltmeister 1966
WM-Vierter 1990

DER KAPITÄN

David Beckham

FRANKREICH

Frankreich am 31. Mai 2002 in Seoul vor dem ersten Spiel in der Gruppe A gegen Senegal (0:1). Stehend (v.l.) Lilian Thuram, Sylvain Wiltord, Marcel Desailly, Frank Leboeuf, Patrick Vieira, Emmanuel Petit; hockend (v.l.): Fabien Barthez, David Trezeguet, Thierry Henry, Youri Djorkaeff, Bixente Lizarazu

Name, Vorname	geboren am	Größe	Gewicht	Verein (Land)	Position	Länderspiele	LS-Tore	WM-Spiele	Einsätze	Auswechslung	Einwechslung	Tore	Elfmeter	Eigentore	Gelbe Karten	Gelb/R. Karten	Rote Karten	Rücken-Nr.
Barthez, Fabien	28.06.1971	183	76	Manchester United (ENG)	Tor	48	0	7 (98)	3	0	0	0	0	0	0	0	0	16
Boghossian, Alain	27. 10. 1970	185	81	AC Parma (ITA)	Mittelfeld	26	2	1 (98)	0	0	0	0	0	0	0	0	0	14
Candela, Vincent	24. 10. 1973	180	76	AS Rom (ITA)	Abwehr	37	2	1 (98)	2	0	1	0	0	0	0	0	0	2
Christanval, Philippe	31. 08. 1978	185	73	FC Barcelona (ESP)	Abwehr	4	0	-	0	0	0	0	0	0	0	0	0	5
Cisse, Djibril	12. 08. 1981	183	78	AJ Auxerre (FRA)	Angriff	2	0	-	3	0	3	0	0	0	0	0	0	9
Coupet, Grégory	31. 12. 1972	181	80	Olympique Lyon (FRA)	Tor	1	0	-	0	0	0	0	0	0	0	0	0	23
Desailly, Marcel	07. 09. 1968	185	85	FC Chelsea (ENG)	Abwehr	94	3	7 (98)	3	0	0	0	0	0	0	0	0	8
Djorkaeff, Youri	09.03.1968	179	72	Bolton Wanderers (ENG)	Mittelfeld	80	28	6 (98)	2	1	1	0	0	0	0	0	0	6
Dugarry, Christophe	24. 03. 1972	188	78	Girondins Bordeaux (FRA)	Angriff	52	8	1 (98)	3	1	2	0	0	0	1	0	0	21
Henry, Thierry	17. 08. 1977	187	81	FC Arsenal (ENG)	Angriff	36	12	3 (98)	2	0	0	0	0	0	0	0	1	12
Leboeuf, Frank	22. 01. 1968	183	72	Olympique Marseille (FRA)	Abwehr	48	5	3 (98)	2	1	0	0	0	0	0	0	0	18
Lizarazu, Bixente	09. 12. 1969	169	72	FC Bayern München (GER)	Abwehr	75	2	6 (98)	3	0	0	0	0	0	0	0	0	3
Makelele, Claude	18. 02. 1973	174	70	Real Madrid (ESP)	Mittelfeld	15	0	-	1	0	0	0	0	0	0	0	0	7
Micoud, Johan	24. 07. 1973	188	82	AC Parma (ITA)	Mittelfeld	14	1	-	2	0	1	0	0	0	0	0	0	22
Petit, Emmanuel	22.09.1970	185	79	FC Chelsea (ENG)	Mittelfeld	58	6	5 (98)	2	0	0	0	0	0	2	0	0	17
Ramé, Ulrich	19. 09. 1972	187	85	Girondins Bordeaux (FRA)	Tor	11	0	-	0	0	0	0	0	0	0	0	0	1
Sagnol, Willy	18. 03. 1977	180	78	FC Bayern München (GER)	Abwehr	10	0	-	0	0	0	0	0	0	0	0	0	19
Silvestre, Mikael	09.08.1977	184	82	Manchester United (ENG)	Abwehr	11	1	-	0	0	0	0	0	0	0	0	0	13
Thuram, Lilian	01. 01. 1972	185	78	Juventus Turin (ITA)	Abwehr	74	2	6 (98)	3	0	0	0	0	0	0	0	0	15
Trezeguet, David	15. 10. 1977	187	75	Juventus Turin (ITA)	Angriff	37	20	2 (98)	3	1	0	0	0	0	0	0	0	20
Vieira, Patrick	23.06.1976	192	82	FC Arsenal (ENG)	Mittelfeld	53	3	1 (98)	3	1	0	0	0	0	0	0	0	4
Wiltord, Sylvain	10. 05. 1974	174	73	FC Arsenal (ENG)	Angriff	39	12	-	3	3	0	0	0	0	0	0	0	11
Zidane, Zinedine	23.06.1972	185	80	Real Madrid (ESP)	Mittelfeld	74	19	5 (98)	1	0	0	0	0	0	0	0	0	10

DER TRAINER

Roger Lemerre
Nationalität: Franzose
Geburtsdatum: 18.06.1941
Nationaltrainer
seit August 1998

DIE ERFOLGE

WM 2002 Vierter Gruppe A

Weltmeister 1998
WM-Dritter 1958, 1986
Europameister 1984, 2000
Olympiasieger 1984

DER KAPITÄN

Marcel Desailly

GRUPPE E

Irland am 5. Juni 2002 in Ibaraki vor dem zweiten Spiel in der Gruppe E gegen Deutschland (1:1). Stehend (v.l.): Steve Staunton, Kevin Kilbane, Gary Breen, Ian Harte, Steve Finnan; hockend (v.l.): Robbie Keane, Matt Holland, Mark Kinsella, Gary Kelly, Shay Given, Damian Duff.

Name, Vorname	geboren am	Größe	Gewicht	Verein (Land)	Position	Länderspiele	LS-Tore	WM-Spiele	Einsätze	Auswechslung	Einwechslung	Tore	Elfmeter	Eigentore	Gelbe Karten	Gelb/R. Karten	Rote Karten	Rücken-Nr.
Breen, Gary	12.12.1973	190	75	Coventry City (ENG)	Abwehr	43	5	–	4	0	0	1	0	0	0	0	0	14
Carsley, Lee	28.02.1974	177	74	FC Everton (ENG)	Mittelfeld	19	0	–	1	0	1	0	0	0	0	0	0	22
Connolly, David	06.06.1977	172	68	FC Wimbledon (ENG)	Angriff	33	8	–	1	0	1	0	0	0	0	0	0	13
Cunningham, Kenny	28.06.1971	183	73	FC Wimbledon (ENG)	Abwehr	38	0	–	1	0	1	0	0	0	0	0	0	4
Duff, Damian	02.03.1979	177	60	Blackburn Rovers (ENG)	Angriff	26	1	–	4	0	0	1	0	0	0	0	0	9
Dunne, Richard	21.09.1979	187	89	Manchester City (ENG)	Abwehr	14	3	–	0	0	0	0	0	0	0	0	0	15
Finnan, Steve	20.04.1976	175	68	FC Fulham (ENG)	Abwehr	13	1	–	4	0	1	0	0	0	1	0	0	2
Given, Shay	20.04.1976	187	84	Newcastle United (ENG)	Tor	39	0	–	4	0	0	0	0	0	0	0	0	1
Harte, Ian	31.08.1977	177	78	Leeds United (ENG)	Abwehr	40	8	–	4	4	0	0	0	0	0	0	0	3
Holland, Matt	11.04.1974	175	69	Ipswich Town (ENG)	Mittelfeld	19	3	–	4	0	0	1	0	0	0	0	0	8
Keane, Robbie	08.07.1980	176	73	Leeds United (ENG)	Angriff	33	10	–	4	0	0	3	1	0	0	0	0	10
Keane, Roy	10.08.1971	179	71	Manchester United (ENG)	Mittelfeld	58	9	4 (94)	0	0	0	0	0	0	0	0	0	6
Kelly, Alan	11.08.1968	189	78	Blackburn Rovers (ENG)	Tor	34	0	–	1	0	1	0	0	0	0	0	0	23
Kelly, Gary	09.07.1974	173	69	Leeds United (ENG)	Abwehr	46	2	2 (94)	4	0	0	0	0	0	0	0	0	18
Kiely, Dean	10.10.1970	184	79	Charlton Athletic (ENG)	Tor	6	0	–	0	0	0	0	0	0	0	0	0	16
Kilbane, Kevin	01.02.1977	185	79	FC Sunderland (ENG)	Angriff	31	3	–	4	0	0	0	0	0	0	0	0	11
Kinsella, Mark	12.08.1972	176	69	Charlton Athletic (ENG)	Mittelfeld	28	3	–	4	1	0	0	0	0	0	0	0	12
McAteer, Jason	18.06.1971	177	65	FC Sunderland (ENG)	Mittelfeld	47	3	1 (94)	2	1	1	0	0	0	1	0	0	7
Morrison, Clinton	14.05.1979	178	64	Crystal Palace (ENG)	Angriff	7	2	–	0	0	0	0	0	0	0	0	0	19
O'Brien, Andrew	29.06.1979	177	66	Newcastle United (ENG)	Abwehr	5	0	–	0	0	0	0	0	0	0	0	0	20
Quinn, Niall	06.10.1966	195	100	FC Sunderland (ENG)	Angriff	88	21	3 (90)	3	0	3	0	0	0	0	0	0	17
Reid, Steven	10.03.1981	180	75	FC Millwall (ENG)	Angriff	5	2	–	2	0	2	0	0	0	1	0	0	21
Staunton, Steve	19.01.1969	183	78	Aston Villa (ENG)	Abwehr	98	7	9 (90/94)	4	2	0	0	0	0	1	0	0	5

DER TRAINER

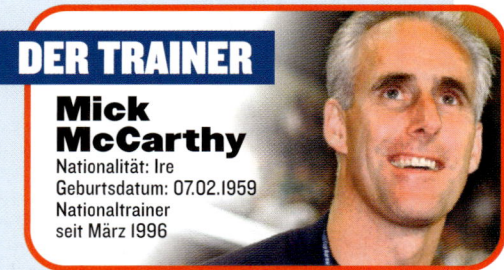

Mick McCarthy
Nationalität: Ire
Geburtsdatum: 07.02.1959
Nationaltrainer seit März 1996

DIE ERFOLGE

WM 2002 Achtelfinale

WM-Viertelfinale 1990

DER KAPITÄN

Steve Staunton

GRUPPE G

Italien am 8. Juni 2002 in Kashima vor dem zweiten Spiel in der Gruppe G gegen Kroatien (1:2). Stehend (v.l.): Paolo Maldini, Cristiano Doni, Christian Vieri, Christian Panucci, Alessandro Nesta; kniend (v.l.): Cristiano Zanetti, Francesco Totti, Fabio Cannavaro, Damiano Tommasi, Gianluca Zambrotta.

Name, Vorname	geboren am	Größe	Gewicht	Verein (Land)	Position	Länderspiele	LS-Tore	WM-Spiele	Einsätze	Auswechslung	Einwechslung	Tore	Elfmeter	Eigentore	Gelbe Karten	Gelb/R. Karten	Rote Karten	Rücken-Nr.
Abbiati, Christian	08.07.1977	192	90	AC Mailand (ITA)	Tor	0	0	-	0	0	0	0	0	0	0	0	0	12
di Biagio, Luigi	03.06.1971	177	72	Inter Mailand (ITA)	Mittelfeld	28	2	4 (98)	1	1	0	0	0	0	0	0	0	14
Buffon, Gianluigi	28.01.1978	188	83	Juventus Turin (ITA)	Tor	26	0	-	4	0	0	0	0	0	0	0	0	1
Cannavaro, Fabio	13.09.1973	175	72	AC Parma (ITA)	Abwehr	58	0	5 (98)	3	0	0	0	0	0	2	0	0	5
Coco, Francesco	08.01.1977	181	78	FC Barcelona (ESP)	Abwehr	13	0	-	2	0	1	0	0	0	1	0	0	4
Delvecchio, Marco	07.04.1973	186	77	AS Rom (ITA)	Angriff	16	3	-	0	0	0	0	0	0	0	0	0	18
Doni, Cristiano	01.04.1973	185	78	Atalanta Bergamo (ITA)	Mittelfeld	3	1	-	2	2	0	0	0	0	0	0	0	11
Gattuso, Gennaro	09.01.1978	174	70	AC Mailand (ITA)	Mittelfeld	13	1	-	2	0	2	0	0	0	0	0	0	8
Inzaghi, Filippo	09.08.1973	181	74	AC Mailand (ITA)	Angriff	38	15	-	2	1	1	0	0	0	0	0	0	9
Iuliano, Mark	12.08.1973	187	80	Juventus Turin (ITA)	Abwehr	16	1	-	1	0	0	0	0	0	0	0	0	15
di Livio, Angelo	26.07.1966	173	73	AC Florenz (ITA)	Mittelfeld	38	0	1 (98)	2	0	2	0	0	0	0	0	0	16
Maldini, Paolo	26.06.1968	185	77	AC Mailand (ITA)	Abwehr	122	7	19 (90-98)	4	0	0	0	0	0	0	0	0	3
Materazzi, Marco	19.08.1973	193	82	Inter Mailand (ITA)	Abwehr	7	0	-	1	0	1	0	0	0	0	0	0	23
Montella, Vincenzo	18.06.1974	172	69	AS Rom (ITA)	Angriff	14	3	-	1	0	1	0	0	0	1	0	0	20
Nesta, Alessandro	19.03.1976	187	79	Lazio Rom (ITA)	Abwehr	43	0	2 (98)	3	1	0	0	0	0	0	0	0	13
Panucci, Christian	12.04.1973	185	72	AS Rom (ITA)	Abwehr	24	2	-	4	1	0	0	0	0	1	0	0	2
del Piero, Alessandro	09.11.1974	173	73	Juventus Turin (ITA)	Angriff	49	17	3 (98)	3	1	2	1	0	0	0	0	0	7
Toldo, Francesco	02.12.1971	196	90	Inter Mailand (ITA)	Tor	22	0	-	0	0	0	0	0	0	0	0	0	22
Tommasi, Damiano	17.05.1974	177	70	AS Rom (ITA)	Mittelfeld	14	1	-	4	0	0	0	0	0	0	0	0	17
Totti, Francesco	27.09.1976	180	78	AS Rom (ITA)	Angriff	29	5	-	4	2	0	0	0	0	1	1	0	10
Vieri, Christian	12.07.1973	185	82	Inter Mailand (ITA)	Angriff	24	10	5 (98)	4	0	0	4	0	0	1	0	0	21
Zambrotta, Gianluca	19.02.1977	182	74	Juventus Turin (ITA)	Mittelfeld	23	0	-	4	1	0	0	0	0	1	0	0	19
Zanetti, Cristiano	10.04.1977	182	78	Inter Mailand (ITA)	Mittelfeld	4	0	-	3	0	0	0	0	0	1	0	0	6

DER TRAINER

Giovanni Trapattoni
Nationalität: Italiener
Geburtsdatum: 17.03.1939
Nationaltrainer
seit Juli 2000

DIE ERFOLGE

WM 2002 Achtelfinale

Weltmeister 1934, 1938, 1982
Vize-Weltmeister 1970, 1994;
WM-Dritter 1990 · Europameister 1968;
Vize-Europameister 2000
Olympiasieger 1936

DER KAPITÄN

Paolo Maldini

GRUPPE H

Japan am 4. Juni 2002 in Saitama vor dem ersten Spiel in der Gruppe H gegen Belgien (2:2). Stehend (v.l.): Kazuyuki Toda, Daisuke Ichikawa, Takayuki Suzuki, Koji Nakata, Ryuzo Morioka, Seigo Narazaki; hockend (v.l.): Naoki Matsuda, Atsushi, Yanagisawa, Junichi Inamoto, Shinji Ono, Hidetoshi Nakata

Name, Vorname	geboren am	Größe	Gewicht	Verein (Land)	Position	Länderspiele	LS-Tore	WM-Spiele	Einsätze	Auswechslung	Einwechslung	Tore	Elfmeter	Eigentore	Gelbe Karten	Gelb/R. Karten	Rote Karten	Rücken-Nr.
Akita, Yutaka	06.08.1970	180	78	Kashima Antlers (JPN)	Abwehr	39	3	3 (98)	0	0	0	0	0	0	0	0	0	2
Fukunishi, Takashi	01.09.1976	181	74	Jubilo Iwata (JPN)	Mittelfeld	6	0	–	1	0	1	0	0	0	0	0	0	15
Hattori, Toshihiro	23.09.1973	178	73	Jubilo Iwata (JPN)	Abwehr	36	2	–	1	0	1	0	0	0	0	0	0	6
Ichikawa, Daisuke	14.05.1980	181	68	Shimizu S-Pulse (JPN)	Mittelfeld	2	0	–	3	1	2	0	0	0	0	0	0	22
Inamoto, Junichi	18.09.1979	181	75	FC Arsenal (ENG)	Mittelfeld	23	1	–	4	3	0	2	0	0	1	0	0	5
Kawaguchi, Yoshikatsu	15.08.1975	179	78	FC Portsmouth (ENG)	Tor	43	0	3 (98)	0	0	0	0	0	0	0	0	0	1
Matsuda, Naoki	14.03.1977	183	78	Yokohama F-Marinos (JPN)	Abwehr	25	0	–	4	0	0	0	0	0	0	0	0	3
Miyamoto, Tsuneyasu	07.02.1977	176	70	Gamba Osaka (JPN)	Abwehr	6	0	–	4	0	1	0	0	0	1	0	0	17
Morioka, Ryuzo	07.10.1975	180	71	Shimizu S-Pulse (JPN)	Abwehr	33	0	–	1	1	0	0	0	0	0	0	0	4
Morishima, Hiroaki	30.04.1972	168	62	Cerezo Osaka (JPN)	Mittelfeld	58	11	–	3	0	3	1	0	0	0	0	0	8
Myojin, Tomokazu	24.01.1978	173	66	Kashiwa Reysol (JPN)	Mittelfeld	17	2	–	3	0	0	0	0	0	0	0	0	20
Nakata, Hidetoshi	22.01.1977	175	68	AC Parma (ITA)	Mittelfeld	40	7	3 (98)	4	1	0	1	0	0	0	0	0	7
Nakata, Koji	09.07.1979	182	74	Kashima Antlers (JPN)	Abwehr	21	0	–	4	0	0	0	0	0	1	0	0	16
Nakayama, Masashi	23.09.1967	178	72	Jubilo Iwata (JPN)	Angriff	48	21	3 (98)	1	0	1	0	0	0	1	0	0	10
Narazaki, Seigo	15.04.1976	185	76	Nagoya Grampus Eight (JPN)	Tor	16	0	–	4	0	0	0	0	0	0	0	0	12
Nishizawa, Akinori	18.06.1976	180	71	Cerezo Osaka (JPN)	Angriff	24	9	–	1	0	0	0	0	0	0	0	0	9
Ogasawara, Mitsuo	05.04.1979	173	68	Kashima Antlers (JPN)	Mittelfeld	1	0	–	1	0	1	0	0	0	0	0	0	19
Ono, Shinji	27.09.1979	175	74	Feyenoord Rotterdam (NED)	Mittelfeld	22	2	–	4	2	0	0	0	0	0	0	0	18
dos Santos, Aless.	20.07.1977	178	69	Shimizu S-Pulse (JPN)	Mittelfeld	1	0	–	2	1	1	0	0	0	0	0	0	14
Sogahata, Hitoshi	02.08.1979	186	78	Kashima Antlers (JPN)	Tor	1	0	–	0	0	0	0	0	0	0	0	0	23
Suzuki, Takayuki	05.06.1976	182	75	Kashima Antlers (JPN)	Angriff	11	3	–	4	2	1	0	0	0	0	0	0	11
Toda, Kazuyuki	30.12.1977	178	68	Shimizu S-Pulse (JPN)	Mittelfeld	11	0	–	4	0	0	0	0	0	2	0	0	21
Yanagisawa, Atsushi	27.05.1977	177	75	Kashima Antlers (JPN)	Angriff	23	9	–	3	1	0	0	0	0	0	0	0	13

DER TRAINER

Philippe Troussier
Nationalität: Franzose
Geburtsdatum: 21.03.1955
Nationaltrainer
seit Herbst 1998

DIE ERFOLGE

WM 2002 Achtelfinale

Sieger Asien-Pokal 1992, 2000
Olympia-Dritter 1968

DER KAPITÄN

Tsuneyasu Miyamoto

GRUPPE E

Kamerun am II. Juni 2002 in Shizuoka vor dem dritten Spiel in der Gruppe E gegen Deutschland (0:2). Stehend (v.l.): Pierre Wome, Lauren Etame, Alioum Boukar, Samuel Eto'o, Raymond Kalla, Marc-Vivien Foe; hockend (v.l.): Geremi Njitap, Patrick Mboma, Salomon Olembe, Bill Tchato, Rigobert Song.

Name, Vorname	geboren am	Größe	Gewicht	Verein (Land)	Position	Länderspiele	LS-Tore	WM-Spiele	Einsätze	Auswechslung	Einwechslung	Tore	Elfmeter	Eigentore	Gelbe Karten	Gelb/R. Karten	Rote Karten	Rücken-Nr.
Alnoudji, Nicolas	09. 12. 1979	185	86	Caykur Rizespor (TUR)	Mittelfeld	16	0	–	0	0	0	0	0	0	0	0	0	15
Boukar, Alioum	03. 01. 1972	180	76	Samsunspor (TUR)	Tor	48	0	–	3	0	0	0	0	0	0	0	0	I
Djemba, Eric	04. 05. 1981	174	75	FC Nantes (FRA)	Angriff	7	0	–	0	0	0	0	0	0	0	0	0	19
Epalle, Joel	20. 02. 1978	169	74	Panahaiki Patras (GRE)	Angriff	27	2	–	0	0	0	0	0	0	0	0	0	14
Etame, Lauren	19. 01. 1977	180	71	FC Arsenal (ENG)	Mittelfeld	22	I	–	3	0	0	0	0	0	I	0	0	12
Eto'o, Samuel	10. 03. 1981	179	75	RCD Mallorca (ESP)	Angriff	28	II	–	3	0	0	I	0	0	0	0	0	9
Foe, Marc-Vivien	01. 05. 1975	190	85	Olympique Lyon (FRA)	Mittelfeld	57	8	3 (94)	3	0	0	0	0	0	I	0	0	17
Jobl, Joseph-Desire	01. 12. 1977	178	70	FC Metz (FRA)	Angriff	36	5	I (98)	I	0	I	0	0	0	0	0	0	21
Kalla, Raymond	22. 04. 1975	192	88	Extremadura (ESP)	Abwehr	58	2	5 (94/98)	3	0	0	0	0	0	I	0	0	5
Kameni, Idriss	18. 02. 1984	180	80	AC Le Havre (FRA)	Tor	2	0	–	0	0	0	0	0	0	0	0	0	22
Mboma, Patrick	15. II. 1970	185	85	FC Sunderland (ENG)	Angriff	49	27	3 (98)	3	3	0	I	0	0	0	0	0	10
Mettomo, Lucien	19. 04. 1977	183	80	Manchester City (ENG)	Abwehr	23	I	–	0	0	0	0	0	0	0	0	0	13
Ndiefi, Pius	05. 07. 1975	174	74	CS Sedan (FRA)	Angriff	19	3	–	I	0	I	0	0	0	0	0	0	II
Ndo, Joseph	28. 04. 1976	179	80	Al-Kahalees (UAE)	Mittelfeld	21	0	3 (98)	0	0	0	0	0	0	0	0	0	7
Ngom Komé, Daniel	19. 05.1980	172	69	CD Numancia (ESP)	Mittelfeld	I3	0	–	2	I	I	0	0	0	0	0	0	23
Njanka, Pierre	15. 03. 1975	181	83	Racing Strasbourg (FRA)	Abwehr	33	2	4 (98)	I	0	I	0	0	0	0	0	0	6
Njitap, Geremi	20. 12. 1978	180	78	Real Madrid (ESP)	Abwehr	49	I	–	3	0	0	0	0	0	I	0	0	8
Olembe, Salomon	08. 12. 1980	I7I	66	Olympique Marseille (FRA)	Mittelfeld	49	6	2 (98)	3	I	I	0	0	0	I	0	0	20
Song, Rigobert	01. 07. 1976	177	75	I. FC Köln (GER)	Abwehr	67	2	5 (94/98)	3	0	0	0	0	0	I	0	0	4
Songo'o, Jacques	17. 03. 1964	182	80	FC Metz (FRA)	Tor	60	0	4 (94/98)	0	0	0	0	0	0	0	0	0	16
Suffo, Patrick	17. 01. 1978	176	83	Sheffield United (ENG)	Angriff	27	4	–	2	0	2	0	0	0	0	I	0	18
Tchato, Bill	14. 05. 1975	176	75	HSC Montpellier (FRA)	Abwehr	24	I	–	3	I	0	0	0	0	I	0	0	2
Wome, Pierre	26. 03. 1979	178	78	FC Bologna (ITA)	Abwehr	54	I	3 (98)	3	I	0	0	0	0	I	0	0	3

DER TRAINER

Winfried Schäfer

Nationalität: Deutscher
Geburtsdatum: IO.OI.I950
Nationaltrainer
seit September 2001

DIE ERFOLGE

WM 2002 Dritter Gruppe E

WM-Viertelfinale 1990
Afrika-Cup-Sieger 1984, 1988, 2000
Olympiasieger 2000

DER KAPITÄN

Rigoberto Song

GRUPPE G

Kroatien am 8.Juni 2002 in Kashima vor dem zweiten Spiel in der Gruppe G gegen Italien (2:1). Stehend (v.l.): Robert Jarni, Stipe Pletikosa, Zvonimir Soldo, Josip Simunic, Stjepan Tomas, Milan Rapaic; hockend (v.l.): Robert Kovac, Niko Kovac, Daniel Saric, Davor Vugrinec, Alen Boksic

Name, Vorname	geboren am	Größe	Gewicht	Verein (Land)	Position	Länderspiele	LS-Tore	WM-Spiele	Einsätze	Auswechslung	Einwechslung	Tore	Elfmeter	Eigentore	Gelbe Karten	Gelb/R. Karten	Rote Karten	Rücken-Nr.
Balaban, Bosko	15.10.1978	180	78	Aston Villa (ENG)	Angriff	13	6	–	0	0	0	0	0	0	0	0	0	22
Boksic, Alen	21. 01. 1970	187	81	FC Middlesbrough (ENG)	Angriff	36	10	–	3	1	0	0	0	0	0	0	0	11
Butina, Tomislav	30.03. 1974	191	88	NK Dinamo Zagreb (CRO)	Tor	7	0	–	0	0	0	0	0	0	0	0	0	12
Jarni, Robert	26.10.1968	180	77	Panathinaikos Athen (GRE)	Abwehr	78	1	7 (98)	3	0	0	0	0	0	0	0	0	17
Kovac, Niko	15. 10. 1971	176	72	FC Bayern München (GER)	Mittelfeld	20	3	–	3	1	0	0	0	0	0	0	0	10
Kovac, Robert	06.04.1974	182	78	FC Bayern München (GER)	Abwehr	19	0	–	3	0	0	0	0	0	1	0	0	21
Olic, Ivica	14. 09.1979	182	62	NK Zagreb (CRO)	Angriff	4	1	–	2	0	1	1	0	0	0	0	0	18
Pletikosa, Stipe	08.01.1979	193	88	HNK Hajduk Split (CRO)	Tor	17	0	–	3	0	0	0	0	0	0	0	0	1
Prosinecki, Robert	12. 01.1969	182	76	FC Portsmouth (ENG)	Mittelfeld	48	10	5 (90/98)	1	1	0	0	0	0	0	0	0	8
Rapaic, Milan	16. 08.1973	183	83	Fenerbahce Istanbul (TUR)	Mittelfeld	23	1	–	3	1	1	1	0	0	0	0	0	5
Saric, Daniel	04.08.1972	178	70	Panathinaikos Athen (GRE)	Mittelfeld	25	0	–	3	1	1	0	0	0	0	0	0	15
Seric, Anthony	15. 01.1979	181	75	Hellas Verona (ITA)	Abwehr	8	0	–	0	0	0	0	0	0	0	0	0	2
Simic, Dario	12. 11.1975	180	74	Inter Mailand (ITA)	Abwehr	48	1	6 (98)	2	1	1	0	0	0	0	0	0	20
Simunic, Josip	18. 02.1978	195	89	Hertha BSC Berlin (GER)	Abwehr	6	0	–	3	0	0	0	0	0	1	0	0	3
Soldo, Zvonimir	02. 11.1967	189	85	VfB Stuttgart (GER)	Mittelfeld	59	3	6 (98)	2	1	0	0	0	0	0	0	0	14
Stanic, Mario	10. 04.1972	187	82	FC Chelsea (ENG)	Angriff	43	7	7 (98)	2	2	0	0	0	0	0	0	0	13
Suker, Davor	01. 01.1968	183	77	TSV 1860 München (GER)	Angriff	*68	45	7 (98)	1	1	0	0	0	0	0	0	0	9
Tomas, Stjepan	06.03.1976	186	82	Vicenza Calcio (ITA)	Abwehr	17	1	–	3	0	0	0	0	0	1	0	0	4
Vasilj, Vladimir	06.07. 1975	188	84	NK Dinamo Zagreb (CRO)	Tor	2	0	–	0	0	0	0	0	0	0	0	0	23
Vlaovic, Goran	07. 08.1972	178	75	Panathinaikos Athen (GRE)	Angriff	50	15	3 (98)	0	0	0	0	0	0	0	0	0	19
Vranjes, Jurica	31. 01.1980	184	70	Bayer 04 Leverkusen (GER)	Mittelfeld	7	0	–	2	0	2	0	0	0	0	0	0	16
Vugrinec, Davor	24. 03.1975	179	76	US Lecce (ITA)	Mittelfeld	21	7	–	2	1	1	0	0	0	0	0	0	7
Zivkovic, Boris	15. 11.1975	182	80	Bayer 04 Leverkusen (GER)	Abwehr	15	1	–	1	0	0	0	0	0	0	0	1	6

* + zwei weitere Länderspiele für Jugoslawien

DER TRAINER

Mirko Jozic
Nationalität: Kroate
Geburtsdatum: 08.04.1940
Nationaltrainer
seit November 2000

DIE ERFOLGE

WM 2002 Dritter Gruppe G

WM-Dritter 1998

DER KAPITÄN

Davor Suker

GRUPPE G

Mexiko am 13. Juni 2002 in Oita vor dem letzten Spiel in der Gruppe G gegen Italien (1:1).
Stehend (v.l.): Braulio Luna, Oscar Perez, Gerardo Torrado, Joahan Rodriguez, Manuel Vidrio, Rafael Marquez; hockend (v.l.): Jesus Arellano, Ramon Morales, Cuauhtemoc Blanco, Salvador Carmona, Jared Borgetti

Name, Vorname	geboren am	Größe	Gewicht	Verein (Land)	Position	Länderspiele	LS-Tore	WM-Spiele	Einsätze	Auswechslung	Einwechslung	Tore	Elfmeter	Eigentore	Gelbe Karten	Gelb/R. Karten	Rote Karten	Rücken-Nr.
Arellano, Jesus	08.05.1973	175	69	CF Monterrey (MEX)	Angriff	49	5	–	3	0	0	0	0	0	1	0	0	21
Blanco, Cuauhtemoc	17.01.1973	177	73	Real Valladolid (ESP)	Angriff	75	16	4 (98)	4	2	0	1	1	0	1	0	0	10
Borgetti, Jared	14.08.1973	183	72	Santos Laguna (MEX)	Angriff	29	10	–	4	3	0	2	0	0	0	0	0	9
Brown, Melvin	28.01.1979	174	79	Cruz Azul Mexico-City (MEX)	Abwehr	8	0	–	0	0	0	0	0	0	0	0	0	20
Caballerro, Gabriel	05.02.1971	176	69	Atletico Pachuca (MEX)	Mittelfeld	5	0	–	3	0	2	0	0	0	0	0	0	19
Campos, Jorge	15.10.1966	175	70	Pumas UNAM Mexiko City (MEX)	Tor	123	0	8 (94/98)	0	0	0	0	0	0	0	0	0	23
Carmona, Salvador	22.08.1975	175	71	Deportivo Toluca (MEX)	Abwehr	56	0	1 (98)	4	0	0	0	0	0	1	0	0	16
Gabriel de Anda, F.	05.06.1971	188	80	Atletico Pachuca (MEX)	Abwehr	15	1	–	0	0	0	0	0	0	0	0	0	2
Garcia, Rafael	14.08.1974	176	65	Deportivo Toluca (MEX)	Mittelfeld	21	2	–	1	0	1	0	0	0	0	0	0	3
Garcia Aspe, Alberto	11.05.1967	174	72	CF Pueblade la Franja (MEX)	Mittelfeld	108	22	7 (94/98)	1	0	1	0	0	0	1	0	0	8
Hernandez, Luis	22.12.1968	172	73	America Mexiko City (MEX)	Angriff	85	35	4 (98)	3	0	3	0	0	0	1	0	0	15
Luna, Braulio	08.09.1974	182	75	CID Necaxa Mexiko City (MEX)	Mittelfeld	15	1	2 (98)	4	0	0	0	0	0	0	0	0	11
Marquez, Rafael	13.02.1979	180	66	AS Monaco (FRA)	Mittelfeld	36	4	–	4	0	0	0	0	0	0	0	1	4
Mercado, Sigifredo	21.12.1968	183	78	Atlas Guadalajara (MEX)	Mittelfeld	18	0	–	3	0	2	0	0	0	0	0	0	13
Morales, Ramon	10.10.1975	169	59	Atlas Guadalajara (MEX)	Mittelfeld	17	1	–	4	2	0	0	0	0	0	0	0	7
Palencia, Francisco	28.04.1973	175	71	Espanyol Barcelona (ESP)	Angriff	67	9	2 (98)	2	0	2	0	0	0	0	0	0	17
Perez, Oscar	01.02.1973	171	72	Cruz Azul Mexico-City (MEX)	Tor	37	0	–	4	0	0	0	0	0	1	0	0	1
Rodriguez, Alberto	01.04.1974	168	65	Atletico Pachuca (MEX)	Abwehr	13	0	–	0	0	0	0	0	0	0	0	0	22
Rodriguez, Joahan	15.08.1975	176	63	Santos Laguna (MEX)	Mittelfeld	14	1	–	3	2	0	0	0	0	0	0	0	18
Sanchez, Oswaldo	21.09.1973	184	83	Atlas Guadalajara (MEX)	Tor	22	0	–	0	0	0	0	0	0	0	0	0	12
Torrado, Gerardo	30.04.1979	177	75	FC Sevilla (ESP)	Mittelfeld	28	2	–	4	1	0	0	0	0	1	0	0	6
Vidrio, Manuel	23.08.1972	184	77	Atletico Pachuca (MEX)	Abwehr	27	1	–	4	1	0	0	0	0	0	1	0	5
Villa, German	02.04.1973	171	72	America Mexiko City (MEX)	Mittelfeld	46	0	2 (98)	0	0	0	0	0	0	0	0	0	14

DER TRAINER

Javier Aguirre
Nationalität: Mexikaner
Geburtsdatum: 01.01.1958
Nationaltrainer seit Juli 2001

DIE ERFOLGE

WM 2002 Achtelfinale

WM-Viertelfinale 1970, 1986
Gewinner CONCACAF Gold Cup 1993, 1996, 1998
Gewinner FIFA-Konföderationen-Pokal 1999

DER KAPITÄN

Rafael Marquez

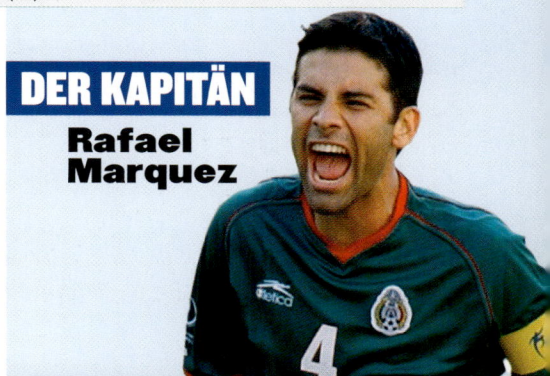

Nigeria am 12. Juni 2002 in Osaka vor dem letzten Spiel in der Gruppe F gegen England (0:0). Stehend (v.l.): Vincent Enyeama, Julius Aghahowa, Christopher Justice, Joseph Yobo, Benedict Agwuegbu, Isaac Okoronkwo; hockend (v.l.): James Obiorah, Efetobore Sodje, Femi Opabunmi, Ifeanyi Udeze, Jay Jay Okocha

Name, Vorname	geboren am	Größe	Gewicht	Verein (Land)	Position	Länderspiele	LS-Tore	WM-Spiele	Einsätze	Auswechslung	Einwechslung	Tore	Elfmeter	Eigentore	Gelbe Karten	Gelb/R. Karten	Rote Karten	Rücken-Nr.
Adepoju, Mutiu	22.12.1970	180	76	UD Salamanca (ESP)	Mittelfeld	49	5	3 (98)	0	0	0	0	0	0	0	0	0	8
Afolabi, Rabiu	18.04.1980	183	75	Standard Lüttich (BEL)	Abwehr	5	0	–	0	0	0	0	0	0	0	0	0	13
Aghahowa, Julius	12.02.1982	178	77	Schachtjor Donezk (UKR)	Angriff	17	11	–	3	0	0	1	0	0	0	0	0	17
Akwuegbu, Benedict	03.11.1974	190	79	Shenyang Haishi (CHN)	Angriff	16	5	–	1	0	0	0	0	0	0	0	0	18
Babayaro, Celestine	29.08.1978	172	66	FC Chelsea (ENG)	Abwehr	24	0	3 (98)	2	1	0	0	0	0	0	0	0	3
Christopher, Justice	24.12.1981	184	73	FC Antwerpen (BEL)	Mittelfeld	7	0	–	3	0	1	0	0	0	0	0	0	15
Ejide, Austin	08.04.1984	183	81	Gabros International (NGA)	Tor	3	0	–	0	0	0	0	0	0	0	0	0	12
Ejiofor, Eric	21.07.1979	181	78	Maccabi Haifa (ISR)	Abwehr	12	0	–	0	0	0	0	0	0	0	0	0	19
Enyeama, Vincent	29.08.1982	180	80	Enyimba Abia (NGA)	Tor	2	0	–	1	0	0	0	0	0	0	0	0	22
Ikedia, Pius	11.07.1980	166	60	Ajax Amsterdam (NED)	Angriff	9	0	–	3	0	3	0	0	0	0	0	0	7
Kanu, Nwankwo	01.08.1976	197	80	FC Arsenal (ENG)	Angriff	36	6	2 (98)	2	1	1	0	0	0	0	0	0	4
Lawal, Garba	22.05.1974	183	72	Roda JC Kerkrade (NED)	Mittelfeld	34	4	4 (98)	1	0	0	0	0	0	0	0	0	11
Obiorah, James	24.08.1978	179	72	Lokomotive Moskau (RUS)	Mittelfeld	2	1	–	1	0	0	0	0	0	0	0	0	20
Ogbeche, Bartholomew	01.10.1984	177	78	Paris SG (FRA)	Angriff	4	0	–	2	1	0	0	0	0	0	0	0	9
Okocha, Jay Jay	14.08.1973	175	70	Paris SG (FRA)	Mittelfeld	56	8	4 (94/98)	3	0	0	0	0	0	0	0	0	10
Okoronkwo, Isaac	01.05.1978	182	74	Schachtjor Donezk (UKR)	Abwehr	12	0	–	3	0	0	0	0	0	0	0	0	5
Opabunmi, Femi	03.03.1985	170	68	3SC Ibadan (NGA)	Angriff	2	1	–	1	1	0	0	0	0	0	0	0	23
Shorunmu, Ike	16.10.1967	186	84	FC Luzern (SUI)	Tor	34	0	–	2	0	0	0	0	0	0	0	0	1
Sodje, Efetobore	05.10.1972	185	79	Crewe Alexandra (ENG)	Abwehr	7	1	–	2	1	0	0	0	0	1	0	0	16
Udeze, Ifeanyi	21.07.1980	179	70	PAOK Saloniki (GRE)	Abwehr	15	0	–	2	0	0	0	0	0	0	0	0	14
Utaka, John	08.01.1982	k.A.	k.A.	Al Saad Doha (QAT)	Angriff	4	0	–	1	0	0	0	0	0	0	0	0	21
West, Taribo	26.03.1974	186	87	1. FC Kaiserslautern (GER)	Abwehr	38	0	4 (98)	2	0	0	0	0	0	1	0	0	6
Yobo, Joseph	06.09.1980	185	76	Olympique Marseille (FRA)	Mittelfeld	14	0	–	3	0	0	0	0	0	0	0	0	2

DER TRAINER

Adegboye Onigbinde
Nationalität: Nigerianer
Geburtsdatum: 05.03.1938
Nationaltrainer
seit März 2002

DIE ERFOLGE

WM 2002 Vierter Gruppe F

WM-Achtelfinale 1994, 1998
Afrika-Cup-Sieger 1980, 1994
Olympiasieger 1996

DER KAPITÄN

Jay Jay Okocha

Paraguay am 2. Juni 2002 in Busan vor dem ersten Spiel in der Gruppe B gegen Südafrika (2:2). Stehend (2.v.l.) Denis Caniza, Francisco Arce, Julio Cesar Caceres, Carlos Gamarra, Ricardo Tavarelli, Celso Ayala; hockend (v.l.): Roque Santa Cruz, Roberto Acuna, Estanislao Struway, Guido Alvarenga, Jorge Campos

Vorname Name	geboren am	Größe	Gewicht	Verein (Land)	Position	Länderspiele	LS-Tore	WM-Spiele	Einsätze	Auswechslung	Einwechslung	Tore	Elfmeter	Eigentore	Gelbe Karten	Gelb/R. Karten	Rote Karten	Rücken-Nr.
Acuna, Roberto	25.03.1972	178	75	Real Saragossa (ESP)	Mittelfeld	77	5	3 (98)	4	0	0	0	0	0	0	0	1	10
Alvarenga, Guido	24.08.1970	170	70	Leon (MEX)	Mittelfeld	18	2	–	2	2	0	0	0	0	0	0	0	8
Arce, Francisco	02.04.1971	178	77	Palmeiras (BRA)	Abwehr	51	4	3 (98)	4	0	0	1	0	0	1	0	0	2
Ayala, Celso	20.08.1970	177	74	Club Atletico River Plate (ARG)	Abwehr	76	6	4 (98)	4	0	0	0	0	0	0	0	0	5
Baez, Richart	31.07.1973	180	83	Olimpia Asuncion (PAR)	Angriff	15	2	–	0	0	0	0	0	0	0	0	0	7
Bonet, Carlos	02.10.1977	177	75	Libertad Asuncion (PAR)	Mittelfeld	3	0	–	1	1	0	0	0	0	0	0	0	15
Caceres, Julio César	05.10.1979	178	76	Olimpia Asuncion (PAR)	Abwehr	2	0	–	4	0	0	0	0	0	1	0	0	18
Campos, Jorge	11.08.1970	175	66	Uni. Cat. Santiago de Chile (CHI)	Angriff	31	4	3 (98)	4	1	3	1	0	0	0	0	0	11
Caniza, Denis	29.08.1974	174	70	Santos Laguna (MEX)	Abwehr	49	1	2 (98)	4	1	0	0	0	0	1	0	0	21
Cardozo, José	19.03.1971	173	78	Deportivo Toluca (MEX)	Angriff	57	15	3 (98)	3	2	0	0	0	0	1	0	0	20
Chilavert, Jose Luis	27.07.1965	194	89	Racing Strasbourg (FRA)	Tor	69	8	4 (98)	3	0	0	0	0	0	0	0	0	1
Cuevas, Nelson	10.01.1980	172	63	Club Atletico River Plate (ARG)	Angriff	11	0	–	2	1	2	2	0	0	0	0	0	23
Franco, Juan Carlos	17.04.1973	179	79	Olimpia Asuncion (PAR)	Abwehr	10	0	–	2	0	2	0	0	0	1	0	0	17
Gamarra, Carlos	17.02.1971	179	85	AEK Athen (GRE)	Abwehr	76	5	4 (98)	4	0	0	0	0	0	0	0	0	4
Gavilan, Diego	01.03.1980	172	67	Tecos (MEX)	Mittelfeld	21	0	–	3	0	2	0	0	0	1	0	0	14
Morinigo, Gustavo	23.01.1977	178	75	Libertad Asuncion (PAR)	Mittelfeld	11	2	–	1	0	1	0	0	0	0	0	0	16
Paredes, Carlos	16.07.1976	180	77	FC Porto (POR)	Mittelfeld	41	7	3 (98)	2	0	0	0	0	0	0	1	0	13
Sanabria, Daniel	08.02.1977	182	80	Libertad Asuncion (PAR)	Abwehr	6	0	–	0	0	0	0	0	0	0	0	0	19
Santa Cruz, Roque	16.08.1981	189	80	FC Bayern München (GER)	Angriff	24	8	–	4	1	0	1	0	0	1	0	0	9
Sarabia, Pedro	05.07.1975	181	80	Club Atletico River Plate (ARG)	Abwehr	40	0	4 (98)	0	0	0	0	0	0	0	0	0	3
Struway, Estanislao	25.06.1968	176	75	Libertad Asuncion (PAR)	Mittelfeld	69	3	–	3	2	1	0	0	0	0	0	0	6
Tavarelli, Ricardo	02.08.1970	182	79	Olimpia Asuncion (PAR)	Tor	20	0	–	1	0	0	0	0	0	1	0	0	22
Villar, Justo	30.06.1977	180	80	Libertad Asuncion (PAR)	Tor	3	0	–	0	0	0	0	0	0	0	0	0	12

DER TRAINER

Cesare Maldini
Nationalität: Italiener
Geburtsdatum: 05.02.1932
Nationaltrainer
seit Januar 2002

DIE ERFOLGE

WM 2002 Achtelfinale

Sieger der Copa America 1953, 1979
Zweiter bei der Copa America 1922, 1929, 1947, 1949, 1963

DER KAPITÄN

Jose Luis Chilavert

GRUPPE D

PZPN

Polen am 14. Juni 2002 in Daejeon vor dem letzten Spiel in der Gruppe D gegen die USA (1:3). Stehend (v.l.): Tomasz Klos, Pawel Kryszalowicz, Maciej Murawski, Radoslaw Majdan, Arkadiusz Glowacki, Jacek Zielinski; hockend (v.l.): Jacek Krzynowek, Maciej Zurawski, Cezary Kucharski, Marek Kozminski, Emmanuel Olisabede

Name, Vorname	geboren am	Größe	Gewicht	Verein (Land)	Position	Länderspiele	LS-Tore	WM-Spiele	Einsätze	Auswechslung	Einwechslung	Tore	Elfmeter	Eigentore	Gelbe Karten	Gelb/R. Karten	Rote Karten	Rücken-Nr.
Bak, Arkadiusz	06.10.1974	176	76	Widzew Lodz (POL)	Mittelfeld	12	0	–	1	0	1	0	0	0	1	0	0	17
Bak, Jacek	24.03.1973	188	81	RC Lens (FRA)	Abwehr	36	1	–	1	1	0	0	0	0	0	0	0	20
Dudek, Jerzy	23.03.1973	187	81	FC Liverpool (ENG)	Tor	21	0	–	2	0	0	0	0	0	0	0	0	1
Glowacki, Arkadiusz	13.03.1979	186	78	Wisla Kraków (POL)	Abwehr	2	0	–	1	0	0	0	0	0	0	0	0	13
Hajto, Tomasz	16.10.1972	187	81	FC Schalke 04 (GER)	Abwehr	44	6	–	2	0	0	0	0	0	1	0	0	6
Kaluzny, Radoslaw	02.02.1974	191	80	FC Energie Cottbus (GER)	Mittelfeld	30	10	–	2	2	0	0	0	0	0	0	0	10
Klos, Tomasz	07.03.1973	186	78	1. FC Kaiserslautern (GER)	Abwehr	37	1	–	2	1	1	0	0	0	0	0	0	2
Kozminski, Marek	07.02.1971	178	75	Ancona Calcio (ITA)	Mittelfeld	42	1	–	3	0	0	0	0	0	1	0	0	21
Kryszalowicz, Pawel	23.06.1974	183	76	Eintracht Frankfurt (GER)	Angriff	23	5	–	3	0	1	1	0	0	0	0	0	9
Krzynowek, Jacek	15.05.1976	180	73	1. FC Nürnberg (GER)	Mittelfeld	23	1	–	3	0	0	0	0	0	1	0	0	18
Kucharski, Cezary	17.02.1972	182	75	Legia Warschau (POL)	Angriff	15	3	–	1	1	0	0	0	0	1	0	0	8
Majdan, Radoslaw	10.05.1972	185	79	Göztepspor Izmir (TUR)	Tor	5	0	–	1	0	0	0	0	0	1	0	0	12
Matysek, Adam	19.07.1968	191	90	RKS Radomsko (POL)	Tor	34	0	–	0	0	0	0	0	0	0	0	0	22
Murawski, Maciej	20.02.1974	185	79	Legia Warschau (POL)	Mittelfeld	4	0	–	1	0	0	0	0	0	0	0	0	16
Olisadebe, Emmanuel	22.12.1978	180	70	Panathinaikos Athen (GRE)	Angriff	16	10	–	3	0	0	0	0	0	1	0	0	11
Rzasa, Tomasz	11.03.1973	181	76	Feyenoord Rotterdam (POL)	Abwehr	9	1	–	1	0	1	0	0	0	0	0	0	5
Sibik, Pawel	15.02.1971	180	74	Odra Wodzislaw (POL)	Mittelfeld	2	0	–	1	0	1	0	0	0	0	0	0	23
Swierczewski, Piotr	08.04.1972	180	79	Olympique Marseille (FRA)	Mittelfeld	65	1	–	2	0	0	0	0	0	2	0	0	7
Waldoch, Tomasz	10.05.1971	187	83	FC Schalke 04 (GER)	Abwehr	71	2	–	3	0	0	0	0	0	0	0	0	15
Zewlakow, Marcin	24.04.1976	183	78	Excelsior Mouscron (BEL)	Angriff	17	4	–	3	0	3	1	0	0	0	0	0	14
Zewlakow, Michal	24.04.1976	183	79	Excelsior Mouscron (BEL)	Abwehr	25	1	–	2	1	0	0	0	0	0	0	0	4
Zielinski, Jacek	10.10.1967	184	80	Legia Warschau (POL)	Abwehr	52	1	–	1	0	0	0	0	0	0	0	0	3
Zurawski, Maciej	12.09.1976	180	74	Wisla Kraków (POL)	Angriff	9	3	–	3	2	0	0	0	0	0	0	0	19

DER TRAINER

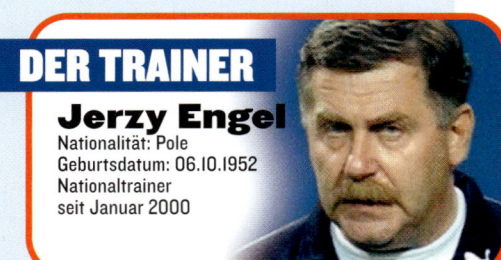

Jerzy Engel
Nationalität: Pole
Geburtsdatum: 06.10.1952
Nationaltrainer
seit Januar 2000

DIE ERFOLGE

WM 2002 Vierter Gruppe D

WM-Dritter 1974, 1982
Olympiasieger 1972
Olympia-Zweiter 1976, 1992

DER KAPITÄN

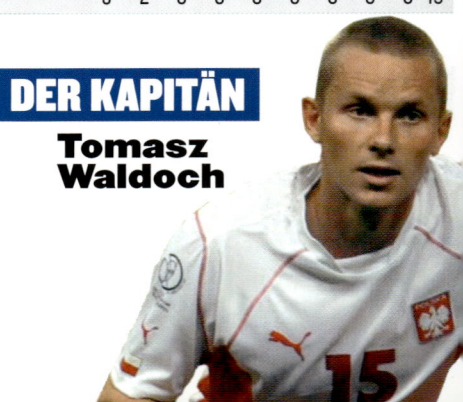

Tomasz Waldoch

PORTUGAL 149

Portugal am 10. Juni 2002 in Jeonju vor dem zweiten Spiel in der Gruppe D gegen Polen (4:0). Stehend (v.l.): Vitor Baia, Fernando Couto, Pedro Pauleta, Paulo Bento, Jorge Costa, Petit; hockend (v.l.): Joao Pinto, Rui Jorge, Sergio Conceicao, Nuno Frechaut, Luis Figo

Name, Vorname	geboren am	Größe	Gewicht	Verein (Land)	Position	Länderspiele	LS-Tore	WM-Spiele	Einsätze	Auswechslung	Einwechslung	Tore	Elfmeter	Eigentore	Gelbe Karten	Gelb/R. Karten	Rote Karten	Rücken-Nr.
Andrade, Jorge	09.04.1978	184	73	FC Porto (POR)	Abwehr	6	1	–	2	0	2	0	0	0	0	0	0	13
Baia, Vitor	15.10.1969	184	78	FC Porto (POR)	Tor	76	0	–	3	0	0	0	0	0	0	0	0	1
Barbosa, Pedro	06.08.1970	182	80	Sporting Lissabon (POR)	Mittelfeld	22	5	–	0	0	0	0	0	0	0	0	0	14
Bento, Paulo	20.06.1969	175	72	Sporting Lissabon (POR)	Mittelfeld	32	0	–	3	0	1	0	0	0	0	0	0	17
Beto	03.05.1976	185	82	Sporting Lissabon (POR)	Abwehr	17	1	–	3	0	1	0	0	0	1	1	0	22
Caneira, Marco	09.02.1979	178	75	Benfica Lissabon (POR)	Abwehr	2	0	–	0	0	0	0	0	0	0	0	0	4
Capucho	21.02.1972	180	78	FC Porto (POR)	Angriff	30	2	–	1	0	1	0	0	0	0	0	0	19
Conceicao, Sergio	15.11.1974	177	82	Inter Mailand (ITA)	Angriff	42	11	–	3	1	0	0	0	0	0	0	0	11
Costa, Jorge	14.10.1971	188	86	FC Porto (POR)	Abwehr	47	2	–	3	1	0	0	0	1	2	0	0	2
Costa, Rui	29.03.1972	180	74	AC Mailand (ITA)	Mittelfeld	68	20	–	2	1	1	1	0	0	0	0	0	10
Couto, Fernando	02.08.1969	184	84	Lazio Rom (ITA)	Abwehr	83	6	–	3	0	0	0	0	0	0	0	0	5
Figo, Luis	04.11.1972	180	75	Real Madrid (ESP)	Angriff	82	27	–	3	0	0	0	0	0	0	0	0	7
Frechaut, Nuno	24.09.1977	182	76	Boavista Porto (POR)	Abwehr	10	0	–	1	1	0	0	0	0	1	0	0	18
Gomes, Nuno	05.07.1976	180	76	AC Florenz (ITA)	Angriff	29	14	–	2	0	2	0	0	0	0	0	0	21
Jorge, Rui	27.03.1973	173	70	Sporting Lissabon (POR)	Abwehr	21	1	–	3	2	0	0	0	0	1	0	0	23
Nelson	20.10.1975	187	76	Sporting Lissabon (POR)	Tor	2	0	–	0	0	0	0	0	0	0	0	0	15
Pauleta, Pedro	28.04.1973	180	76	Girondins Bordeaux (FRA)	Angriff	34	13	–	3	1	0	3	0	0	0	0	0	9
Petit	25.09.1976	175	68	Boavista Porto (POR)	Mittelfeld	10	0	–	3	1	0	0	0	0	1	0	0	20
Pinto, Joao	19.08.1971	171	67	Sporting Lissabon (POR)	Angriff	78	23	–	3	1	0	0	0	0	0	0	1	8
Ricardo	11.02.1976	188	80	Boavista Porto (POR)	Tor	10	0	–	0	0	0	0	0	0	0	0	0	16
Sousa, Paulo	30.08.1970	177	76	Espanyol Barcelona (POR)	Mittelfeld	51	0	–	0	0	0	0	0	0	0	0	0	6
Viana, Hugo	15.01.1983	178	74	Sporting Lissabon (POR)	Mittelfeld	4	0	–	0	0	0	0	0	0	0	0	0	12
Xavier, Abel	30.11.1972	189	81	FC Liverpool (ENG)	Abwehr	19	2	–	1	0	1	0	0	0	0	0	0	3

DER TRAINER

Antonio Oliveira
Nationalität: Portugiese
Geburtsdatum: 10.06.1952
Nationaltrainer
seit August 2000

DIE ERFOLGE

WM 2002 Dritter Gruppe D

WM-Dritter 1996
EM-Dritter 1984, 2000

DER KAPITÄN

Fernando Couto

GRUPPE H

Russland am 14. Juni 2002 in Shizuoka vor dem dritten Spiel in der Gruppe H gegen Belgien (2:3). Stehend (v.l.): Wiktor Onopko, Juri Nikiforow, Ruslan Nigmatullin, Jegor Titow, Wladimir Betschastnich, Juri Kowtun; hockend (v.l.): Alexei Smertin, Andrei Solomatin, Dmitri Aljenitschew, Dmitri Chochlow, Waleri Karpin

Name, Vorname	geboren am	Größe	Gewicht	Verein (Land)	Position	Länderspiele	LS-Tore	WM-Spiele	Einsätze	Auswechslung	Einwechslung	Tore	Elfmeter	Eigentore	Gelbe Karten	Gelb/R. Karten	Rote Karten	Rücken-Nr.
Aljenitschew, Dimitri	20. 10. 1972	178	70	FC Porto (POR)	Mittelfeld	43	6	–	2	0	1	0	0	0	2	0	0	15
Betschastnich, Wlad.	01. 04. 1974	187	83	Spartak Moskau (RUS)	Angriff	64	24	–	3	1	1	1	0	0	0	0	0	11
Chochlow, Dmitri	22. 12. 1975	189	82	Real Sociedad (ESP)	Mittelfeld	38	3	–	3	0	2	0	0	0	1	0	0	21
Dajew, Wjatscheslaw	06. 09. 1972	185	80	ZSKA Moskau (RUS)	Abwehr	7	0	–	0	0	0	0	0	0	0	0	0	13
Filimonow, Alexander	15. 10. 1973	193	88	Uralan Elista (RUS)	Tor	16	0	–	0	0	0	0	0	0	0	0	0	23
Ismailow, Marat	21. 09. 1982	172	66	Lokomotive Moskau (RUS)	Mittelfeld	8	0	–	2	2	0	0	0	0	0	0	0	20
Karpin, Waleri	02. 02. 1969	185	76	Celta Vigo (ESP)	Mittelfeld	69	16	2 (94)	3	1	0	1	1	0	0	0	0	8
Kerschakow, Alex.	27. 11. 1982	175	67	FC Zenit St. Petersburg (RUS)	Angriff	3	0	–	1	0	1	0	0	0	0	0	0	16
Kowtun, Juri	05. 01. 1970	189	80	Spartak Moskau (RUS)	Abwehr	44	2	–	3	0	0	0	0	0	0	0	0	2
Mostowoj, Alexander	22. 08. 1968	181	77	Celta Vigo (ESP)	Mittelfeld	59	12	1 (94)	0	0	0	0	0	0	0	0	0	10
Nigmatullin, Ruslan	07. 10. 1974	188	79	Hellas Verona (ITA)	Tor	20	0	–	3	0	0	0	0	0	0	0	0	1
Nikiforow, Juri	16. 09. 1970	188	88	PSV Eindhoven (NED)	Abwehr	56	6	3 (94)	3	1	0	0	0	0	0	0	0	3
Onopko, Wiktor	14. 10. 1969	189	79	Real Oviedo (ESP)	Abwehr	97	6	2 (94)	3	0	0	0	0	0	0	0	0	7
Pimenow, Ruslan	25. 11. 1981	179	69	Lokomotive Moskau (RUS)	Angriff	1	0	–	2	1	0	0	0	0	1	0	0	19
Semak, Sergei	27. 02. 1976	170	66	ZSKA Moskau (RUS)	Mittelfeld	30	1	–	0	0	0	0	0	0	0	0	0	17
Semschow, Igor	06. 04. 1978	169	60	Torpedo Moskau (RUS)	Mittelfeld	2	0	–	2	1	0	0	0	0	1	0	0	6
Sennikow, Dmitri	24. 06. 1976	183	74	Lokomotive Moskau (RUS)	Abwehr	4	0	–	1	0	1	0	0	0	1	0	0	18
Sitschew, Dmitri	26. 10. 1983	175	70	Spartak Moskau (RUS)	Angriff	3	1	–	3	0	3	1	0	0	0	0	0	22
Smertin, Alexei	01. 05. 1975	176	67	Girondins Bordeaux (FRA)	Mittelfeld	26	0	–	2	2	0	0	0	0	1	0	0	4
Solomatin, Andrei	09. 09. 1975	183	80	ZSKA Moskau (RUS)	Mittelfeld	5	1	–	3	0	0	0	0	0	2	0	0	5
Titow, Jegor	29. 05. 1976	182	70	Spartak Moskau (RUS)	Mittelfeld	33	4	–	3	0	0	1	0	0	0	0	0	9
Tschertschesow, St.	02. 09. 1963	183	76	FC Tirol Innsbruck (AUT)	Tor	49	0	1 (94)	0	0	0	0	0	0	0	0	0	12
Tschugainow, Igor	06. 04. 1970	187	82	Uralan Elista (RUS)	Abwehr	30	0	–	0	0	0	0	0	0	0	0	0	14

DER TRAINER

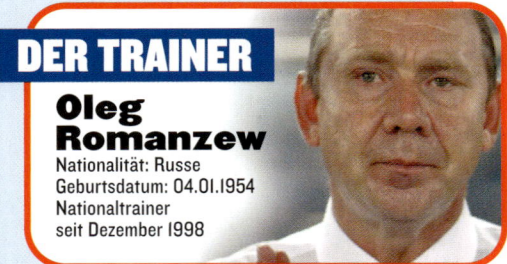

Oleg Romanzew
Nationalität: Russe
Geburtsdatum: 04.01.1954
Nationaltrainer
seit Dezember 1998

DIE ERFOLGE

WM 2002 Dritter Gruppe H

Als Sowjetunion: WM-Vierter 1966
Europameister 1960
Vize-Europameister 1972, 1988
Olympiasieger 1956, 1988

DER KAPITÄN

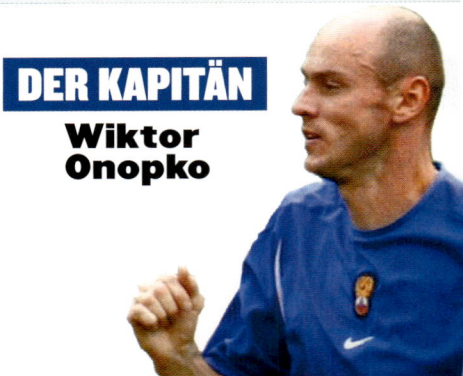

Wiktor Onopko

SAUDI-ARABIEN

GRUPPE E

Saudi-Arabien am 6. Juni 2002 in Saitama vor dem zweiten Spiel in der Gruppe E gegen Kamerun (0:1). Stehend (v.l.): Redha Tukar, Obaid Al Dosary, Abdullah Alwaked Al-Shahrani, Nawaf Al Temyat, Mohammed Al Deayea, Abdullah Zubromawi Suliman; kniend (v.l.): Ibrahim Al Sharani, Abdulaziz Khathran, Hussein Sulimani, Fouzi Al Shehri, Mohammed Al-Johani

Name, Vorname	geboren am	Größe	Gewicht	Verein (Land)	Position	Länderspiele	LS-Tore	WM-Spiele	Einsätze	Auswechslung	Einwechslung	Tore	Elfmeter	Eigentore	Gelbe Karten	Gelb/R. Karten	Rote Karten	Rücken-Nr.
Al-Deayea, Mohammed	02.08.1972	189	75	Al-Hilal Riad (KSA)	Tor	168	0	7 (94/98)	3	0	0	0	0	0	0	0	0	1
Al-Dossari, Ahmed Dukhi	25.10.1976	178	70	Al-Hilal Riad (KSA)	Abwehr	47	0	–	2	0	1	0	0	0	0	0	0	12
Al-Dosary, Obaid	02.10.1975	174	73	Al-Ahli Dschidda (KSA)	Angriff	97	25	–	1	1	0	0	0	0	0	0	0	11
Al-Dossary, Abdullah Gaman	10.11.1977	183	83	Al-Hilal Riad (KSA)	Angriff	20	6	–	3	0	3	0	0	0	0	0	0	15
Al-Dossari, Khamis Alowairan	08.09.1973	178	66	Al-Ittihad Dschidda (KSA)	Mittelfeld	76	2	–	2	1	0	0	0	0	0	0	0	16
Al-Ghamdi, Omar	11.04.1979	176	69	Al-Hilal Riad (KSA)	Mittelfeld	28	0	–	0	0	0	0	0	0	0	0	0	19
Al-Jaber, Sami	11.12.1972	177	70	Al-Hilal Riad (KSA)	Angriff	148	38	5 (94/98)	1	0	0	0	0	0	0	0	0	9
Al-Jahani, Mohammed	28.09.1975	177	80	Al-Ahli Dschidda (KSA)	Abwehr	73	0	3 (98)	2	1	0	0	0	0	0	0	0	2
Al-Shahrani, Abdullah Alwaked	29.09.1975	180	72	Al-Shabab Riad (KSA)	Mittelfeld	45	4	–	2	0	0	0	0	0	0	0	0	17
Al-Shahrani, Ibrahim	21.07.1974	182	69	Al-Ahli Dschidda (KSA)	Mittelfeld	59	8	2 (98)	3	0	1	0	0	0	0	0	0	7
Al-Shehri, Fouzi	15.05.1980	173	67	Al-Ahli Dschidda (KSA)	Abwehr	2	0	–	2	0	0	0	0	0	0	0	0	6
Al-Shlhoub, Mohammad	08.12.1980	163	59	Al-Hilal Riad (KSA)	Mittelfeld	17	6	–	1	0	1	0	0	0	0	0	0	10
Al-Temyat, Nawaf	28.06.1976	175	70	Al-Hilal Riad (KSA)	Mittelfeld	48	12	1 (98)	3	1	0	0	0	0	1	0	0	18
Al-Yami, Al Hasan	21.08.1972	173	59	Al-Ittihad Dschidda (KSA)	Angriff	18	5	–	3	1	1	0	0	0	1	0	0	20
Althagafi, Mansour	14.01.1979	176	65	Al-Nassr Riad (KSA)	Abwehr	0	0	–	0	0	0	0	0	0	0	0	0	23
Babkr, Mohammed Khojali	15.01.1973	186	75	Al-Nassr Riad (KSA)	Tor	12	0	–	0	0	0	0	0	0	0	0	0	22
Harthi, Mohsin	15.07.1976	184	79	Al-Nassr Riad (KSA)	Abwehr	20	2	–	0	0	0	0	0	0	0	0	0	5
Khathran, Abdulaziz	31.07.1973	176	65	Al-Shabab Riad (KSA)	Mittelfeld	0	0	–	3	2	1	0	0	0	0	0	0	14
Noor, Mohammed	26.02.1978	181	76	Al-Ittihad Dschidda (KSA)	Mittelfeld	29	4	–	2	0	1	0	0	0	1	0	0	8
Sulimani, Hussein	21.01.1977	172	85	Al-Ahli Dschidda (KSA)	Abwehr	80	3	3 (98)	3	0	0	0	0	0	0	0	0	13
Tukar, Redha	29.11.1975	186	79	Al-Shabab Riad (KSA)	Abwehr	5	0	–	3	0	0	0	0	0	0	0	0	3
Zaid, Mabrouk	11.02.1979	184	63	Al-Ittihad Dschidda (KSA)	Tor	1	0	–	0	0	0	0	0	0	0	0	0	21
Zubromawi, Abdullah	15.11.1973	181	76	Al-Ahli Dschidda (KSA)	Abwehr	115	4	5 (94/98)	3	2	0	0	0	0	0	0	0	4

DER TRAINER

Nasser Al-Johar
Nationalität: Saudi-Araber
Geburtsdatum: --
Nationaltrainer seit November 2001

DIE ERFOLGE

WM 2002 Vierter Gruppe E

Gewinner des Asien-Pokals 1984, 1988, 1996
Zweiter beim Asien-Pokal 1992, 2000

DER KAPITÄN

Sami Al-Jaber

GRUPPE F

Schweden am 16. Juni 2002 in Oita vor dem Achtelfinalspiel gegen Senegal (1:2/Golden Goal in der Verlängerung). Stehend (v.l.): Teddy Lucic, Olof Mellberg, Niclas Alexandersson, Magnus Hedman, Andreas Jakobsson; hockend (v.l.): Anders Svensson, Marcus Allbäck, Tobias Linderoth, Magnus Svensson, Johan Mjällby, Henrik Larsson

Name, Vorname	geboren am	Größe	Gewicht	Verein (Land)	Position	Länderspiele	LS-Tore	WM-Spiele	Einsätze	Auswechslung	Einwechslung	Tore	Elfmeter	Eigentore	Gelbe Karten	Gelb/R. Karten	Rote Karten	Rücken-Nr.
Alexandersson, Niclas	29.12.1971	181	73	FC Everton (ENG)	Mittelfeld	59	6	–	4	1	0	1	0	0	1	0	0	7
Allbäck, Marcus	05.07.1973	180	77	SC Heerenveen (NED)	Angriff	19	9	–	4	4	0	0	0	0	1	0	0	10
Andersson, Andreas	10.04.1974	185	80	AIK Solna (SWE)	Angriff	33	8	–	4	0	4	0	0	0	0	0	0	22
Andersson, Daniel	28.08.1977	178	79	AC Venedig (ITA)	Mittelfeld	38	0	–	0	0	0	0	0	0	0	0	0	20
Andersson, Patrik	18.08.1971	185	81	FC Barcelona (ESP)	Abwehr	96	3	7 (94)	0	0	0	0	0	0	0	0	0	3
Antonelius, Tomas	07.05.1973	179	78	FC Kopenhagen (DEN)	Abwehr	6	0	–	0	0	0	0	0	0	0	0	0	13
Edman, Erik	11.11.1978	179	78	SC Heerenveen (NED)	Abwehr	5	0	–	0	0	0	0	0	0	0	0	0	14
Farnerud, Pontus	04.06.1980	180	74	AS Monaco (FRA)	Mittelfeld	2	0	–	0	0	0	0	0	0	0	0	0	19
Hedman, Magnus	19.03.1973	193	93	Coventry City (ENG)	Tor	45	0	–	4	0	0	0	0	0	0	0	0	1
Ibrahimovic, Zlatan	03.10.1981	192	84	Ajax Amsterdam (NED)	Angriff	10	1	–	2	0	2	0	0	0	0	0	0	21
Isaksson, Andreas	03.10.1981	196	77	Djurgardens IF (SWE)	Tor	1	0	–	0	0	0	0	0	0	0	0	0	23
Jakobsson, Andreas	06.10.1972	189	83	FC Hansa Rostock (GER)	Abwehr	13	0	–	4	0	0	0	0	0	1	0	0	15
Jonson, Mattias	16.01.1974	178	76	Bröndby IF (DEN)	Mittelfeld	23	2	–	2	0	2	0	0	0	0	0	0	18
Kihlstedt, Magnus	29.02.1972	190	86	FC Kopenhagen (DEN)	Tor	12	0	–	0	0	0	0	0	0	0	0	0	12
Larsson, Henrik	20.09.1971	178	72	Celtic Glasgow (SCO)	Angriff	68	21	1 (94)	4	1	0	3	1	0	1	0	0	11
Linderoth, Tobias	21.04.1979	176	72	FC Everton (ENG)	Mittelfeld	20	1	–	4	0	0	0	0	0	0	0	0	6
Ljungberg, Fredrik	16.04.1977	176	75	FC Arsenal (ENG)	Mittelfeld	32	2	–	2	0	0	0	0	0	0	0	0	9
Lucic, Teddy	15.04.1973	186	76	AIK Solna (SWE)	Abwehr	42	0	–	4	0	0	0	0	0	0	0	0	16
Mellberg, Olof	03.09.1977	194	82	Aston Villa (ENG)	Abwehr	22	0	–	4	0	0	0	0	0	0	0	0	4
Mjällby, Johan	09.02.1971	185	83	Celtic Glasgow (SCO)	Abwehr	36	4	–	4	0	0	0	0	0	1	0	0	5
Svensson, Anders	17.07.1976	177	82	FC Southampton (ENG)	Mittelfeld	25	6	–	4	2	1	1	0	0	0	0	0	8
Svensson, Magnus	10.03.1969	172	72	Bröndby IF (DEN)	Mittelfeld	25	2	–	4	2	1	0	0	0	1	0	0	17
Svensson, Michael	25.11.1975	189	86	ES Troyes AC (FRA)	Abwehr	11	0	–	0	0	0	0	0	0	0	0	0	5

DIE TRAINER

Tommy Söderberg
Nationalität: Schwede
Geburtsdatum: 19.08.1948
Nationaltrainer
seit Oktober 1997

+ Lars Lagerbäck   Nationalität: Schwede · Geburtsdatum: 16.07.1948 · Zweiter Nationaltrainer seit Januar 2000

DIE ERFOLGE

WM 2002 Achtelfinale

Vize-Weltmeister 1958
WM-Dritter 1994
WM-Vierter 1938
Olympiasieger 1948

DER KAPITÄN

Johan Mjällby

GRUPPE A

Senegal am 11. Juni 2002 in Suwon vor dem letzten Spiel in der Gruppe A gegen Uruguay (3:3). Stehend (v.l.): Allasane Ndour, Khalilou Fadiga, Pape Bouba Diop, Ferdinand Coly, Lamine Diatta, Tony Sylva; hockend (v.l.) Pape Malick Diop, El Hadji Diouf, Henri Camara, Omar Daf, Aliou Cissé

Name, Vorname	geboren am	Größe	Gewicht	Verein (Land)	Position	Länderspiele	LS-Tore	WM-Spiele	Einsätze	Auswechslung	Einwechslung	Tore	Elfmeter	Eigentore	Gelbe Karten	Gelb/R. Karten	Rote Karten	Rücken-Nr.
Beye, Habib	19. 10. 1977	182	79	Racing Strasbourg (FRA)	Abwehr	6	0	–	3	0	3	0	0	0	1	0	0	21
Camara, Henri	10. 05. 1977	176	67	CS Sedan (FRA)	Angriff	34	7	–	4	1	1	2	0	0	1	0	0	7
Camara, Souleymane	22. 12. 1982	174	72	AS Monaco (FRA)	Angriff	10	3	–	1	1	1	0	0	0	0	0	0	9
Cissé, Aliou	24. 03. 1976	180	73	HSC Montpellier (FRA)	Abwehr	21	0	–	4	0	0	0	0	0	2	0	0	6
Cissokho, Kalidou	14. 12. 1972	183		Jeanne d'Arc Dakar (SEN)	Tor	0	0	–	0	0	0	0	0	0	0	0	0	22
Coly, Ferdinand	10. 09. 1973	179	81	RC Lens (FRA)	Abwehr	17	0	–	5	1	0	0	0	0	2	0	0	17
Daf, Omar	12. 02. 1977	177	70	FC Sochaux (FRA)	Abwehr	32	0	–	5	0	0	0	0	0	2	0	0	2
Diallo, Omar	28.09. 1972	187	84	Olypique Khourigba (MAR)	Tor	42	0	–	0	0	0	0	0	0	0	0	0	16
Diao, Salif	10. 02. 1977	184	73	CS Sedan (FRA)	Mittelfeld	21	2	–	3	0	0	1	0	0	0	0	1	15
Diatta, Lamine	02. 07. 1975	184	76	Stade Rennes (FRA)	Abwehr	20	1	–	5	0	0	0	0	0	0	0	0	13
Diop, Papa Bouba	28. 01. 1978	193	88	RC Lens (FRA)	Mittelfeld	13	3	–	5	0	0	3	0	0	1	0	0	19
Diop, Papa Malick	29. 12. 1974	187	82	FC Lorient (FRA)	Abwehr	26	2	–	5	1	0	0	0	0	0	0	0	4
Diouf, El-Hadji	15. 01. 1981	180	75	RC Lens (FRA)	Angriff	22	13	–	5	0	0	0	0	0	1	0	0	11
Fadiga, Khalilou	30. 12. 1974	183	77	AJ Auxerre (FRA)	Mittelfeld	26	2	–	4	0	0	1	1	0	2	0	0	10
Faye, Amdy	12. 03. 1977	184	78	AJ Auxerre (FRA)	Mittelfeld	6	0	–	2	0	1	0	0	0	0	0	0	12
N'Diaye, Makhtar	31. 12. 1981	175	65	Stade Rennes (FRA)	Mittelfeld	11	0	–	0	0	0	0	0	0	0	0	0	23
N'Diaye, Moussa	20.02. 1979	180	80	CS Sedan (FRA)	Mittelfeld	38	4	–	3	1	1	0	0	0	0	0	0	14
Ndiaye, Sylvain	25. 06. 1976	178	76	OSC Lille (FRA)	Mittelfeld	6	0	–	0	0	0	0	0	0	0	0	0	20
Ndour, Alassane	12. 12. 1981	185	73	AS St. Etienne (FRA)	Abwehr	8	0	–	1	1	0	0	0	0	0	0	0	5
Sarr, Pape	07. 12. 1977	180	76	RC Lens (FRA)	Mittelfeld	22	1	–	1	1	0	0	0	0	0	0	0	3
Sylva, Tony	17. 05. 1975	185	77	AS Monaco (FRA)	Tor	16	0	–	5	0	0	0	0	0	0	0	0	1
Thiaw, Pape	05.02. 1981	183	77	Racing Strasbourg (FRA)	Angriff	13	5	–	1	0	0	0	0	0	1	0	0	18
Traoré, Amara	25.09. 1965	186	85	FC Gueugnon (FRA)	Angriff	12	2	–	0	0	0	0	0	0	0	0	0	8

DER TRAINER

Bruno Metsu
Nationalität: Franzose
Geburtsdatum: 28.01.1954
Nationaltrainer
seit Oktober 2000

DIE ERFOLGE

WM 2002 Viertelfinale

Teilnahme am Afrika Cup 1965, 1986, 1990, 1992, 1994, 2000, 2002

DER KAPITÄN

Aliou Cisse

GRUPPE B

NOGOMETNA ZVEZA SLOVENIJE
NZS

Slowenien am 8. Juni 2002 in Daegu vor dem zweiten Spiel in der Gruppe B gegen Südafrika (0:1). Stehend (v.l.): Marko Simeunovic, Aleksander Knavs, Zeljko Milinovic, Muamar Vugdalic, Miran Pavlin, Amir Karic; hockend (v.l.): Doni Novak, Ales Ceh, Milenko Acimovic, Sebastjan Cimirotic, Mladen Rudonja.

Name, Vorname	geboren am	Größe	Gewicht	Verein (Land)	Position	Länderspiele	LS-Tore	WM-Spiele	Einsätze	Auswechslung	Einwechslung	Tore	Elfmeter	Eigentore	Gelbe Karten	Gelb/R. Karten	Rote Karten	Rücken-Nr.
Acimovic, Milenko	15.02.1977	186	80	Crvena Zwezda (YUG)	Mittelfeld	39	9	–	3	2	1	1	0	0	0	0	0	18
Bulajic, Spasoje	24.11.1975	188	82	I. FC Köln (GER)	Abwehr	15	1	–	2	0	1	0	0	0	0	0	0	23
Ceh, Ales	07.04.1968	174	77	Grazer AK (AUT)	Mittelfeld	71	1	–	3	0	0	0	0	0	1	0	0	8
Ceh, Nastja	26.01.1978	181	75	FC Brügge (BEL)	Mittelfeld	6	2	–	2	0	2	0	0	0	0	0	1	20
Cimirotic, Sebastjan	14.09.1974	184	74	US Lecce (ITA)	Angriff	12	1	–	3	1	1	1	0	0	1	0	0	21
Dabanovic, Mladen	13.09.1971	196	94	SC Lokeren (BEL)	Tor	20	0	–	1	0	0	0	0	0	0	0	0	12
Gajser, Sasa	11.02.1974	179	75	AA Gent (BEL)	Mittelfeld	20	1	–	1	0	1	0	0	0	0	0	0	14
Galic, Marinko	22.04.1970	175	73	NK Koper (SVN)	Abwehr	65	0	–	1	0	0	0	0	0	0	0	0	5
Karic, Amir	31.12.1973	184	82	NK Maribor (SVK)	Mittelfeld	43	1	–	3	0	0	0	0	0	2	0	0	19
Knavs, Aleksander	05.12.1975	190	86	I. FC Kaiserslautern (GER)	Abwehr	38	2	–	2	1	0	0	0	0	0	0	0	6
Milinovic, Zeljko	12.10.1969	188	80	JEF United Ichihara (JPN)	Abwehr	35	3	–	3	0	0	0	0	0	2	0	0	3
Nemec, Dejan	01.03.1977	184	82	FC Brügge (BEL)	Tor	1	0	–	0	0	0	0	0	0	0	0	0	22
Novak, Doni	04.09.1969	172	73	SpVgg Unterhaching (GER)	Mittelfeld	*68	3	–	3	1	0	0	0	0	0	0	0	7
Osterc, Milan	04.07.1975	184	83	Hapoel Tel Aviv (ISR)	Angriff	41	8	–	3	2	1	0	0	0	0	0	0	9
Pavlin, Miran	08.10.1971	187	78	FC Porto (POR)	Mittelfeld	45	5	–	3	1	0	0	0	0	2	0	0	11
Pavlovic, Zoran	27.06.1976	190	76	Austria Wien (AUT)	Mittelfeld	21	0	–	0	0	0	0	0	0	0	0	0	17
Rudonja, Mladen	26.07.1971	175	73	FC Portsmouth (ENG)	Angriff	58	1	–	3	0	0	0	0	0	1	0	0	13
Sankovic, Goran	18.06.1979	185	80	Slavia Prag (CZE)	Abwehr	5	0	–	0	0	0	0	0	0	0	0	0	2
Simeunovic, Marko	16.02.1967	190	82	NK Maribor (SVN)	Tor	43	0	–	2	0	0	0	0	0	0	0	1	1
Tavcar, Rajko	21.07.1974	180	74	I. FC Nürnberg (GER)	Mittelfeld	6	0	–	1	0	0	0	0	0	0	0	0	15
Tiganj, Senad	28.08.1975	179	77	Olimpija Ljubljana (SVN)	Angriff	3	1	–	1	0	1	0	0	0	0	0	0	16
Vugdalic, Muamer	25.08.1977	190	78	Schachtjor Donezk (SVN)	Abwehr	13	0	–	1	0	0	0	0	0	1	0	0	4
Zahovic, Zlatko	01.02.1971	180	76	Benfica Lissabon (POR)	Mittelfeld	64	32	–	1	1	0	0	0	0	0	0	0	10

* + weitere 4 Länderspiele für Jugoslawien

DER TRAINER
Srecko Katanec
Nationalität. Slowene
Geburtsdatum: 16.07.1963
Nationaltrainer seit Juli 1998

DIE ERFOLGE
WM 2002 Vierter Gruppe B
EM-Teilnehmer 2000

DER KAPITÄN
Ales Ceh

SPANIEN 155

Spanien am 12. Juni 2002 in Daejeon vor dem dritten Spiel in der Gruppe B gegen Südafrika (3:2). Stehend (v.l.): Iker Casillas, Miguel Angel Nadal, Fernando Morientes, Ivan Helguera, Enrique Romero, David Albelda; hockend (v.l.): Xavi, Curro Torres, Joaquin, Gaizka Mendieta, Raul

Name, Vorname	geboren am	Größe	Gewicht	Verein (Land)	Position	Länderspiele	LS-Tore	WM-Spiele	Einsätze	Auswechslung	Einwechslung	Tore	Elfmeter	Eigentore	Gelbe Karten	Gelb/R. Karten	Rote Karten	Rücken-Nr.
Albelda, David	01.09.1977	182	75	FC Valencia (ESP)	Mittelfeld	2	0	–	2	1	1	0	0	0	0	0	0	14
Baraja	11.07.1975	180	77	FC Valencia (ESP)	Mittelfeld	9	3	–	4	0	0	0	0	0	2	0	0	8
Casillas, Iker	20.05.1981	184	80	Real Madrid (ESP)	Tor	13	0	–	5	0	0	0	0	0	0	0	0	1
Contreras, Pedro	07.01.1972	180	78	FC Malaga (ESP)	Tor	0	0	–	0	0	0	0	0	0	0	0	0	23
Helguera, Ivan	28.03.1975	184	74	Real Madrid (ESP)	Mittelfeld	22	2	–	5	1	2	0	0	0	0	0	0	4
Hierro, Fernando	23.03.1968	187	84	Real Madrid (ESP)	Abwehr	85	27	6 (94/98)	4	0	0	2	2	0	1	0	0	6
Joaquin	21.07.1981	179	75	Betis Sevilla (ESP)	Mittelfeld	3	0	–	2	0	0	0	0	0	0	0	0	22
Juanfran	15.07.1976	182	73	Celta Vigo (ESP)	Abwehr	7	0	–	3	1	0	0	0	0	1	0	0	3
Luis Enrique	08.05.1970	180	73	FC Barcelona (ESP)	Mittelfeld	57	12	7 (94/98)	5	2	2	0	0	0	0	0	0	21
Luque, Albert	11.03.1978	184	75	RCD Mallorca (ESP)	Angriff	0	0	–	2	0	2	0	0	0	0	0	0	12
Mendieta, Gaiza	17.03.1974	173	69	Lazio Rom (ITA)	Mittelfeld	32	7	–	3	0	2	1	0	0	0	0	0	16
Morientes, Fernando	05.04.1976	182	78	Real Madrid (ESP)	Angriff	19	14	1 (98)	5	2	2	3	0	0	1	0	0	9
Nadal, Miguel Angel	28.07.1966	187	81	RCD Mallorca (ESP)	Abwehr	59	3	5 (94/98)	4	0	0	0	0	0	0	0	0	20
de Pedro, Francisco	04.08.1973	180	78	Real Sociedad (ESP)	Mittelfeld	5	1	–	4	2	0	0	0	0	1	0	0	11
Puyol	13.04.1978	178	78	FC Barcelona (ESP)	Abwehr	8	1	–	4	0	0	0	0	1	0	0	0	5
Raul	27.06.1977	180	68	Real Madrid (ESP)	Angriff	51	25	2 (98)	4	2	0	3	0	0	0	0	0	7
Ricardo	30.12.1971	187	87	Real Valladolid (ESP)	Tor	1	0	–	0	0	0	0	0	0	0	0	0	13
Romero, Enrique	23.06.1971	183	79	Deportivo La Coruna (ESP)	Abwehr	3	0	–	3	0	1	0	0	0	0	0	0	15
Sergio	10.11.1976	180	77	Deportivo La Coruna (ESP)	Mittelfeld	5	0	–	1	0	1	0	0	0	0	0	0	18
Torres, Curro	27.12.1976	180	76	FC Valencia (ESP)	Abwehr	4	0	–	1	0	0	0	0	0	0	0	0	2
Tristan, Diego	05.01.1976	186	79	Deportivo La Coruna (ESP)	Angriff	7	2	–	2	2	0	0	0	0	0	0	0	10
Valeron, Juan Carlos	17.06.1975	184	71	Deportivo La Coruna (ESP)	Mittelfeld	20	0	–	4	2	0	1	0	0	1	0	0	17
Xavi	25.01.1980	175	68	FC Barcelona (ESP)	Abwehr	3	0	–	3	0	2	0	0	0	0	0	0	19

DER TRAINER

José Antonio Camacho
Nationalität: Spanier
Geburtsdatum: 08.06.1955
Nationaltrainer
seit September 1998

DIE ERFOLGE

WM 2002 Viertelfinale

WM-Vierter 1950
Europameister 1964
Vize-Europameister 1984
Olympiasieger 1992

DER KAPITÄN

Fernando Hierro

GRUPPE B

SOUTH AFRICAN
FOOTBALL ASSOCIATION

Südafrika am 12. Juni 2002 in Daejeon vor dem dritten Spiel in der Gruppe B gegen Spanien (2:3). Stehend (v.l.): Aaron Mokoena, Cyril Nzama, Jacob Lekgetho, Andre Arendse, Teboho Mokoena, Lucas Radebe; hockend (v.l.): Benedict McCarthy, Sibusiso Zuma, Siyabonga Nomvethe, Quinton Fortune, Bradley Carnell

Name, Vorname	geboren am	Größe	Gewicht	Verein (Land)	Position	Länderspiele	LS-Tore	WM-Spiele	Einsätze	Auswechslung	Einwechslung	Tore	Elfmeter	Eigentore	Gelbe Karten	Gelb/R. Karten	Rote Karten	Rücken-Nr.
Arendse, Andre	27.06.1967	190	72	Santos FC Kapstadt (RSA)	Tor	50	0	–	3	0	0	0	0	0	0	0	0	16
Buckley, Delron	07.12.1977	175	72	VfL Bochum (GER)	Mittelfeld	33	6	–	1	0	1	0	0	0	0	0	0	18
Carnell, Bradley	21.01.1977	174	70	VfB Stuttgart (GER)	Abwehr	22	0	–	3	0	0	0	0	0	1	0	0	3
Fortune, Quinton	21.05.1977	182	74	Manchester United (ENG)	Mittelfeld	40	0	3 (98)	3	2	0	1	1	0	0	0	0	7
Issa, Pierre	11.09.1975	195	85	FC Watford (ENG)	Abwehr	42	0	3 (98)	1	1	0	0	0	0	1	0	0	13
Koumantarakis, George	27.03.1974	193	84	FC Basel (SUI)	Angriff	7	1	–	3	0	3	0	0	0	0	0	0	23
Lekgetho, Jacob	24.03.1977	171	85	Lokomotive Moskau (RUS)	Abwehr	15	0	–	1	0	1	0	0	0	0	0	0	5
Marlin, Calvin	20.04.1976	181	76	Ajax Capetown (RSA)	Tor	2	0	–	0	0	0	0	0	0	0	0	0	20
McCarthy, Benedict	12.11.1977	184	80	FC Porto (POR)	Angriff	44	13	3 (98)	3	2	0	1	0	0	1	0	0	17
Mngomeni, Thabo	24.06.1969	169	83	Orlando Pirates J'burg (RSA)	Mittelfeld	38	6	–	0	0	0	0	0	0	0	0	0	8
Mnguni, Bennett	18.03.1974	169	83	Lokomotive Moskau (RUS)	Mittelfeld	10	0	–	0	0	0	0	0	0	0	0	0	10
Mokoena, Aaron	25.11.1980	183	78	GB Antwerpen (BEL)	Abwehr	22	0	–	3	0	0	0	0	0	2	0	0	4
Mokoena, Teboho	10.07.1974	179	70	FC St. Gallen (SUI)	Mittelfeld	10	1	–	3	0	0	1	0	0	0	0	0	12
Molefe, Thabang	11.04.1979	180	78	Jomo Cosmos Johannesburg (RSA)	Abwehr	6	0	–	1	0	1	0	0	0	0	0	0	22
Mukasi, MacDonald	26.05.1975	176	73	Lokomotive Plovdiv (BUL)	Mittelfeld	7	0	–	1	0	1	0	0	0	0	0	0	9
Nomvethe, Siyabonga	02.12.1977	178	70	Udinese Calcio (ITA)	Angriff	31	6	–	2	2	0	1	0	0	1	0	0	14
Nzama, Cyril	26.06.1974	182	75	Kaizer Chiefs Johannesburg (RSA)	Abwehr	20	0	–	3	0	0	0	0	0	1	0	0	2
Pienaar, Steven	17.03.1982	176	66	Ajax Amsterdam (NED)	Mittelfeld	1	0	–	0	0	0	0	0	0	0	0	0	21
Pule, Jabu	11.07.1980	168	67	Kaizer Chiefs Johannesburg (RSA)	Mittelfeld	9	1	–	1	0	1	0	0	0	0	0	0	11
Radebe, Lucas	12.04.1969	185	85	Leeds United (ENG)	Abwehr	66	1	3 (98)	3	1	0	1	0	0	1	0	0	19
Sibaya, MacBeth	25.11.1977	174	79	Jomo Cosmos Johannesburg (RSA)	Mittelfeld	10	0	–	3	0	0	0	0	0	0	0	0	6
Vonk, Hans	30.01.1970	196	80	SC Heerenveen (NED)	Tor	29	0	3 (98)	0	0	0	0	0	0	0	0	0	1
Zuma, Sibusiso	23.06.1975	180	68	FC Kopenhagen (DEN)	Mittelfeld	23	3	–	3	0	0	0	0	0	1	0	0	15

DER TRAINER

Jomo Sono
Nationalität: Südafrikaner
Geburtsdatum: 17.07.1955
SüdafrikaNationaltrainer
seit März 2002

DIE ERFOLGE

WM 2002 Dritter Gruppe B

WM-Teilnahme 1998
Afrika-Cup-Sieger 1996

DER KAPITÄN

Lucas Radebe

GRUPPE D

KFA

Südkorea am 4. Juni 2002 in Busan vor dem ersten Spiel in der Gruppe D gegen Polen (2:0). Stehend (v.l.) Hwang Sun Hon, Kim Nam Il, Choi Jin Cheul, Yoo Sang Chul, Lee Woon Jae, Hong Myung Bo; hockend (v.l.): Park Ji Sung, Kim Tae Young, Lee Eul Yong, Song Chong Gug, Seol Ki Hyeon

Name, Vorname	geboren am	Größe	Gewicht	Verein (Land)	Position	Länderspiele	LS-Tore	WM-Spiele	Einsätze	Auswechslung	Einwechslung	Tore	Elfmeter	Eigentore	Gelbe Karten	Gelb/R. Karten	Rote Karten	Rücken-Nr.
Ahn Jung Hwan	27. 01. 1976	177	71	AC Perugia (ITA)	Mittelfeld	21	4	–	7	1	3	2	0	0	1	0	0	19
Cha Du Ri	25. 07. 1980	183	73	Korea University (KOR)	Angriff	15	1	–	4	0	3	0	0	0	1	0	0	16
Choi Eun Sung	05. 04. 1971	184	82	Taejon Citizens (KOR)	Tor	1	0	–	0	0	0	0	0	0	0	0	0	23
Choi Jin Cheul	26. 03. 1971	187	80	Chonbuk Hyundai (KOR)	Abwehr	18	1	–	6	1	0	0	0	0	1	0	0	4
Choi Sung Yong	15. 12. 1975	173	70	Suwon Bluewings (KOR)	Mittelfeld	61	1	2 (98)	0	0	0	0	0	0	0	0	0	3
Choi Tae Uk	13. 03. 1981	173	67	Anyang LG (KOR)	Angriff	19	4	–	1	0	1	0	0	0	0	0	0	8
Choi Yong Soo	10. 09. 1973	184	79	JEF United Ichihara (JPN)	Angriff	59	27	2 (98)	1	0	1	0	0	0	0	0	0	11
Hong Myung Bo	12. 02. 1969	181	73	Pohang Steelers (KOR)	Abwehr	125	9	9 (90-98)	7	3	0	0	0	0	1	0	0	20
Hwang Sun Hong	14. 07. 1968	183	79	Kashiwa Reysol (JPN)	Angriff	97	49	4 (90/94)	5	3	2	1	0	0	0	0	0	18
Hyun Young Min	25. 12. 1979	179	73	Ulsan Hyundai (KOR)	Abwehr	8	0	–	0	0	0	0	0	0	0	0	0	2
Kim Byung Ji	08. 04. 1970	184	77	Pohang Steelers (KOR)	Tor	60	0	3 (98)	0	0	0	0	0	0	0	0	0	12
Kim Nam Il	14. 03. 1977	180	75	Chunnam Dragons (KOR)	Mittelfeld	23	1	–	5	2	0	0	0	0	1	0	0	5
Kim Tae Young	08. 11. 1970	180	73	Chunnam Dragons (KOR)	Abwehr	75	3	2 (98)	7	2	1	0	0	0	2	0	0	7
Lee Chun Soo	09. 07. 1981	172	62	Ulsan Hyundai (KOR)	Angriff	24	4	–	7	0	5	0	0	0	1	0	0	14
Lee Eul Yong	08. 09. 1975	176	69	Puchon SK (KOR)	Mittelfeld	21	0	–	4	1	1	1	0	0	1	0	0	13
Lee Min Sung	23. 06. 1973	183	73	Pusan I.cons (KOR)	Abwehr	55	2	3 (98)	2	1	0	0	0	0	1	0	0	15
Lee Woon Jae	26. 04. 1973	182	82	Suwon Bluewings (KOR)	Tor	32	0	–	7	0	0	0	0	0	0	0	0	1
Lee Young Pyo	23. 04. 1977	176	66	Anyang LG (KOR)	Mittelfeld	51	3	–	5	0	0	0	0	0	0	0	0	10
Park Ji Sung	25. 02. 1981	175	70	Kyoto Purple Sanga (JPN)	Mittelfeld	33	3	–	7	1	0	1	0	0	1	0	0	21
Seol Ki Hyeon	08. 01. 1979	184	73	RSC Anderlecht (BEL)	Angriff	33	8	–	7	2	1	1	0	0	0	0	0	9
Song Chong Gug	20. 02. 1979	175	71	Pusan I.cons (KOR)	Mittelfeld	30	2	–	7	0	0	1	0	0	1	0	0	22
Yoo Sang Chul	18. 10. 1971	184	78	Kashiwa Reysol (JPN)	Mittelfeld	95	15	3 (98)	7	3	0	1	0	0	1	0	0	6
Yoon Jong Hwan	16. 02. 1973	173	63	Cerezo Osaka (JPN)	Mittelfeld	38	3	–	0	0	0	0	0	0	0	0	0	17

DER TRAINER

Guus Hiddink
Nationalität: Niederländer
Geburtsdatum: 08.11.1946
Nationaltrainer seit Januar 2001

DIE ERFOLGE

WM 2002 Vierter

Sieger des Asien-Pokals 1956, 1960
Zweiter beim Asien-Pokal 1972, 1980, 1988
WM-Teilnahme 1954, 1986, 1990, 1994, 1998

DER KAPITÄN

Hong Myung Bo

GRUPPE C

Die Türkei am 3. Juni 2002 in Ulsan vor dem ersten Spiel der Gruppe C gegen Brasilien (1:2). Stehend (v.l.): Fatih Akyel, Bülent Korkmaz; Ümit Özat; Alpay Özalan, Recber Rüstü; Hakan Sükür; hockend (v.l.): Yildiray Bastürk, Tugay Kerimoglu, Emre Belözoglu, Hakan Ünsal, Hasan Sas

Name, Vorname	geboren am	Größe	Gewicht	Verein (Land)	Position	Länderspiele	LS-Tore	WM-Spiele	Einsätze	Auswechslung	Einwechslung	Tore	Elfmeter	Eigentore	Gelbe Karten	Gelb/R. Karten	Rote Karten	Rücken-Nr.
Akyel, Fatih	26. 12. 1977	180	77	Fenerbahce Istanbul (TUR)	Abwehr	36	0	–	7	0	0	0	0	0	1	0	0	4
Asik, Emre	13. 12. 1973	185	72	Galatasaray Istanbul (TUR)	Abwehr	16	2	–	2	0	0	0	0	0	2	0	0	2
Bastürk, Yildiray	24. 12. 1978	168	65	Bayer 04 Leverkusen (GER)	Mittelfeld	13	1	–	7	6	0	0	0	0	0	0	0	10
Belözoglu, Emre	07. 09. 1980	171	66	Inter Mailand (ITA)	Mittelfeld	11	1	–	6	3	0	1	0	0	3	0	0	21
Buruk, Okan	19. 10. 1973	169	69	Inter Mailand (ITA)	Mittelfeld	26	4	–	1	0	1	0	0	0	0	0	0	7
Catkic, Ömer	15. 10. 1974	173	70	Gaziantepspor (TUR)	Tor	6	0	–	1	0	1	0	0	0	0	0	0	12
Davala, Umit	30. 07. 1973	186	74	AC Mailand (ITA)	Mittelfeld	24	1	–	7	3	1	2	0	0	0	0	0	22
Ercan, Abdullah	08. 12. 1971	182	76	Fenerbahce Istanbul (TUR)	Mittelfeld	70	0	–	0	0	0	0	0	0	0	0	0	19
Erdem, Arif	02. 01. 1972	180	72	Galatasaray Istanbul (TUR)	Angriff	50	8	–	4	0	4	0	0	0	0	0	0	6
Havutcu, Tayfur	23. 04. 1970	180	75	Besiktas Istanbul (TUR)	Mittelfeld	38	6	–	3	0	3	0	0	0	0	0	0	14
Izzet, Muzzy	31. 10. 1974	177	76	Leicester City (ENG)	Mittelfeld	7	0	–	1	0	1	0	0	0	0	0	0	13
Kahveci, Nihat	23. 11. 1979	175	71	Real Sociedad (ESP)	Angriff	11	1	–	2	0	2	0	0	0	0	0	0	15
Kerimoglu, Tugay	24. 08. 1970	175	72	Blackburn Rovers (ENG)	Mittelfeld	60	2	–	7	3	0	0	0	0	3	0	0	8
Korkmaz, Bülent	24. 11. 1968	181	79	Galatasaray Istanbul (TUR)	Abwehr	69	1	–	6	1	0	1	0	0	0	0	0	3
Mansiz, Ilhan	10. 08. 1975	184	79	Besiktas Istanbul (TUR)	Angriff	6	2	–	7	0	6	3	0	0	1	0	0	17
Özalan, Alpay	29. 05. 1973	188	81	Aston Villa (ENG)	Abwehr	60	4	–	5	0	0	0	0	0	1	0	1	5
Özat, Ümit	30. 10. 1976	183	89	Fenerbahce Istanbul (TUR)	Abwehr	14	0	–	2	0	0	0	0	0	0	0	0	16
Özgültekyn, Zafer	10. 03. 1975	183	75	MKE Ankaragücü (TUR)	Tor	1	0	–	0	0	0	0	0	0	0	0	0	23
Penbe, Ergun	17. 05. 1972	178	64	Galatasaray Istanbul (TUR)	Mittelfeld	21	0	–	5	0	0	0	0	0	1	0	0	18
Recber, Rüstü	10. 05. 1973	186	76	Fenerbahce Istanbul (TUR)	Tor	64	0	–	7	1	0	0	0	0	1	0	0	1
Sas, Hasan	01. 08. 1976	176	71	Galatasaray Istanbul (TUR)	Angriff	14	0	–	6	1	0	2	0	0	2	0	0	11
Sükür, Hakan	01. 09. 1971	191	81	AC Parma (ITA)	Angriff	73	35	–	7	2	0	1	0	0	1	0	0	9
Ünsal, Hakan	14. 05. 1973	178	78	Blackburn Rovers (ENG)	Abwehr	24	0	–	4	0	1	0	0	0	0	1	0	20

DER TRAINER

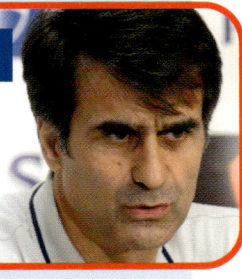

Senol Günes
Nationalität: Türke
Geburtsdatum: 01.06.1952
Nationaltrainer
seit Juli 2000

DIE ERFOLGE

WM 2002 Dritter

WM-Teilnahme 1954
Viertelfinalist EURO 2000

DER KAPITÄN

Hakan Sükür

TUNESIEN 159

Tunesien am 5. Juni 2002 in Kobe vor dem ersten Spiel in der Gruppe H gegen Russland (0:2). Stehend (v.l.): Ali Boumnijel, Radhi Jaidi, Mohamed Mkacher, Khaled Badra, Riadh Bouazizi, Hatem Trabelsi; hockend (v.l.): Adel Sellimi, Selim Ben Achour, Ziad Jaziri, Raouf Bouzaiane, Hassan Gabsi.

Name, Vorname	geboren am	Größe	Gewicht	Verein (Land)	Position	Länderspiele	LS-Tore	WM-Spiele	Einsätze	Auswechslung	Einwechslung	Tore	Elfmeter	Eigentore	Gelbe Karten	Gelb/R. Karten	Rote Karten	Rücken-Nr.
Badra, Khaled	08.04.1973	185	85	L'Esperance Tunis (TUN)	Abwehr	73	9	1 (98)	3	1	0	0	0	0	1	0	0	2
Baya, Zoubeir	15.05.1971	178	72	Besiktas Istanbul (TUR)	Mittelfeld	78	18	2 (98)	3	0	3	0	0	0	0	0	0	3
Béjaoui, Hassen	14.02.1976	188	85	CA Bizerte (TUN)	Tor	2	0	–	0	0	0	0	0	0	0	0	0	16
Ben Achour, Selim	08.09.1981	170	73	FC Martigues (FRA)	Mittelfeld	4	0	–	3	0	0	0	0	0	0	0	0	18
Bouazizi, Riadh	08.04.1973	186	76	Bursaspor (TUR)	Mittelfeld	48	2	2 (98)	3	0	0	0	0	0	1	0	0	13
Boumnijel, Ali	13.04.1966	186	88	SC Bastia (FRA)	Tor	15	0	–	3	0	0	0	0	0	0	0	0	1
Bouzaiane, Raouf	16.08.1970	174	73	FC Genua 1893 (ITA)	Abwehr	40	0	–	3	1	0	1	0	0	0	0	0	12
Clayton, José	21.03.1974	179	77	L'Esperance Tunis (TUN)	Abwehr	12	0	2 (98)	1	1	0	0	0	0	0	0	0	23
Gabsi, Hassan	23.02.1974	171	72	FC Genua 1893 (TUN)	Mittelfeld	49	16	–	2	2	0	0	0	0	2	0	0	8
Ghodhbane, Kaies	08.01.1976	183	78	ES du Sahel Sousse (TUN)	Mittelfeld	62	3	2 (98)	2	0	0	0	0	0	1	0	0	10
Jaidi, Radhi	30.08.1975	192	89	L'Esperance Tunis (TUN)	Abwehr	41	3	–	3	0	0	0	0	0	0	0	0	15
Jaouachi, Ahmed	13.07.1975	187	k.A.	Monastir (TUN)	Tor	0	0	–	0	0	0	0	0	0	0	0	0	22
Jaziri, Ziad	12.07.1978	171	71	ES du Sahel Sousse (TUN)	Angriff	27	9	–	3	1	0	2	0	0	1	0	0	5
Jelassi, Riadh	07.07.1971	175	72	Club Africain Tunis (TUN)	Angriff	20	5	–	0	0	0	0	0	0	0	0	0	9
Marzouki, Hamdi	23.01.1977	182	79	Club Africain Tunis (TUN)	Abwehr	7	0	–	0	0	0	0	0	0	0	0	0	14
Melki, Mourad	09.05.1975	178	74	L'Esperance Tunis (TUN)	Mittelfeld	12	1	–	2	2	0	0	0	0	1	0	0	21
Mhadhebi, Imed	22.03.1976	175	69	FC Genua 1893 (ITA)	Angriff	31	9	–	2	0	2	0	0	0	0	0	0	7
Mkacher, Mohamed	25.05.1975	170	73	ES du Sahel Sousse (TUN)	Abwehr	15	0	–	1	0	0	0	0	0	0	0	0	4
Mkademi, Emir	20.08.1978	178	74	ES du Sahel Sousse (TUN)	Abwehr	9	0	–	0	0	0	0	0	0	0	0	0	19
Sellimi, Adel	16.11.1972	176	77	SC Freiburg (GER)	Angriff	65	17	3 (98)	2	1	1	0	0	0	0	0	0	11
Thabet, Tarek	16.08.1971	176	72	L'Esperance Tunis (TUN)	Abwehr	71	3	1 (98)	0	0	0	0	0	0	0	0	0	17
Trabelsi, Hakem	25.01.1977	179	71	Ajax Amsterdam (NED)	Abwehr	28	0	1 (98)	3	0	0	0	0	0	1	0	0	6
Zitouni, Ali	11.01.1981	178	71	Club Africain Tunis (TUN)	Angriff	23	9	–	3	0	3	0	0	0	0	0	0	20

DER TRAINER

Ammar Souayah
Nationalität: Tunesier
Geburtsdatum: 01.01.1950
Nationaltrainer
seit März 2002

DIE ERFOLGE

WM 2002 Vierter Gruppe H

WM-Teilnahme 1978, 1998

DER KAPITÄN

Adel Sellimi

URUGUAY

GRUPPE A

Uruguay am 11. Juni 2002 in Suwon vor dem letzten Spiel in der Gruppe A gegen Senegal (3:3). Stehend (v.l.): Dario Rodriguez, Alvaro Recoba, Fabian Carini, Gonzalo Sorondo, Alejandro Lembo, Paolo Montero; hockend (v.l.): Gustavo Varela, Sebastian Abreu, Marcelo Romero, Pablo Garcia, Dario Silva

Name, Vorname	geboren am	Größe	Gewicht	Verein (Land)	Position	Länderspiele	LS-Tore	WM-Spiele	Einsätze	Auswechslung	Einwechslung	Tore	Elfmeter	Eigentore	Gelbe Karten	Gelb/R. Karten	Rote Karten	Rücken-Nr.
Abreu, Sebastian	17. 10. 1976	193	84	Cruz Azul Mexico-City (MEX)	Angriff	13	9	–	3	2	0	0	0	0	1	0	0	13
Bizera, Joe	17. 05. 1980	181	82	Penarol Montevideo (URU)	Abwehr	9	1	–	0	0	0	0	0	0	0	0	0	19
Carini, Fabian	26. 12. 1979	189	82	Juventus Turin (ITA)	Tor	35	0	–	3	0	0	0	0	0	1	0	0	1
de los Santos, Gonzalo	19. 07. 1976	186	82	FC Valencia (ESP)	Mittelfeld	28	1	–	1	0	1	0	0	0	0	0	0	22
Elduayen, Federico	25. 06. 1977	181	80	Penarol Montevideo (URU)	Tor	1	0	–	0	0	0	0	0	0	0	0	0	23
Forlán, Diego	19. 05. 1979	172	75	Manchester United (ENG)	Angriff	4	1	–	1	0	1	1	0	0	0	0	0	21
Garcia, Pablo	11. 05. 1977	186	78	AC Venedig (ITA)	Mittelfeld	36	2	–	3	0	0	0	0	0	2	0	0	5
Guigou, Gianni	22. 02. 1975	175	72	AS Rom (ITA)	Mittelfeld	36	0	–	2	0	1	0	0	0	0	0	0	7
Lembo, Alejandro	15. 02. 1978	178	77	Nacional Montevideo (URU)	Abwehr	31	1	–	2	0	0	0	0	0	0	0	0	3
Magallanes, Federico	22. 08. 1976	181	79	AC Venedig (ITA)	Angriff	24	7	–	2	0	2	0	0	0	0	0	0	11
Mendez, Gustavo	03. 02. 1971	176	73	Nacional Montevideo (URU)	Abwehr	45	0	–	1	0	0	0	0	0	1	0	0	2
Montero, Paolo	03. 09. 1971	179	74	Juventus Turin (ITA)	Abwehr	45	3	–	3	0	0	0	0	0	1	0	0	4
Morales, Richard	21. 02. 1975	197	90	Nacional Montevideo (URU)	Angriff	12	5	–	2	0	2	1	0	0	0	0	0	18
Munua, Gustavo	27. 01. 1978	186	85	Nacional Montevideo (URU)	Tor	9	0	–	0	0	0	0	0	0	0	0	0	12
Olivera, Nicolas	30. 05. 1978	166	66	FC Sevilla (ESP)	Mittelfeld	26	6	–	0	0	0	0	0	0	0	0	0	15
O'Neill, Fabian	14. 10. 1973	185	80	AC Perugia (ITA)	Angriff	19	2	–	0	0	0	0	0	0	0	0	0	10
Recoba, Alvaro	17. 03. 1976	178	77	Inter Mailand (ITA)	Angriff	43	8	–	3	1	0	1	1	0	0	0	0	20
Regueiro, Mario	14. 09. 1978	178	76	Racing Santander (ESP)	Angriff	14	0	–	2	0	2	0	0	0	0	0	0	17
Rodriguez, Dario	17. 09. 1974	186	84	Penarol Montevideo (URU)	Abwehr	21	2	–	3	2	0	1	0	0	1	0	0	6
Romero, Marcelo	04. 07. 1976	176	73	FC Malaga (ESP)	Mittelfeld	22	0	–	2	2	0	0	0	0	2	0	0	16
Silva, Dario	02. 11. 1972	178	73	FC Malaga (ESP)	Angriff	36	12	–	3	1	0	0	0	0	1	0	0	9
Sorondo, Gonzalo	09. 10. 1979	190	82	Inter Mailand (ITA)	Abwehr	18	0	–	3	0	0	0	0	0	0	0	0	14
Varela, Gustavo	14. 05. 1978	172	74	Nacional Montevideo (URU)	Angriff	7	0	–	3	0	0	0	0	0	0	0	0	8

DER TRAINER

Victor Pua
Nationalität: Uruguayer
Geburtsdatum: 31.03.1956
Nationaltrainer
seit Februar 2001

DIE ERFOLGE

WM 2002 Dritter Gruppe A

Weltmeister 1930, 1950
Olympiasieger 1924, 1928
Gewinner der Copa America 1916, 1917, 1920, 1923, 1924, 1926, 1935, 1942, 1956, 1959, 1967, 1983, 1987, 1995

DER KAPITÄN

Paolo Montero

GRUPPE D

Die USA am 14. Juni 2002 in Daejeon vor dem letzten Spiel in der Gruppe D gegen Polen (1:3). Stehend (v.l.) Brad Friedel, Brian McBride, Eddie Pope, Anthony Sanneh, Jeff Agoos, Frankie Hejduk; hockend (v.l.): Clint Mathis, John O'Brien, Claudio Reyna, Earnie Stewart, Landon Donovan

Name, Vorname	geboren am	Größe	Gewicht	Verein (Land)	Position	Länderspiele	LS-Tore	WM-Spiele	Einsätze	Auswechslung	Einwechslung	Tore	Elfmeter	Eigentore	Gelbe Karten	Gelb/R. Karten	Rote Karten	Rücken-Nr.
Agoos, Jeff	02.05.1968	183	79	San Jose Earthquakes (USA)	Abwehr	130	4	–	3	1	0	0	0	0	1	1	0	0	12
Beasley, DaMarcus	24.05.1982	170	57	Chicago Fire (USA)	Mittelfeld	12	3	–	3	1	1	0	0	0	1	0	0	17
Berhalter, Gregg	01.08.1973	185	79	Crystal Palace (ENG)	Abwehr	25	0	–	2	0	0	0	0	0	2	0	0	3
Cherundolo, Steve	19.02.1979	168	66	Hannover 96 (GER)	Abwehr	10	0	–	0	0	0	0	0	0	0	0	0	14
Donovan, Landon	04.03.1982	173	67	San Jose Earthquakes (USA)	Mittelfeld	23	5	–	5	1	0	2	0	0	0	0	0	21
Friedel, Brad	18.05.1971	193	92	Blackburn Rovers (ENG)	Tor	76	0	–	5	0	0	0	0	0	1	0	0	1
Hejduk, Frankie	05.08.1974	171	74	Bayer 04 Leverkusen (GER)	Abwehr	40	5	1 (98)	4	1	0	0	0	0	2	0	0	2
Jones, Cobi	16.06.1970	170	66	Los Angeles Galaxy (USA)	Mittelfeld	155	14	4 (94/98)	4	0	4	0	0	0	0	0	0	13
Keller, Kasey	29.11.1969	188	86	Tottenham Hotspur (ENG)	Tor	60	0	3 (98)	0	0	0	0	0	0	0	0	0	18
Lewis, Eddie	17.05.1974	178	71	FC Fulham (ENG)	Mittelfeld	38	3	–	3	0	1	0	0	0	1	0	0	7
Llamosa, Carlos	30.06.1969	180	76	New England Revolution (USA)	Abwehr	27	0	–	2	0	2	0	0	0	0	0	0	16
Mastroeni, Pablo	26.08.1976	178	78	Colorado Rapids (USA)	Abwehr	10	0	–	3	2	0	0	0	0	2	0	0	4
Mathis, Clint	25.11.1976	178	77	N.Y./N.J. Metro Stars (USA)	Angriff	22	9	–	3	1	1	1	0	0	0	0	0	11
McBride, Brian	19.06.1972	183	75	Columbus Crew (USA)	Angriff	60	18	1 (98)	5	3	0	2	0	0	0	0	0	20
Meola, Tony	21.02.1969	185	93	Kansas City Wizards (USA)	Tor	99	0	7 (90/94)	0	0	0	0	0	0	0	0	0	19
Moore, Joe-Max	23.02.1971	175	68	FC Everton (ENG)	Angriff	98	24	1 (98)	2	0	2	0	0	0	0	0	0	9
O'Brien, John	29.08.1977	175	68	Ajax Amsterdam (NED)	Mittelfeld	13	1	–	5	0	0	1	0	0	0	0	0	5
Pope, Eddie	24.12.1973	185	81	Washington DC United (USA)	Abwehr	50	5	3 (98)	5	1	0	0	0	0	2	0	0	23
Régis, David	02.12.1968	180	73	FC Metz (FRA)	Abwehr	27	0	3 (98)	0	0	0	0	0	0	0	0	0	6
Reyna, Claudio	20.07.1973	175	73	FC Sunderland (ENG)	Mittelfeld	88	8	3 (98)	4	0	0	0	0	0	1	0	0	10
Sanneh, Anthony	01.06.1971	188	86	1. FC Nürnberg (GER)	Abwehr	32	2	–	5	0	0	0	0	0	0	0	0	22
Stewart, Ernie	28.03.1969	175	66	NAC Breda (NED)	Mittelfeld	80	15	6(94/98)	4	2	2	0	0	0	0	0	0	8
Wolff, Josh	25.02.1977	173	73	Chicago Fire (USA)	Angriff	18	6	–	2	1	1	0	0	0	1	0	0	15

DER TRAINER

Bruce Arena
Nationalität: Amerikaner
Geburtsdatum: 21.09.1951
Nationaltrainer
seit Herbst 1998

DIE ERFOLGE

WM 2002 Viertelfinale

WM-Halbfinale 1930
Sieger des CONCACAF Gold Cup 1991
Zweiter des CONCACAF Gold Cup 1993

DER KAPITÄN

Claudio Reyna

Gamal Al-Ghandour
Nationalität: Ägypter
Geburtsdatum: 12.06.1957
Muttersprache: Arabisch
Hobbys: Schwimmen, Lesen
Schiedsrichter seit:
01.01.1993
Erstes Länderspiel:
24.07.1993:
Uganda – Sudan
Verband: Confédération
Africaine de Football (CAF)
WM 2002
Spanien – Paraguay 3:1
Costa Rica – Brasilien 2:5
Spanien – Südkorea 3:5 i.E.

Ubaldo Aquino
Nationalität: Paraguayer
Geburtsdatum: 02.05.1958
Muttersprache: Spanisch
Hobbys:
Naturdokumentationen
ansehen, Reisen mit der
Familie, Musik
Schiedsrichter seit:
01.01.1994
Erstes Länderspiel:
16.06.1995: Chile –
Neuseeland
Verband: Confederaación
Sudamericana
de Fútbol (CONMEBOL)
WM 2002
Deutschland – Saudi-
Arabien 8:0
Schweden – Senegal 1:2
i.V./Golden Goal

Carlos Batres
Nationalität: Guatemalteke
Geburtsdatum: 02.04.1968
Muttersprache: Spanisch
Hobbys: Sport, Lesen
Schiedsrichter seit:
01.01.1996
Erstes Länderspiel:
27.10.1996:
Panama – Kanada
Verband: Confederation of
North, Central American
and Caribbean Association
Football (COMCACAF)
WM 2002
Dänemark – Senegal 1:1
Deutschland – Paraguay 1:0

Ali Bujsaim
Nationalität: Araber (VAE)
Geburtsdatum: 09.09.1959
Muttersprache: Arabisch
Hobbys: Wassersport
Schiedsrichter seit:
01.01.1990
Erstes Länderspiel:
10.04.1988:
Pakistan – Jordanien
Verband: Asian Football
Confederation (AFC)
WM 2002
Frankreich – Senegal 0:1
Schweden – Argentinien 1:1

Coffi Codjia
Nationalität: Beniner
Geburtsdatum: 09.12.1967
Muttersprache: Fon
Hobbys: Radfahren
Schiedsrichter seit:
01.01.1994
Erstes Länderspiel:
23.04.1995: Ghana – Niger
Verband: Confédération
Africaine de Football (CAF)
WM 2002
Costa Rica – Türkei 1:1

Pierluigi Collina
Nationalität: Italiener
Geburtsdatum: 13.02.1960
Muttersprache: Italienisch
Hobbys: Lesen, Basketball,
Internet
Schiedsrichter seit:
01.01.1995
Erstes Länderspiel:
24.04.1996:
Niederlande – Deutschland
Verband: Union des
Associations Européennes
de Football (UEFA)
WM 2002
Argentinien – England 0:1
Japan – Türkei 0:1
Deutschland – Brasilien 0:2

Mourad Daami
Nationalität: Tunesier
Geburtsdatum: 15.08.1962
Muttersprache: Arabisch
Hobbys: Musik, Schwimmen
Schiedsrichter seit:
01.01.1996
Erstes Länderspiel:
13.06.1999:
Togo – Südafrika
Verband: Confédération
Africaine de Football (CAF)
WM 2002
Mexiko – Ekuador 2:1

Hugh Dallas
Nationalität: Schotte
Geburtsdatum: 26.10.1957
Muttersprache: Englisch
Hobbys: Fitness
Schiedsrichter seit:
01.01.1993
Erstes Länderspiel:
26.03.1994: USA – Bolivien
Verband: Union des
Associations Européennes
de Football (UEFA)
WM 2002
Portugal – Polen 4:0
Deutschland – USA 1:0

Anders Frisk
Nationalität: Schwede
Geburtsdatum: 18.02.1963
Muttersprache: Schwedisch
Hobbys: Sport, Filme
Schiedsrichter seit:
01.01.1991
Erstes Länderspiel:
17.07.1991: Island – Türkei
Verband: Union des
Associations Européennes
de Football (UEFA)
WM 2002
Brasilien – China 4:0
Spanien – Irland 3:2 i.E

Mohamed Guezzaz
Nationalität: Marokkaner
Geburtsdatum: 01.10.1962
Muttersprache: Arabisch
Hobbys: Sport, Reisen,
Lesen
Schiedsrichter seit:
01.01.1997
Erstes Länderspiel:
20.08.1999:
Eritrea – Senegal
Verband: Confédération
Africaine de Football (CAF)
WM 2002
Spanien – Slowenien 3:1

Brian Hall
Nationalität: Amerikaner
Geburtsdatum: 05.06.1961
Muttersprache: Englisch
Hobbys: Fotografie,
Fußballtrainer
Schiedsrichter seit:
01.01.1992
Erstes Länderspiel:
13.12.1992:
Costa Rica – St. Vincent
/Grenadines
Verband: Confederation of
North, Central American
and Caribbean Association
Football (COMCACAF)
WM 2002
Italien – Ekuador 2:0
Nigeria – England 0:0

Terje Hauge
Nationalität: Norweger
Geburtsdatum: 05.10.1965
Muttersprache: Norwegisch
Hobbys: Sport, Angeln,
Musik
Schiedsrichter seit:
01.01.1993
Erstes Länderspiel:
12.10.1994:
Schottland – Färöer
Verband: Union des
Associations Européennes
de Football (UEFA)
WM 2002
Kamerun – Saudi-Arabien 1:0

Toru Kamikawa
Nationalität: Japaner
Geburtsdatum: 08.06.1963
Muttersprache: Japanisch
Hobbys: Lesen, Musik
Schiedsrichter seit:
01.01.1998
Erstes Länderspiel:
30.11.1998:
Hongkong – Oman
Verband: Asian Football
Confederation (AFC)
WM 2002
Irland – Kamerun 1:1

Young Joo Kim
Nationalität: Südkoreaner
Geburtsdatum: 30.12.1957
Muttersprache: Koreanisch
Hobbys: Musik
Schiedsrichter seit:
01.01.1994
Erstes Länderspiel:
11.09.1994:
Republik Korea – Ukraine
Verband: Asian Football
Confederation (AFC)
WM 2002
Brasilien – Türkei 2:1

Jun Lu
Nationalität: Chinese
Geburtsdatum: 19.03.1959
Muttersprache: Chinesisch
Hobbys: Fußball
Schiedsrichter seit:
01.01.1991
Erstes Länderspiel: 17.11.1991:
Japan – Brasilien
(Frauen-WM)
Verband: Asian Football
Confederation (AFC)
WM 2002
Kroatien – Mexiko 0:1
Polen – USA 3:1

Saad Mane
Nationalität: Kuwaiter
Geburtsdatum: 06.01.1963
Muttersprache: Arabisch
Hobbys: Fußball,
Schwimmen, Tennis
Schiedsrichter seit:
01.01.1994
Erstes Länderspiel:
17.03.1996:
Kasachstan – China
Verband: Asian Football
Confederation (AFC)
WM 2002
Uruguay – Dänemark 1:2
Südafrika – Spanien 2:3
Südkorea – Türkei 2:3

William Mattus
Nationalität: Costa-Ricaner
Geburtsdatum: 17.04.1964
Muttersprache: Spanisch
Hobbys: Leichtathletik,
Musik, Fußball
Schiedsrichter seit:
01.01.1997
Erstes Länderspiel:
05.02.1997:
Costa Rica – Slowakei
Verband: Confederation of
North, Central American
and Caribbean Association
Football (COMCACAF)
WM 2002
Japan – Belgien 2:2
Ekuador – Kroatien 1:0

Urs Meier
Nationalität: Schweizer
Geburtsdatum: 22.01.1959
Muttersprache: Deutsch
Hobbys: Skifahren,
Motorradfahren, Lesen
Schiedsrichter seit:
01.01.1994
Erstes Länderspiel:
19.07.1994:
Georgien – Malta
Verband: Union des
Associations Européennes
de Football (UEFA)
WM 2002
Südkorea – USA 1:1
Deutschland – Südkorea 1:0

Markus Merk
Nationalität: Deutscher
Geburtsdatum: 15.03.1962
Muttersprache: Deutsch
Hobbys: Marathon,
Triathlon, Skilanglauf,
Reisen
Schiedsrichter seit:
01.01.1992

Erstes Länderspiel:
28.04.1992:
Schweiz – Bulgarien
Verband: Union des
Associations Européennes
de Football (UEFA)
WM 2002
Japan – Russland 1:0
Dänemark – England 0:3

Lubos Michel
Nationalität: Slowake
Geburtsdatum: 16.05.1968
Muttersprache: Slowakisch
Hobbys: Tennis, Lesen
Schiedsrichter seit:
01.01.1993
Erstes Länderspiel:
11.10.1995: Liechtenstein –
Nordirland
Verband: Union des
Associations Européennes
de Football (UEFA)
WM 2002
Paraguay – Südafrika 2:2

Byron Moreno
Nationalität: Ekuadorianer
Geburtsdatum: 23.11.1969
Muttersprache: Spanisch
Hobbys: Lesen, Fußball,
Basketball
Schiedsrichter seit:
01.01.1996
Erstes Länderspiel:
12.06.1997:
Bolivien – Venezuela
Verband: Confederaación
Sudamericana de Fútbol
(CONMEBOL)
WM 2002
USA – Portugal 3:2
Südkorea – Italien 2:1
i.V. Golden Goal

Falla Ndoye
Nationalität: Senegalese
Geburtsdatum: 04.03.1960
Muttersprache: Oulof
Hobbys: Musik, Fußball
Schiedsrichter seit:
01.01.1993
Erstes Länderspiel:
06.01.1995:
Algerien – Ägypten
Verband: Confédération
Africaine de Football (CAF)
WM 2002
Saudi-Arabien – Irland 0:3

Kim Milton Nielsen
Nationalität: Däne
Geburtsdatum: 03.08.1960
Muttersprache: Dänisch
Hobbys: Tennis
Schiedsrichter seit:
01.01.1988
Erstes Länderspiel:
30.10.1989:
Kuwait – Libanon
Verband: Union des
Associations Européennes
de Football (UEFA)
WM 2002
Deutschland – Irland 1:1
Belgien – Russland 3:2
Brasilien – Türkei 1:0

Antonio Lopez Nieto
Nationalität: Spanier
Geburtsdatum: 25.01.1958
Muttersprache: Spanisch
Hobbys: Korbball, Musik, Lesen
Schiedsrichter seit: 01.01.1993
Erstes Länderspiel: 07.09.1994: England – USA
Verband: Union des Associations Européennes de Football (UEFA)
WM 2002
Kamerun – Deutschland 0:2

René Ortube
Nationalität: Bolivianer
Geburtsdatum: 26.12.1964
Muttersprache: Spanisch
Hobbys: Reisen, Musik, Lesen
Schiedsrichter seit: 01.01.1992
Erstes Länderspiel: 10.11.1996: Peru – Venezuela
Verband: Confederaación Sudamericana de Fútbol (CONMEBOL)
WM 2002
Schweden – Nigeria 2:1

Vitor Melo Pereira
Nationalität: Portugiese
Geburtsdatum: 21.04.1957
Muttersprache: Portugiesisch
Hobbys: Sport
Schiedsrichter seit: 01.01.1992
Erstes Länderspiel: 08.09.1993: Spanien – Chile
Verband: Union des Associations Européennes de Football (UEFA)
WM 2002
Dänemark – Frankreich 2:0
Mexiko – USA 0:2

Graham Poll
Nationalität: Engländer
Geburtsdatum: 29.07.1963
Muttersprache: Englisch
Hobbys: Golf
Schiedsrichter seit: 01.01.1996
Erstes Länderspiel: 02.04.1997: Aserbeidschan – Finnland
Verband: Union des Associations Européennes de Football (UEFA)
WM 2002
Italien – Kroatien 1:2

Peter Prendergast
Nationalität: Jamaikaner
Geburtsdatum: 23.09.1963
Muttersprache: Englisch
Hobbys: Fußballspiele schauen, Squash
Schiedsrichter seit: 01.01.1994
Erstes Länderspiel: 09.06.1996: USA – Irland
Verband: Confederation of North, Central American and Caribbean Association Football (COMCACAF)
WM 2002
Russland – Tunesien 2:0
Brasilien – Belgien 2:0

Felipe Ramos Rizo
Nationalität: Mexikaner
Geburtsdatum: 10.03.1963
Muttersprache: Spanisch
Hobbys: Filme, Computer
Schiedsrichter seit: 01.01.1997
Erstes Länderspiel: 30.05.1998: USA – Schottland
Verband: Confederation of North, Central American and Caribbean Association Football (COMCACAF)
WM 2002
Frankreich – Uruguay 0:0
Slowenien – Paraguay 1:3
England – Brasilien 1:2

Oscar Ruiz
Nationalität: Kolumbianer
Geburtsdatum: 01.11.1969
Muttersprache: Spanisch
Hobbys: Musik, Lesen
Schiedsrichter seit: 01.01.1995
Erstes Länderspiel: 12.07.1995: Paraguay – Venezuela
Verband: Confederaación Sudamericana de Fútbol (CONMEBOL)
WM 2002
Südkorea – Polen 2:0
Türkei – China 3:0
Senegal – Türkei 0:1 i.V./Golden Goal

Angel Sanchez
Nationalität: Argentinier
Geburtsdatum: 03.03.1957
Muttersprache: Spanisch
Hobbys: Fußball
Schiedsrichter seit: 01.01.1994
Erstes Länderspiel: 28.12.1996: Argentinien – Jugoslawien
Verband: Confederaación Sudamericana de Fútbol (CONMEBOL)
WM 2002
Südafrika – Slowenien 1:0
Portugal – Südkorea 0:1

Carlos Simon
Nationalität: Brasilianer
Geburtsdatum: 03.09.1965
Muttersprache: Portugiesisch
Hobbys: Lesen
Schiedsrichter seit: 01.01.1998
Erstes Länderspiel: 29.06.2000: Ekuador – Peru
Verband: Confederaación Sudamericana de Fútbol (CONMEBOL)
WM 2002
England – Schweden 1:1
Mexiko – Italien 1:1

Mark Shield
Nationalität: Australier
Geburtsdatum: 02.09.1973
Muttersprache: Englisch
Hobbys: Squash, Angeln
Schiedsrichter seit: 01.01.1999
Erstes Länderspiel: 22.01.1997: Neuseeland – Norwegen
Verband: Oceania Football Confederation (OFC)
WM 2002
Tunesien – Belgien 1:1

Kyros Vassaras
Nationalität: Grieche
Geburtsdatum: 01.02.1966
Muttersprache: Griechisch
Hobbys: Wassersport, Malen
Schiedsrichter seit: 01.01.1998
Erstes Länderspiel: 28.04.1999: Österreich – San Marino
Verband: Union des Associations Européennes de Football (UEFA)
WM 2002
China – Costa Rica 0:2

Gilles Veissiere
Nationalität: Franzose
Geburtsdatum: 18.09.1959
Muttersprache: Französisch
Hobbys: Pferde, Familie
Schiedsrichter seit: 01.01.1992
Erstes Länderspiel: 29.03.1995: Tschechische Republik – Weißrussland
Verband: Union des Associations Européennes de Football (UEFA)
WM 2002
Argentinien – Nigeria 1:0
Tunesien – Japan 0:2

Jan Wegereef
Nationalität: Niederländer
Geburtsdatum: 17.01.1962
Muttersprache: Niederländisch
Hobbys: Sport, Musik
Schiedsrichter seit: 01.01.1993
Erstes Länderspiel: 24.04.1996: Dänemark – Schottland
Verband: Union des Associations Européennes de Football (UEFA)
WM 2002
Senegal – Uruguay 3:3

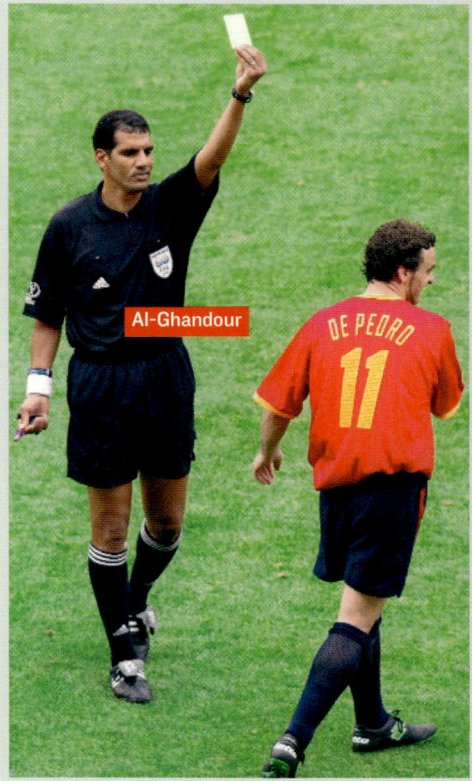

Al-Ghandour · DE PEDRO 11

Das waren die schlimmsten Pfeifen der WM 2002

Kim · Nieto

Was haben wir uns bei dieser WM über die Schiedsrichter geärgert! Nicht nur der Ägypter Al-Ghandour (Bild oben), der den Spaniern im Spiel gegen Südkorea zwei glasklare Treffer verweigerte, lag daneben.
Die schlimmsten Tomaten-Schiris: Der Koreaner Kim schenkte Brasilien gegen die Türkei einen Elfmeter zum 2:1. Zudem stellte er Ünsal nach Rivaldos Schauspiel-Einlage vom Platz.
Wild mit den Karten fuchtelte der Spanier Nieto bei unserem 2:0 gegen Kamerun: 16 Karten, darunter zwei Platzverweise – Rekord!
Italien scheiterte an Moreno aus Ekuador: Elfmeter für Korea, Platzverweis gegen Totti wegen angeblicher „Schwalbe". Dazu ein Tommasi-Tor aberkannt.

Moreno

BUSAN ASIA MAIN STADION

Busan . . . . .3,8 Mio. Einwohner
- ► Fassungsvermögen 55 982
- ► Fertigstellung . . . . .Juli 2001
- ► Baukosten . . . . .195 Mio. €

WM-Spiele 2002 . . . .
- ► Sonntag, 02. Juni · Vorrunde Gruppe B
  Paraguay – Südafrika 2:2 (1:0)
  25 186 Zuschauer
- ► Dienstag, 04. Juni · Vorrunde Gruppe D
  Südkorea – Polen 2:0 (1:0)
  48 760 Zuschauer
- ► Donnerstag, 06. Juni · Vorrunde Gruppe A
  Frankreich – Uruguay 0:0
  38 289 Zuschauer

DAEGU WORLD CUP STADION

Daegu . . . . .2,5 Mio. Einwohner
- ► Fassungsvermögen 68 014
- ► Fertigstellung . . . . .Mai 2001
- ► Baukosten . . . . .257 Mio. €

WM-Spiele 2002 . . . .
- ► Donnerstag, 06. Juni · Vorrunde Gruppe A
  Dänemark – Senegal 1:1 (1:0)
  43 500 Zuschauer
- ► Samstag, 08. Juni · Vorrunde Gruppe B
  Südafrika – Slowenien 1:0 (1:0)
  47 226 Zuschauer
- ► Montag, 10. Juni · Vorrunde Gruppe D
  Südkorea – USA 1:1 (0:1)
  60 778 Zuschauer
- ► Samstag, 29. Juni · Spiel um Platz 3
  Südkorea – Türkei 2:3 (1:3)
  63 483 Zuschauer

DAEJEON WORLD CUP STADION

Daejeon . . . . .950 000 Einwohner
- ► Fassungsvermögen 40 407
- ► Fertigstellung . . . . . . .September 2001
- ► Baukosten . . . . .128 Mio. €

WM-Spiele 2002 . . . .
- ► Mittwoch, 12. Juni · Vorrunde Gruppe B
  Südafrika – Spanien 2:3 (1:2)
  31 024 Zuschauer
- ► Freitag, 14. Juni · Vorrunde Gruppe D
  Polen – USA 3:1 (2:0)
  26 482 Zuschauer
- ► Dienstag, 18. Juni · Achtelfinale
  Südkorea – Italien 2:1
  i.V. Golden Goal . . . .(1:1 (0:1))
  38 588 Zuschauer

GWANGJU WORLD CUP STADION

Gwangju . . . . .über 1 Mio. Einwohner
- ► Fassungsvermögen 42 880
- ► Fertigstellung . . . . . . .September 2001
- ► Baukosten . . . . .136 Mio. €

WM-Spiele 2002 . . . .
- ► Sonntag, 02. Juni · Vorrunde Gruppe B
  Spanien – Slowenien 3:1 (1:0)
  28 598 Zuschauer
- ► Dienstag, 04. Juni · Vorrunde Gruppe C
  China – Costa Rica 0:2 (0:0)
  27 217 Zuschauer
- ► Samstag, 22. Juni · Viertelfinale
  Spanien – Südkorea . . . . . .3:5 i.E. (0:0)
  42 114 Zuschauer

INCHEON MUNHAK STADION

Incheon . . . . .2,5 Mio. Einwohner
- ► Fassungsvermögen 52 179
- ► Fertigstellung . . . . .Dezember 2001
- ► Baukosten . . . . .216 Mio. €

WM-Spiele 2002 . . . .
- ► Sonntag, 09. Juni · Vorrunde Gruppe C
  Costa Rica – Türkei 1:1 (0:0)
  42 299 Zuschauer
- ► Dienstag, 11. Juni · Vorrunde Gruppe A
  Dänemark – Frankreich 2:0 (1:0)
  48 100 Zuschauer
- ► Freitag, 14. Juni · Vorrunde Gruppe D
  Portugal – Südkorea 0:1 (0:0)
  50 239 Zuschauer

JEONJU WORLD CUP STADION

Jeonju . . . . .620 000 Einwohner
▶ Fassungsvermögen 42 391
▶ Fertigstellung . . . . . . .September 2001
▶ Baukosten . . . . .126 Mio. €

WM-Spiele 2002 . . . .
▶ Freitag, 07. Juni · Vorrunde Gruppe B
Spanien – Paraguay 3:1 (0:1)
24 000 Zuschauer
▶ Montag, 10. Juni · Vorrunde Gruppe D
Portugal – Polen 4:0 (1:0)
31 000 Zuschauer
▶ Montag, 17. Juni · Achtelfinale
Mexiko – USA 0:2 (0:1)
36 380 Zuschauer

JEJU WORLD CUP STADION

Seogwipo . . . . .85 000 Einwohner
▶ Fassungsvermögen 42 256
▶ Fertigstellung . . . . .Dezember 2001
▶ Baukosten . . . . .109 Mio. €

WM-Spiele 2002 . . . .
▶ Samstag, 08. Juni · Vorrunde Gruppe C
Brasilien – China 4:0 (3:0)
36 750 Zuschauer
▶ Mittwoch, 12. Juni · Vorrunde Gruppe B
Slowenien – Paraguay 1:3 (1:0)
30 176 Zuschauer
▶ Samstag, 15. Juni · Achtelfinale
Deutschland – Paraguay 1:0 (0:0)
25 176 Zuschauer

SEOUL WORLD CUP STADION

Seoul . . . . .über 10 Mio. Einwohner
▶ Fassungsvermögen 63 961
▶ Fertigstellung . . . . . . .Dezember 2001
▶ Baukosten . . . . .180 Mio. €

WM-Spiele 2002 . . . .
▶ Freitag, 31.05.02 · Vorrunde Gruppe A
Frankreich – Senegal 0:1 (0:1)
62 561 Zuschauer
▶ Donnerstag, 13. Juni · Vorrunde Gruppe C
Türkei – China 3:0 (2:0)
43 605 Zuschauer
▶ Dienstag, 25. Juni · Halbfinale
Deutschland – Südkorea 1:0 (0:0)
65 625 Zuschauer

SUWON WORLD CUP STADION

Suwon . . . . .950 000 Einwohner
▶ Fassungsvermögen 43 188
▶ Fertigstellung . . . . .Mai 2001
▶ Baukosten . . . . .219 Mio. €

WM-Spiele 2002 . . . .
▶ Mittwoch, 05. Juni · Vorrunde Gruppe D
USA – Portugal 3:2 (3:1)
37 306 Zuschauer
▶ Dienstag, 11. Juni · Vorrunde Gruppe A
Senegal – Uruguay 3:3 (3:0)
33 681 Zuschauer
▶ Donnerstag, 13. Juni · Vorrunde Gruppe C
Costa Rica – Brasilien 2:5 (1:3)
38 524 Zuschauer
▶ Sonntag, 16. Juni · Achtelfinale
Spanien – Irland . . . . .3:2 i.E.
38 926 Zuschauer

ULSAN MUNSU STADION

Ulsan . . . . .über 1 Mio. Einwohner
▶ Fassungsvermögen 43 550
▶ Fertigstellung . . . . .Mai 2001
▶ Baukosten . . . . .132 Mio. €

WM-Spiele 2002 . . . .
▶ Samstag, 01. Juni · Vorrunde Gruppe A
Uruguay – Dänemark 1:2 (0:1)
30 157 Zuschauer
▶ Montag, 03. Juni · Vorrunde Gruppe C
Brasilien – Türkei 2:1 (0:1)
33 842 Zuschauer
▶ Freitag, 21. Juni · Viertelfinale
Deutschland – USA 1:0 (1:0)
37 337 Zuschauer

IBARAKI KASHIMA STADION

Ibaraki/Kashima ...... .63 000 Einwohner
▶ Fassungsvermögen .... .42 000
▶ Fertigstellung .... .Mai 2001
▶ Baukosten .... .213 Mio. €

WM-Spiele 2002 ....
▶ Sonntag, 02. Juni · Vorrunde Gruppe F
Argentinien – Nigeria 1:0 (0:0)
34 050 Zuschauer
▶ Mittwoch, 05. Juni · Vorrunde Gruppe E
Deutschland – Irland 1:1 (1:0)
35 854 Zuschauer
▶ Samstag, 08. Juni · Vorrunde Gruppe G
Italien – Kroatien 1:2 (0:0)
36 472 Zuschauer

KOBE WING STADION

Kobe .... .1,5 Mio. Einwohner
▶ Fassungsvermögen .... .42 000
▶ Fertigstellung .... .Oktober 2001
▶ Baukosten .... .206 Mio. €

WM-Spiele 2002 ....
▶ Mittwoch, 05. Juni · Vorrunde Gruppe H
Russland – Tunesien 2:0 (0:0)
30 957 Zuschauer
▶ Freitag, 07. Juni · Vorrunde Gruppe F
Schweden – Nigeria 2:1 (1:1)
36 194 Zuschauer
▶ Montag, 17. Juni · Achtelfinale
Brasilien – Belgien 2:0 (0:0)
40 440 Zuschauer

MIYAGI STADION

Miyagi/Sendai .... .920 000 Einwohner
▶ Fassungsvermögen .... .49 000
▶ Fertigstellung .... .März 2000
▶ Baukosten .... .269 Mio. €

WM-Spiele 2002 ....
▶ Sonntag, 09. Juni · Vorrunde Gruppe G
Mexiko – Ekuador 2:1 (1:1)
45 610 Zuschauer
▶ Mittwoch, 12. Juni · Vorrunde Gruppe F
Schweden – Argentinien 1:1 (0:0)
45 777 Zuschauer
Dienstag, 18. Juni · Achtelfinale
Japan – Türkei 0:1 (0:1)
45 666 Zuschauer

NIIGATA BIG SWAN STADION

Niigata .... .530 000 Einwohner
▶ Fassungsvermögen .... .42 300
▶ Fertigstellung .... .März 2001
▶ Baukosten .... .269 Mio. €

WM-Spiele 2002 ....
▶ Samstag, 01. Juni · Vorrunde Gruppe E
Irland – Kamerun 1:1 (0:1)
33 679 Zuschauer
▶ Montag, 03. Juni · Vorrunde Gruppe G
Kroatien – Mexiko 0:1 (0:0)
32 239 Zuschauer
▶ Samstag, 15. Juni · Achtelfinale
Dänemark – England 0:3 (0:3)
40 582 Zuschauer

OITA BIG EYE STADION

Oita .... .400 000 Einwohner
▶ Fassungsvermögen .... .43 000
▶ Fertigstellung .... .März 2001
▶ Baukosten .... .225 Mio. €

WM-Spiele 2002 ....
▶ Montag, 10. Juni · Vorrunde Gruppe H
Tunesien – Belgien 1:1 (1:1)
37 900 Zuschauer
▶ Donnerstag, 13. Juni · Vorrunde Gruppe G
Mexiko – Italien 1:1 (1:0)
39 291 Zuschauer
▶ Sonntag, 16. Juni · Achtelfinale
Schweden – Senegal 1:2
i.V./Golden Goal ....(1:1 (1:1))
39 747 Zuschauer

OSAKA NAGAI STADION

Osaka . . . . .2,5 Mio. Einwohner
- ► Fassungsvermögen 50 000
- ► Fertigstellung . . . . .Mai 1996
- ► Baukosten . . . . .360 Mio. €

WM-Spiele 2002 . . . .
- ► Mittwoch, 12. Juni · Vorrunde Gruppe F
  Nigeria – England 0:0
  44 864 Zuschauer
- ► Freitag, 14. Juni · Vorrunde Gruppe H
  Tunesien – Japan 0:2 (0:0)
  45 213 Zuschauer
- ► Samstag, 22. Juni · Viertelfinale
  Senegal – Türkei 0:1
  i.V./Golden Goal . . . .(0:0)
  44 233 Zuschauer

SAITAMA STADION 2002

Saitama/Urawa . . . . . .478 000 Einwohner
- ► Fassungsvermögen 63 000
- ► Fertigstellung . . . . .Juli 2001
- ► Baukosten . . . . .319 Mio. €

WM-Spiele 2002 . . . .
- ► Sonntag, 02. Juni · Vorrunde Gruppe F
  England – Schweden 1:1 (1:0)
  52 721 Zuschauer
- ► Dienstag, 04. Juni · Vorrunde Gruppe H
  Japan – Belgien 2:2 (0:0)
  55 256 Zuschauer
- ► Donnerstag, 06. Juni · Vorrunde Gruppe E
  Kamerun – Saudi-Arabien 1:0 (0:0)
  52 328 Zuschauer
- ► Mittwoch, 26. Juni · Halbfinale
  Brasilien – Türkei 1:0 (0:0)
  61 058 Zuschauer

SAPPORO DOME

Sapporo . . . . .1,8 Mio. Einwohner
- ► Fassungsvermögen 42 000
- ► Fertigstellung . . . . .Mai 2001
- ► Baukosten . . . . .379 Mio. €

WM-Spiele 2002 . . . .
- ► Samstag, 01. Juni · Vorrunde Gruppe E
  Deutschland – Saudi-Arabien .8:0 (4:0)
  32 218 Zuschauer
- ► Montag, 03. Juni · Vorrunde Gruppe G
  Italien – Ekuador 2:0 (2:0)
  31 081 Zuschauer
- ► Freitag, 07. Juni · Vorrunde Gruppe F
  Argentinien – England 0:1 (0:1)
  35 927 Zuschauer

SHIZUOKA ECOPA STADION

Shizuoka . . . . .142 000 Einwohner
- ► Fassungsvermögen 50 600
- ► Fertigstellung . . . . .März 2001
- ► Baukosten . . . . .269 Mio. €

WM-Spiele 2002 . . . .
- ► Dienstag, 11. Juni · Vorrunde Gruppe E
  Kamerun – Deutschland 0:2 (0:0)
  47 085 Zuschauer
- ► Freitag, 14. Juni · Vorrunde Gruppe H
  Belgien – Russland 3:2 (1:0)
  46 640 Zuschauer
- ► Freitag, 21. Juni · Viertelfinale
  England – Brasilien 1:2 (1:1)
  47 436 Zuschauer

YOKOHAMA INTERNATIONAL

Yokohama . . . . .3,4 Mio. Einwohner
- ► Fassungsvermögen 70 000
- ► Fertigstellung . . . . .Oktober 1997
- ► Baukosten . . . . .538 Mio. €

WM-Spiele 2002 . . . .
- ► Sonntag, 09. Juni · Vorrunde Gruppe H
  Japan – Russland 1:0 (0:0)
  66 108 Zuschauer
- ► Dienstag, 11. Juni · Vorrunde Gruppe E
  Saudi-Arabien – Irland 0:3 (0:1)
  65 320 Zuschauer
- ► Donnerstag, 13. Juni · Vorrunde Gruppe G
  Ekuador – Kroatien 1:0 (0:0)
  65 862 Zuschauer
- ► Sonntag, 30. Juni · Finale
  Deutschland – Brasilien 0:2 (0:0)
  69 029 Zuschauer

Alles oder nichts

Nur 1:1 lautete das Ergebnis im 1. Play-Off-Spiel gegen die Ukraine in Kiew. Entscheidung vertagt bis zum Relegations-Rückspiel am 14. 11. 2001 im Dortmunder Westfalen-Stadion. Dank eines Paukenschlag-Auftakts – 3:0 nach nur 15 Minuten – sichert sich Deutschland mit 4:1 die WM-Teilnahme in Japan und Sükorea. Das 3:0 erzielt Marko Rehmer (2.v.r.). Im Kopfball-Duell setzt er sich gegen Abwehrspieler Viktor Skripnik durch. Carsten Ramelow (r.) beobachtet aus dem Hintergrund die Szene. Der ukrainische Verteidiger Wladislaw Waschtschuk (l.) und sein Schlussmann Maxim Lewitzki (2.v.l.) können nicht mehr eingreifen.

Die WM-Qualifikation auf einen Blick

Europa

Zittern bis zum Schluss! Deutschland verspielte noch den Gruppensieg. Unvergessen das schlimme 1:5 in München gegen England. In den Play-Off-Spielen gegen die Ukraine machte die Völler-Elf dann alles klar. Auch Belgien (gegen Tschechien), Türkei (gegen Österreich) und Slowenien (gegen Rumänien) mussten nachsitzen. Irland schaffte den Sprung nur knapp gegen den Asien-Dritten Iran. Böse erwischte es Holland. Nur Gruppen-Dritter – WM-Aus.

GRUPPE 9
		Tore	Punkte
1	England	16:6	17
2	Deutschland	14:10	17
3	Finnland	12:7	12
4	Griechenland	7:17	7
5	Albanien	5:14	3

DIE DEUTSCHEN SPIELE
Deutschland – Griechenland	2:0
England – Deutschland	0:1
Deutschland – Albanien	2:1
Griechenland – Deutschland	2:4
Finnland – Deutschland	2:2
Albanien – Deutschland	0:2
Deutschland – England	1:5
Deutschland – Finnland	0:0

PLAY-OFF
Ukraine – Deutschland	1:1
Deutschland – Ukraine	4:1

GRUPPE 1
		Tore	Punkte
1	Russland	18:5	23
2	Slowenien	17:9	20
3	Jugoslawien	22:8	19
4	Schweiz	18:12	14
5	Faröer	6:23	7
6	Luxemburg	4:28	0

GRUPPE 2
		Tore	Punkte
1	Portugal	33:7	24
2	Irland	23:5	24
3	Niederlande	30:9	20
4	Estland	10:26	8
5	Zypern	13:31	8
6	Andorra	4:36	0

GRUPPE 3
		Tore	Punkte
1	Dänemark	22:6	22
2	Tschechien	20:8	20
3	Bulgarien	14:15	17
4	Island	14:20	13
5	Nordirland	11:12	11
6	Malta	4:24	1

GRUPPE 4
		Tore	Punkte
1	Schweden	20:3	26
2	Türkei	18:8	21
3	Slowakei	16:9	17
4	Mazedonien	11:18	7
5	Moldawien	6:20	6
6	Aserbaidschan	4:17	5

GRUPPE 5
		Tore	Punkte
1	Polen	21:11	21
2	Ukraine	13:8	17
3	Weißrussland	12:11	15
4	Norwegen	12:14	10
5	Wales	10:12	9
6	Armenien	7:19	5

GRUPPE 6
		Tore	Punkte
1	Kroatien	15:2	18
2	Belgien	25:6	17
3	Schottland	12:6	15
4	Lettland	5:16	4
5	San Marino	3:30	1

GRUPPE 7
		Tore	Punkte
1	Spanien	21:4	20
2	Österreich	10:8	15
3	Israel	11:7	12
4	Bosnien-H.	12:12	8
5	Liechtenstein	0:23	0

GRUPPE 8
		Tore	Punkte
1	Italien	16:3	20
2	Rumänien	10:7	16
3	Georgien	12:12	10
4	Ungarn	14:13	8
5	Litauen	3:20	2

Matchwinner: Michael Ballack (hier gegen Andrej Nesmatschny) traf in den Entscheidungs-Spielen gegen die Ukraine dreimal

Siegertyp: Oliver Kahn feierte den Sieg gegen die Ukraine

Afrika

Ganz eng wurde es für Senegal. Im vorletzten Spiel gab's zu Hause ein 1:0 gegen Marokko. Das langte gerade – wegen der besseren Tor-Differenz. Souverän marschierte dagegen Tunesien durch die Gruppe. Auch Kameruns Löwen brüllten sich locker zur Weltmeisterschaft.

GRUPPE C
		Tore	Punkte
1	Senegal	14:2	15
2	Marokko	8:3	15
3	Ägypten	16:7	13
4	Algerien	11:14	8
5	Namibia	3:26	2

GRUPPE A
		Tore	Punkte
1	Kamerun	14:4	19
2	Angola	11:9	13
3	Sambia	14:11	11
4	Togo	10:13	9
5	Libyen	7:19	2

GRUPPE D
		Tore	Punkte
1	Tunesien	23:4	20
2	Elfenbeinküste	18:8	15
3	DR Kongo	7:16	10
4	Rep. Kongo	5:15	6
5	Madagaskar	5:15	5

GRUPPE B
		Tore	Punkte
1	Nigeria	15:3	16
2	Liberia	10:8	15
3	Sudan	8:10	12
4	Ghana	10:9	11
5	Sierra Leone	2:15	4

GRUPPE E
		Tore	Punkte
1	Südafrika	10:3	16
2	Simbabwe	7:5	12
3	Burkina Faso	7:8	5
4	Malawi	4:12	1
5	Guinea	ausgeschlossen	

Asien

Saudi-Arabien und erstmals China qualifizierten sich als Gruppensieger direkt. Im Duell der Zweitplatzierten setzte sich der Iran durch. Die Mannschaft um den ehemaligen Berliner Ali Daei erreichte so die K.o.-Spiele gegen Irland – und scheiterte (0:2, 1:0).

GRUPPE A
		Tore	Punkte
1	Saudi-Arabien	17:8	17
2	Iran	10:7	15
3	Bahrain	8:9	10
4	Irak	9:10	7
5	Thailand	5:15	4

GRUPPE B
		Tore	Punkte
1	China	13:2	19
2	Ver. Arab. Emirate	10:11	11
3	Usbekistan	13:14	10
4	Katar	10:10	9
5	Oman	7:16	6

Amerika

Locker marschierte Argentinien durch die Südamerika-Gruppe. Nur eine Pleite – 1:3 in Brasilien. Überraschend: Brasilien nur Dritter – weil der spätere WM-Favorit selten mit allen Stars spielte. Uruguay musste noch in eine Qualifikation, setzte sich dabei aber gegen Ozeanien-Meister Australien (0:1, 3:0) durch.

Gabriel Batistuta ist mit 56 Toren Argentiniens bester Stürmer

SÜDAMERIKA
		Tore	Punkte
1	Argentinien	42:15	43
2	Ekuador	23:20	31
3	Brasilien	31:17	30
4	Paraguay	29:23	30
5	Uruguay	19:13	27
6	Kolumbien	20:15	27
7	Bolivien	21:33	18
8	Peru	14:25	16
9	Venezuela	18:44	16
10	Chile	15:27	12

NORD- UND MITELAMERIKA
		Tore	Punkte
1	Costa Rica	17:7	23
2	Mexiko	16:9	17
3	USA	11:8	17
4	Honduras	17:17	14
5	Jamaika	7:14	8
6	Trinidad & Tobago	5:18	5

Alle 48 Vorrunden-Spiele auf einen Blick

A

FRANKREICH – SENEGAL 0:1
0:1 Bouba Diop (30.)
Frankreich: Barthez; Thuram, Leboeuf, Desailly, Lizarazu; Vieira, Petit; Wiltord (81. D. Cisse), Djorkaeff (60. Dugarry), Henry; Trezeguet
Schiedsrichter: Ali Mohamed Bujsaim (VA Emirate)
Senegal: Sylva; Coly, Diatta, Malick Diop, Daf; Moussa Ndiaye, Diao, A. Cisse, Bouba Diop, Fadiga; Diouf **Zuschauer:** 62 561 **Gelbe Karten:** Petit, A. Cisse

URUGUAY – DÄNEMARK 1:2
0:1 Tomasson (45.), 1:1 Rodriguez (47.), 1:2 Tomasson (83.)
Uruguay: Carini; Mendez, Sorondo, Montero, Rodriguez (87. Magallanes); Varela, Garcia, Guigou; Recoba (80. Regueiro); Abreu (89. Morales), Silva
Schiedsrichter: Saad Mane (Kuwait)
Dänemark Sörensen; Helveg, Laursen, Henriksen, Heintze (58. N. Jensen); Töfting, Tomasson, Gravesen; Rommedahl, Sand (89. Poulsen), Grönkjaer (70. Jörgensen)
Zuschauer: 30 157 **Gelbe Karten**: Mendez - Heintze, Laursen

DÄNEMARK – SENEGAL 1:1
1:0 Tomasson (16./Foulelfmeter), 1:1 Diao (52.)
Dänemark: Sörensen; Helveg, Henriksen, Laursen, Heintze; Töfting, Tomasson, Gravesen (62. Poulsen); Grönkjaer (50. Jörgensen), Sand, Rommedahl (89. Lövenkrands)
Schiedsrichter: Batrez (Guatemala)
Senegal: Sylva; Coly, Diatta, Malick Diop, Daf; Moussa N'Diaye (46. Souleymane Camara/83. Beye), Bouba Diop, Sarr (46. Henri Camara), Diao, Fadiga; Diouf
Zuschauer: 43 500 **Gelbe Karten:** Sand, Tomasson, Helveg, Poulsen – Fadiga, Diao
Rote Karte: Diao (80.)

FRANKREICH – URUGUAY 0:0
Frankreich: Barthez; Thuram, Leboeuf (16. Candela), Desailly, Lizarazu; Wiltord (90. Dugarry), Vieira, Micoud, Petit; Trezeguet (81. Cisse), Henry
Schiedsrichter: Felipe Ramos Rizo (Mexiko)
Uruguay: Carini; Lembo, Montero, Sorondo; Varela, Garcia, Romero (71. de los Santos), Rodriguez (72. Guigou), Recoba; Dario Silva (60. Magallanes), Abreu
Zuschauer: 38 287 **Gelbe Karten:** Garcia, Abreu – Romero, Dario Silva
Rote Karte: Henry (25.)

DÄNEMARK – FRANKREICH 2:0
1:0 Rommedahl (23.), 2:0 Tomasson (77.)
Dänemark: Sörensen; Helveg, Henriksen, Laursen, Niclas Jensen; Rommedahl, Töfting (79. Nielsen), Poulsen (75. Bögelund), Gravesen, Jörgensen (46. Grönkjaer); Tomasson
Schiedsrichter: Melo Pereira (Portugal)
Frankreich: Barthez; Candela, Thuram, Desailly, Lizarazu; Makelele, Vieira (71. Micoud); Wiltord (83. Djorkaeff), Zidane, Dugarry (54. Cisse); Trezeguet
Zuschauer: 48 100 **Gelbe Karten:** Poulsen, Niclas Jensen – Dugarry

SENEGAL – URUGUAY 3:3
1:0 Fadiga (20./Foulelfmeter), 2:0 Bouba Diop (26.). 3:0 Bouba Diop (38.) 3:1 Morales (46.), 3:2 Forlan (69.), 3:3 Recoba (88./Foulelfmeter)
Senegal: Sylva; Coly (63. Beye), Malick Diop, Diatta, Daf; Ndour (76. Faye), Cisse, Bouba Diop; Fadiga; Henri Camara (67. Moussa Ndiaya), Diouf
Schiedsrichter: Wegereef (Niederlande)
Uruguay: Carini; Lembo, Sorondo (32. Regueiro), Montero; Varela, Romero (46. Forlan), Garcia, Rodriguez; Recoba; Dario Silva, Abreu (46. Morales)
Zuschauer: 30 000 **Gelbe Karten:** Fadiga (2), Beye, Henri Camara, Daf, Coly, Diouf – Romero (2), Garcia (2), Carini, Rodriguez, Montero

Die Abschlusstabellen

GRUPPE A	Tore	Punkte
1 Dänemark	5:2	7
2 Senegal	5:4	5
3 Uruguay	4:5	2
4 Frankreich	0:3	1
Frankreich – Senegal	0:1	
Uruguay – Dänemark	1:2	
Dänemark – Senegal	1:1	
Frankreich – Uruguay	0:0	
Dänemark – Frankreich	2:0	
Senegal – Uruguay	3:3	

GRUPPE B	Tore	Punkte
1 Spanien	9:4	9
2 Paraguay	6:6	4
3 Südafrika	5:5	4
4 Slowenien	2:7	0
Paraguay – Südafrika	2:2	
Spanien – Slowenien	3:1	
Spanien – Paraguay	3:1	
Südafrika – Slowenien	1:0	
Südafrika – Spanien	2:3	
Slowenien – Paraguay	1:3	

GRUPPE C	Tore	Punkte
1 Brasilien	11:3	9
2 Türkei	5:3	4
3 Costa Rica	5:6	4
4 China	0:9	0
Brasilien – Türkei	2:1	
China – Costa Rica	0:2	
Brasilien – China	4:0	
Costa Rica – Türkei	1:1	
Costa Rica – Brasilien	2:5	
Türkei – China	3:0	

GRUPPE D	Tore	Punkte
1 Südkorea	4:1	7
2 USA	5:6	4
3 Portugal	6:4	3
4 Polen	3:7	3
Südkorea – Polen	2:0	
USA – Portugal	3:2	
Südkorea – USA	1:1	
Portugal – Polen	4:0	
Portugal – Südkorea	0:1	
Polen – USA	3:1	

B

PARAGUAY – SÜDAFRIKA 2:2
1:0 Santa Cruz (39.), 2:0 Arce (55.), 2:1 Mokoena (63.), 2:2 Fortune (90.)
Paraguay: Tavarelli; Arce, Gamarra, Ayala, Caniza; Struway (86. Franco), Alvarenga (66. Gavilan), Acuna, Caceres; Santa Cruz, Campos (72. Morinigo)
Schiedsrichter: Michel Lubos (Slowakei)
Südafrika: Arendse; Nzama, Radebe, Issa (27. Mukasi), Carnell; Aaron Mokoena, Zuma, Sibaya, Fortune, Teboho Mokoena; McCarthy (78. Koumantarakis)
Zuschauer: 25 186 **Gelbe Karten:** Caceres, Caniza, Tavarelli, Franco – Issa, McCarthy, Zuma

SPANIEN – SLOWENIEN 3:1
1:0 Raul (44.), 2:0 Valeron (74.), 2:1 Cimirotic (82.), 3:1 Hierro (88.)
Spanien: Casillas; Puyol, Hierro, Nadal, Juanfran (82. Romero); Luis Enrique (73. Helguera), Baraja, de Pedro; Valeron; Tristan (67. Morientes), Raul
Schiedsrichter: Mohamed Guezzar (Marokko)
Slowenien: Simeunovic; Milinovic, Galic, Knavs; Novak (77. Gajser), Ales Ceh, Pavlin, Karic; Zahovic (63. Acimovic); Osterc (57. Cimirotic), Rudonja
Zuschauer: 28 588 **Gelbe Karten:** Valeron – Karic, Cimirotic

SPANIEN – PARAGUAY 3:1
0:1 Puyol (10./Eigentor), 1:1 Morientes (53.), 2:1 Morientes (69.), 3:1 Hierro (82./Foulelfmeter)
Spanien: Casillas; Puyol, Hierro, Nadal, Juanfran; Luis Enrique (46. Helguera), Baraja, Valeron (85. Xavi), De Pedro; Tristan (46. Morientes), Raul
Schiedsrichter: Ghandour (Ägypten)
Paraguay: Chilavert; Arce, Caceres, Ayala, Gamarra; Gavilan, Acuna, Paredes, Caniza (78. Struway); Santa Cruz, Cardozo (63. Campos)
Zuschauer: 41 428 **Gelbe Karten:** Baraja – Arce, Gavilan, Santa Cruz

SÜDAFRIKA – SLOWENIEN 1:0
1:0 Nomvete (4.)
Südafrika: Arendse; Nzama, Radebe, Aaron Mokoena, Carnell; Zuma, Fortune (84. Pule), Mokoena, Sibaya; Nomvethe (71. Buckley), McCarthy (80. Koumantarakis)
Schiedsrichter: Sanchez (Argentinien)
Slowenien: Simeunovic; Milinovic, Vugdalic, Knavs (61. Bulajic); Novak, Ales Ceh, Pavlin, Karic, Acimovic (61. Nastja Ceh); Cimirotic (41. Osterc), Rudonja
Zuschauer: 47 226 **Gelbe Karten:** Radebe, Mokoena – Vugdalic, Ceh, Pavlin, Milinovic

SÜDAFRIKA – SPANIEN 2:3
0:1 Raul (4.), 1:1 McCarthy (31.), 1:2 Mendieta (45.), 2:2 Radebe (53.), 2:3 Raul (56.)
Südafrika: Arendse; Nzama, Radebe (80. Molefe), Aaron Mokoena, Carnell; Zuma, Mokoena, Sibaya, Fortune (83. Lekgetho); Nomvethe (74. Koumantarakis), McCarthy
Schiedsrichter: Saad Kamel Mane (Kuwait)
Spanien: Casillas; Torres, Helguera, Nadal, Romero; Joaquin, Xavi, Abelda (52. Sergio), Mendieta; Morientes (78. Luque), Raul (82. Luis Enrique)
Zuschauer: 31 024 **Gelbe Karten:** Aaron Mokoena (2), Nzama, Carnell, Nomvethe

SLOWENIEN – PARAGUAY 1:3
1:0 Acimovic (45.), 1:1 Cuevas (66.), 1:2 Campos (74.), 1:3 Cuevas (84.)
Slowenien: Dabanovic; Bulajic, Tavcar, Milinovic, Karic; Novak, Ales Ceh, Acimovic (63. Nastja Ceh), Pavlin (40. Rudonja); Cimerotic, Osterc (78. Tiganj)
Schiedsrichter: Ramos Rizo (Mexiko)
Paraguay: Chilavert; Gamarra, Ayala, Caceres; Acre, Alvarenga (54. Campos), Paredes, Acuna, Caniza; Santa Cruz, Cardozo (61. Cuevas/90. Franco)
Zuschauer: 30 167 **Gelbe Karten:** Pavlin (2), Karic (2), Rudonja, Milinovic
Gelb-Rote Karte: Paredes (21.) **Rote Karte:** Nastja Ceh (81.)

C

BRASILIEN – TÜRKEI 2:1
0:1 Sas (45.), 1:1 Ronaldo (50.), 2:1 Rivaldo (87./Foulelfmeter)
Brasilien: Marcos; Lucio, Edmilson, Roque Junior; Cafu, Gilberto Silva, Juninho (72. Vampeta), Ronaldinho (67. Denilson), Roberto Carlos; Ronaldo (73. Luizao), Rivaldo
Schiedsrichter Kim Young-Jo (Südkorea)
Türkei: Rüstü; Akyel, Ozat, Alpay; Kerimoglu (89. Erdem), Bastürk (65. Davala), Hakan Ünsal, Belözoglu, Korkmaz (65. Mansiz); Sükür, Sas **Zuschauer:** 33 842
Gelbe Karten: Denilson – Akyel **Gelb-Rote Karte:** Ünsal (89.) **Rote Karte:** Alpay (86.)

CHINA – COSTA RICA 0:2
0:1 Gomez (61.), 0:2 Wright (65.)
China: Jiang Jin; Jihai Sun (25. Bo Qu), Weifeng Li, Zhiyi Fan (73. Genwei Yu), Chengying Wu, Yunlong Xu; Xiaopeng Li, Tie Li, Ma Mingyu; Chen Yang (73. Maozhen Su), Haidong Hao
Schiedsrichter: Vassaras (Griechenland)
Costa Rica: Lonnis; Wright, Martinez, Marin; Wallace (69. Bryce), Fonseca (57. Medford), Centeno, Solis, Castro; Wanchope (79. Lopez), Gomez
Zuschauer: 27 217 **Gelbe Karten:** Tie Li, Xu – Marin, Solis,Gomez, Centeno

BRASILIEN – CHINA 4:0
1:0 Roberto Carlos (15.), 2:0 Rivaldo (32.), 3:0 Ronaldinho (45./Elfmeter), 4:0 Ronaldo (55.)
Brasilien: Marcos; Lucio, Polga, Roque Junior, Cafu, Roberto Carlos; Gilberto Silva, Juninho, (71. Ricardinho), Rivaldo, Ronaldinho (46. Denilson); Ronaldo (72. Edilson)
Schiedsrichter: Frisk (Schweden)
China: Jiang Jin; Wu Chengying, Xu Yunlong, Li Weifeng, Du Wei; Li Tie, Ma Mingyu (62. Yang Pu), Li Xiaopeng, Zhao Junzhe, Qi Hong (66. Shao Jiayi); Hao Haidong (75. Qu Bo)
Zuschauer: 30 000 **Gelbe Karten:** Roque Junior – Du Wei

COSTA RICA – TÜRKEI 1:1
0:1 Emre (56.), 1:1 Parks (86.),
Costa Rica: Lonnis; Wright, Marin, Martinez, Castro; Wallace (77. Bryce), Lopez (77. Parks), Solis, Centeno (66. Medford); Gomez, Wanchope
Schiedsrichter: Codjia (Benin)
Türkei: Rüstü; Akyel, Ozat, Asik; Davala, Emre, Tugay (88. Erdem), Bastürk (79. Nihat), Ergün; Sas; Hakan Sükür (75. Mansiz)
Zuschauer: 42 299 **Gelbe Karten:** Castro, Martinez – Emre, Tugay, Asik

COSTA RICA – BRASILIEN 2:5
0:1 Marin (10./Eigentor), 0:2 Ronaldo (13.), 0:3 Edmilson (38.), 1:3 Wanchope (40.), 2:3 Gomez (56.), 2:4 Rivaldo (63.), 2:5 Junior (65.)
Costa Rica: Lonnis; Martinez (74. Parks), Marin, Wright; Wallace (46. Bryce), Solis (65. Fonseca), Centeno, Lopez, Castro; Wanchope, Gomez
Schiedsrichter: Ghandour (Ägypten)
Brasilien: Marcos; Lucio, Polga, Edmilson; Cafu, Silva, Juninho (61. Ricardinho), Junior, Rivaldo (72. Caca); Ronaldo, Edilson (57. Kleberson) **Zuschauer:** 25 000 **Gelbe Karte:** Cafu

TÜRKEI – CHINA 3:0
1:0 Hasan Sas, (6.), 2:0 Bülent, (9.), 3:0 Ümit Davala (85.)
Türkei: Rüstü (35. Omer); Emre Asik, Fatih Akyel, Bülent; Ümit Davala, Tugay (84. Tayfur), Hakan Ünsal, Bastürk (70. Mansiz), Emre Belözoglu; Hakan Sükür, Hasan Sas
Schiedsrichter: Acosta (Kolumbien)
China: Jiang Jin; Xu Yunlong, Du Wei, Li Weifeng, Wu Chenying (46. Shao Jiayi); Li Xiaopeng, Zhao Junzhe, Li Tie, Yang Pu; Hao Haidong (73. Qu Bo), Chen Yang (73. Yu Genwei)
Zuschauer: 45 000 **Gelbe Karten:** Emre Asik (2), Emre Belözoglu (2), Hasan Sas – Yang Pu, Li Weifeng **Rote Karte:** Shao Jiayi (58.)

Abgehoben: Chinas Du Wei gewann das Duell gegen Ronaldo. Aber am Ende siegte Brasilien 4:0

D

SÜDKOREA – POLEN 2:0
1:0 Hwang Sun-Hong (26.), 2:0 Yoo Sang-Chul (53.)
Südkorea: Woon-Jae; Jin-Cheul, Myung-Bo, Tae-Young; Chong-Gug, Nam-Il, Sang-Chul (62. Chun-Soo), Eul-Yong, Ji-Sung; Sun-Hong (51. Ahn Jung-Hwan), Ki-Hyeon (89. Du-Ri)
Schiedsrichter: Oscar Ruiz (Kolumbien)
Polen: Dudek; Bak (50. Klos), Waldoch, Hajto, Zewlakow; Krzynowek, Swierczewski, Kaluzny (65. Marcin Zewlakow), Kozminski; Olisadebe, Zurawski (46. Kryszalowicz)
Zuschauer: 48 760 **Gelbe Karten:** Du-Ri, Ji-Sung – Krzynowek, Hajto, Swierczewski

USA – PORTUGAL 3:2
1:0 O'Brien (4.), 2:0 Jorge Costa (29./Eigentor), 3:0 McBride (36.), 3:1 Beto (39.), 3:2 Agoos (71./Eigentor)
USA: Friedel; Sanneh, Pope (80. Llamosa), Agoos, Hejduk; Stewart (46. Jones), Mastroeni, O'Brien, Beasley; McBride, Donovan (75. Moore)
Schiedsrichter: Moreno (Ecuador)
Portugal: Baia; Beto, Couto, Jorge Costa (74. Andrade), Rui Jorge (69. Bento); Figo, Rui Costa (80. Nuno Gomes), Petit; Conceicao, Pauleta, Joao Pinto
Zuschauer: 37 306 **Gelbe Karten:** Beasley – Beto, Petit

SÜDKOREA – USA 1:1
0:1 Mathis (24.), 1:1 Ahn (78.)
Südkorea: Lee; Choi, Hong, Tae-Young Kim; Song, Nam-Il Kim, Yoo (60. Yong-Soo Choi), Eul-Yong Lee; Park (38. Chun-Soo Lee), Hwang (56. Jung-Hwan Ahn), Seol
Schiedsrichter: Meier (Schweiz)
USA: Friedel; Sanneh, Agoos, Pope, Hejduk; Donovan, Reyna, O'Brien, Beasley (75. Lewis); Mathis, McBride **Zuschauer:** 60 000 **Gelbe Karten:** Hong – Hajduk, Agoos

PORTUGAL – POLEN 4:0
1:0 Pauleta (14.), 2:0 Pauleta (65.), 3:0 Pauleta (77.), 4:0 Rui Costa (88.)
Portugal: Vitor Baia; Frechaut (64. Beto), Couto, Costa, Rui Jorge; Petit, Paulo Bento; Luis Figo, Sergio Conceicao (69. Capucho); Joao Pinto (60. Rui Costa), Pauleta
Schiedsrichter: Hugh Dallas (USA)
Polen: Dudek; Hajto, Waldoch, Zewlakow (71. Rzasa); Krzynowek, Swierczewski, Kaluzny (16. Arkadiusz Bak), Kozminski; Zurawski (55. Marcin Zewlakow), Olisadebe, Kryszalowicz
Zuschauer: 31 000 **Gelbe Karten:** Frechaut, Jorge Costa, Rui Jorge – Swierczewski (2), Arkadiusz Bak

PORTUGAL – SÜDKOREA 0:1
0:1 Park (70.)
Portugal: Baia; Beto, Jorge Costa, Couto, Rui Jorge (73. Abel Xavier); Conceicao, Petit (77. Nuno Gomes), Bento, Figo; Pauleta (69. Andrade), Joao Pinto
Schiedsrichter: Sanchez (Argentinien)
Südkorea: Jae Woon Lee; Jin Cheul Choi, Hong, Tae Young Kim; Song, Nam Il Kim, Young Pyo Lee, Yoo, Park, Ahn (90. Chun Soo Lee); Seol
Zuschauer: 52 000 **Gelbe Karten:** Tae Young Kim, Seol, Nam Il Kim – Jorge Costa
Gelb-Rote Karte: Beto (65.) **Rote Karte:** Joao Pinto (27.)

POLEN – USA 3:1
1:0 Olisadebe (3.), 2:0 Kryszalowicz (5.), 3:0 Zewlakow (66.), 3:1 Donovan (83.)
Polen: Majdan; Klos (89. Waldoch), Zielinski, Glowacki, Kozminski; Kucharski (65. Marcin Zewlakow), Murawski, Krzynowek; Olisadebe (86. Sibik), Kryszalowicz, Zurawski
Schiedsrichter: Jun Lu (CHN)
USA: Friedel; Sanneh, Agoos (36. Beasley), Pope, Hejduk; Stewart (67. Jones), Reyna, O'Brien, Donovan; Mathis, McBride (58. Moore)
Zuschauer: 26 482 **Gelbe Karten:** Majdan, Kozminski, Kucharski, Olisadebe – Hejduk

E

IRLAND – KAMERUN 1:1

0:1 Mboma (39.), 1:1 Holland (52.)
Irland: Given; G. Kelly, Staunton, Breen, Harte (76. Reid); McAteer (46. Finnan), Holland, Kinsella, Kilbane; Robbie Keane, Duff
Schiedsrichter: Toru Kamikawa (Japan)
Kamerun: Boukar; Geremi, Song, Kalla, Tchato; Lauren, Foe, Olembe, Wome; Eto'o, Mboma (68. Suffo) **Zuschauer:** 42 700 **Gelbe Karten:** McAteer, Finnan, Reid – Kalla

DEUTSCHLAND – SAUDI-ARABIEN 8:0

1:0 Klose (20.), 2:0 Klose (25.), 3:0 Ballack (40.), 4:0 Jancker (45.), 5:0 Klose (69.), 6:0 Linke (73.), 7:0 Bierhoff (83.), 8:0 Schneider (90.)
Deutschland: Kahn; Linke, Ramelow (46. Jeremies), Metzelder; Frings, Schneider, Hamann, Ballack, Ziege; Jancker (67. Bierhoff), Klose (77. Neuville)
Schiedsrichter: Aquino (Paraguay)
Saudi-Arabien: Al-Deayea; Dokhy, Suliman, Tukar, Sulaiman; Noor, Al-Owairan (46. Al-Shahrani), Al-Waked; Al-Temyat (46. Al-Khathran), Al-Jaber; Al-Hassan (77. Gaman)
Zuschauer: 42 000 **Gelbe Karten:** Ziege, Hamann – Noor

DEUTSCHLAND – IRLAND 1:1

1:0 Klose (19.), 1:1 Keane (90.)
Deutschland: Kahn; Linke, Ramelow, Metzelder; Frings, Schneider (90. Jeremies), Ballack, Hamann, Ziege; Klose (85. Bode), Jancker (75. Bierhoff)
Schiedsrichter: Kim Milton Nielsen (Dänemark)
Irland: Given; Finnan, Staunton (87. Cunningham), Breen, Harte (74. Reid); Gary Kelly (73. Quinn), Holland, Kinsella, Duff; Keane, Kilbane
Zuschauer: 35 854 **Gelbe Karten:** keine

KAMERUN – SAUDI-ARABIEN 1:0

1:0 Eto'o (65.)
Kamerun: Boukar; Geremi, Song, Kalla, Tchato; Lauren, Foe, Ngom Kome (46. Olembe), Wome (84. Njanka); Eto'o, Mboma (74. Ndiefi)
Schiedsrichter: Terje Hauge (Norwegen)
Saudi-Arabien: Al-Deayea; Al-Jahani, Tukar, Al-Shehri, Zubromawi (71. Al-Dosary), Sulimani; I. Al-Shahrani, Al-Temyat, A. Al-Shahrani, Khathran (86. Noor), Al-Dosari (35. Al-Yami)
Zuschauer: 53 374 **Gelbe Karten:** Wome – Al-Yami

KAMERUN – DEUTSCHLAND 0:2

0:1 Bode (50.), 0:2 Klose (79.)
Kamerun: Boukar; Gerimi, Song, Kalla, Tchato (53. Suffo); Lauren, Foe, Wome, Olembe (64. Kome); Eto'o, Mboma (80. Job)
Schiedsrichter: Nieto (Spanien)
Deutschland: Kahn; Linke, Ramelow, Metzelder; Frings, Schneider (80. Jeremies), Ballack, Hamann, Ziege; Klose (84. Neuville), Jancker (46. Bode)
Zuschauer: 47 085 **Gelbe Karten:** Hamann, Ziege, Ballack, Frings, Jancker, Kahn – Foe, Gerimi, Lauren, Olembe, Song, Tchato **Gelb-Rote Karten:** Ramelow (40.), Suffo (77.)

SAUDI-ARABIEN – IRLAND 0:3

0:1 Keane (7.), 0:2 Breen (61.), 0:3 Duff (87.)
Saudi-Arabien: Al-Deayea; Al-Jahani (79. Ah. Al-Dossary), Tukar, Fouzi, Suliman (68. Ab. Al-Dosary), Sulaiman; Al-Sharani, Al-Khathran (67. Al-Shloub), Al-Owairan, Al-Temyat, Al-Hassan
Schiedsrichter: Ndoye (Senegal)
Irland: Given; Kelly (80. McAteer), Breen, Staunton, Harte (46. Quinn); Finnan, Holland, Kinsella (89. Carsley), Kilbane; Duff, Robbie Keane
Zuschauer: 65 320 **Gelbe Karten:** Al-Temyat – Staunton

Die Abschlusstabellen

GRUPPE E	Tore	Punkte
1 Deutschland	11:1	7
2 Irland	5:2	5
3 Kamerun	2:3	4
4 Saudi-Arabien	0:12	0

Irland – Kamerun	1:1
Deutschland – Saudi-Arabien	8:0
Deutschland – Irland	1:1
Kamerun – Saudi-Arabien	1:0
Kamerun – Deutschland	0:2
Saudi-Arabien – Irland	0:3

GRUPPE F	Tore	Punkte
1 Schweden	4:3	5
2 England	2:1	5
3 Argentinien	2:2	4
4 Nigeria	1:3	1

Argentinien – Nigeria	1:0
England – Schweden	1:1
Schweden – Nigeria	2:1
Argentinien – England	0:1
Schweden – Argentinien	1:1
Nigeria – England	0:0

GRUPPE G	Tore	Punkte
1 Mexiko	4:2	7
2 Italien	4:3	4
3 Kroatien	2:3	3
4 Ekuador	2:4	3

Kroatien – Mexiko	0:1
Italien – Ekuador	2:0
Italien – Kroatien	1:2
Mexiko – Ekuador	2:1
Mexiko – Italien	1:1
Ekuador – Kroatien	1:0

GRUPPE H	Tore	Punkte
1 Japan	5:2	7
2 Belgien	6:5	5
3 Russland	4:4	3
4 Tunesien	1:5	1

Japan – Belgien	2:2
Russland – Tunesien	2:0
Japan – Russland	1:0
Tunesien – Belgien	1:1
Tunesien – Japan	0:2
Belgien – Russland	3:2

Tor-Duo: Carsten Jancker umarmt Sturm-Partner Miro Klose. Gegen die Saudis machten die beiden vier Tore

G

KROATIEN – MEXIKO 0:1

0:1 Blanco (60./Foulelfmeter)
Kroatien: Pletikosa; Zivkovic, Simunic, R. Kovac; N. Kovac, Soldo, Tomas, Jarni; Prosinecki (46. Rapaic); Suker (65. Saric), Boksic (68. Stanic)
Schiedsrichter Jun Lu (China)
Mexiko: Perez; Vidrio, Marquez, Carmona; Mercado, Caballero, Torrado, Luna, Morales; Blanco (80. Palencia), Borgetti (69. Hernandez)
Zuschauer: 32 239 **Rote Karte:** Zivkovic

ITALIEN – EKUADOR 2:0

1:0 Vieri (7.), 2:0 Vieri (27.)
Italien: Buffon; Panucci, Nesta, Cannavaro, Maldini; Zambrotta, Tommasi, di Biagio (69. Gattuso), Doni (65. di Livio); Totti (74. del Piero), Vieri
Schiedsrichter Brian Hall (USA)
Ekuador: Cevallos; de la Cruz, Hurtado, Porozo, Guerron; Mendez, Obregon, Chala (86. Asencio), Edwin Tenorio (59. Ayovi); Aguinaga (46. Carlos Tenorio), Delgado
Zuschauer: 31 081 **Gelbe Karten:** Poroso, de La Cruz, Chala, Cannavaro

ITALIEN – KROATIEN 1:2

1:0 Vieri (55.), 1:1 Olic (73.), 1:2 Rapaic (76.)
Italien: Buffon; Panucci, Nesta (24. Materazzi), Cannavaro, Maldini; Zambrotta, Tommasi, Zanetti, Doni (79. Inzaghi); Totti, Vieri
Schiedsrichter: Poll (England)
Kroatien: Pletikosa; Robert Kovac; Saric, Simunic, Jarni; Soldo (63. Vranjes), Tomas, Niko Kovac, Vugrinec (57. Olic); Rapaic (79. Simic), Boksic
Zuschauer: 32 000 **Gelbe Karten:** Vieri – Robert Kovac

MEXIKO – EKUADOR 2:1

0:1 Delgado (5.), 1:1 Borgetti (28.), 2:1 Torrado (56.)
Mexiko: Perez; Vidrio, Marquez, Carmona; Arellano, Joahan Rodriguez (87. Caballerro), Torrado, Morales, Luna; Blanco (90. Mercado), Borgetti (77. Hernandez)
Schiedsrichter: Daami (Tunesien)
Ekuador: Cevallos; de la Cruz, Hurtado, Porozo, Guerron; Obregon (58. Aguinaga), Edwin Tenorio (35. Marlon Ayovi), Chala, Mendez; Kaviedes (53. Carlos Tenorio), Delgado
Zuschauer: 45 612 **Gelbe Karten:** Torrado – Kaviedes, Cevallos, Guerron, Carlos Tenorio

MEXIKO – ITALIEN 1:1

1:0 Borgetti (34.), 1:1 del Piero (85.)
Mexiko: Perez; Vidrio, Marquez, Carmona; Arellano, Rodriguez (76. Garcia), Torrado, Morales (76. Caballero), Luna; Blanco, Borgetti (80. Palenzia)
Schiedsrichter: Simon (Brasilien)
Italien: Buffon; Cannavaro, Nesta, Maldini; Zambrotta, Tommasi, Zanetti, Panucci (69. Coco); Totti (78. del Piero); Inzaghi (56. Montella), Vieri
Zuschauer: 39 291 **Gelbe Karten:** Arellano, Perez – Cannavaro, Panucci, Zambrotta, Montella

EKUADOR – KROATIEN 1:0

1:0 Mendez (48.)
Ekuador: Cevallos; de la Cruz, Hurtado, Porozo, Guerron; Mendez, Obregon (40. Aguinaga), Marlon Ayovi, Chala; Delgado, Carlos Tenorio (76. Kaviedes)
Schiedsrichter: Mattus (Costa Rica)
Kroatien: Pletikosa; Robert Kovac, Simic (52. Vugrinec), Simunic; Saric (68. Stanic), Tomas, Rapaic, Niko Kovac (59. Vranjes), Jarni; Olic, Boksic
Zuschauer: 65 862 **Gelbe Karten:** Chala – Tomas

F

ARGENTINIEN – NIGERIA 1:0

1:0 Batistuta (63.)
Argentinien: Cavallero; Pochettino, Samuel, Placente; Zanetti, Simeone, Sorin; Veron (79. Aimar); Ortega, Batistuta (81. Crespo), Lopez (46. Kily Gonzalez)
Schiedsrichter: Veissiere (Frankreich)
Nigeria: Shorunmu; Babayaro, West, Okoronkwo, Sodje (76. Christopher); Yobo, Kanu (48. Ikedia), Okocha; Ogbeche, Aghahowa, Lawal
Zuschauer: 34 050 **Gelbe Karten:** Samuel, Simeone – Sodje

ENGLAND – SCHWEDEN 1:1

1:0 Campbell (24.), 1:1 Alexandersson (59.)
England: Seaman; Mills, Campbell, Ferdinand, A. Cole; Beckham (63. Dyer), Hargreaves, Scholes, Heskey; Owen, Vassell (74. J. Cole)
Schiedsrichter: Carlos Simon (Brasilien)
Schweden: Hedman; Mellberg, Jakobsson, Mjällby, Lucic; Alexandersson, Linderoth, M. Svensson (56. A. Svensson), Ljungberg; Allbäck (A. Andersson), Larsson
Zuschauer: 62 725 **Gelbe Karten:** Campbell – Allbäck, Jakobsson

SCHWEDEN – NIGERIA 2:1

1:0 Aghahowa (27.), 1:1 Larsson (35.), 2:1 Larsson (62./Foulelfmeter)
Schweden: Hedman; Mellberg, Jakobsson, Mjällby, Lucic; Alexandersson, Linderoth, Anders Svensson (84. Magnus Svensson), Ljungberg; Allbäck (64. Andreas Andersson), Larsson
Schiedsrichter: Ortube (Bolivien)
Nigeria: Shorunmu; Okoronkwo, West, Udeze; Christopher, Okocha, Yobo, Babayaro (65. Kanu); Utaka, Aghahowa, Ogbeche (71. Ikedia)
Zuschauer: 36 194 **Gelbe Karten:** Mjällby, Alexandersson – West

ARGENTINIEN – ENGLAND 0:1

0:1 Beckham (44./Foulelfmeter)
Argentinien: Cavallero; Pochettino, Samuel, Placente; Zanetti, Simeone, Veron (46. Aimar), Sorin; Ortega, Batistuta (60. Crespo), Gonzales (64. Claudio Lopez)
Schiedsrichter: Collina (Italien)
England: Seaman; Mills, Ferdinand, Campbell, Ashley Cole; Beckham, Butt, Hargreaves (19. Sinclair), Scholes; Owen (80. Bridge), Heskey (56. Sheringham)
Zuschauer: 35 927 **Gelbe Karten:** Batistuta – Ashley Cole, Heskey

SCHWEDEN – ARGENTINIEN 1:1

1:0 Anders Svensson (59.), 1:1 Crespo (88.)
Schweden: Hedman; Mellberg, Jakobsson, Mjällby, Lucic; Alexandersson, Linderoth, Anders Svensson (68. Jonson), Magnus Svensson; Allbäck (46. Andreas Andersson), Larsson (88. Ibrahimovic)
Schiedsrichter: Ali Bujsaim (VA Emirate)
Argentinien: Cavallero; Chamot, Samuel, Pochettino; Zanetti, Almeyda (63. Veron), Sorin (63. Gonzales); Aimar; Ortega, Batistuta (58. Crespo), Claudio Lopez
Zuschauer: 45 777 **Gelbe Karten:** Magnus Svenssson, Larsson – Chamot, Almeyda, Gonzales **Rote Karte:** Caniggia (45./wg. Schiri-Beleidigung von der Bank)

NIGERIA – ENGLAND 0:0

Nigeria: Enyeama; Sodje, Yobo, Okoronkwo, Udeze; Christopher, Okocha, Obiorah, Opabunmi (79. Ikedia); Aghahowa, Akwuegbu
Schiedsrichter: Hall (USA)
England: Seaman; Mills, Campbell, Ferdinand, Ashley Cole (85. Bridge); Beckham, Butt, Scholes, Sinclair; Owen (77. Vassell), Heskey (69. Sheringham)
Zuschauer: 44 864 **Gelbe Karten:** keine

H

JAPAN – BELGIEN 2:2

0:1 Wilmots (57.), 1:1 Suzuki (59.), 2:1 Inamoto (68.), 2:2 van der Heyden (75.)
Japan: Narazaki; Matsuda, Morioka (74. Miyamoto), Koji Nakata; Ichikawa, Toda, Inamoto, Hidetoshi Nakata, Ono (64. Santos); Suzuki (69. Morishima), Yanagisawa
Schiedsrichter: William Mattus (Costa Rica)
Belgien: De Vlieger; van Buyten, van Meir, van der Heyden; Peeters, Vanderhaege, Simons, Walem (70. Sonck), Goor; Verheyen (84. Strupar), Wilmots
Zuschauer: 55 256 **Gelbe Karten:** Toda, Inamoto – van der Heyden, Peeters, Verheyen, van Meir

RUSSLAND – TUNESIEN 2:0

1:0 Titow (59.), 2:0 Karpin (64.)
Russland: Nigmatullin; Onopko, Nikiforow, Kowtun; Solomatin, Karpin, Semschow (46. Chochlow), Titow, Ismailow (78. Alenitschew); Bestschastnich (55. Sitschew), Pimenow
Schiedsrichter: Peter Pendergast (Jamaika)
Tunesien: Boumnijel; Trabelsi, Jaidi, Mkacher, Bouzaiene; Badra (84. Zitouni), Gabsi (67. Mhadhbi), Ben Achour, Bouazizi; Sellimi (67. Baya), Jaziri
Zuschauer: 40 000 **Gelbe Karten:** Semschow, Alenitschew – Jaziri, Gabsi

JAPAN – RUSSLAND 1:0

1:0 Inamoto (51.)
Japan: Narazaki; Matsuda, Miyamoto, Koji Nakata; Myojin, Inamoto (85. Fukunishi), Toda, Hidetoshi Nakata, Ono (75. Hattori); Suzuki (72. Nakayama), Yanagisawa
Schiedsrichter: Merk (Kaiserslautern)
Russland: Nigmatullin; Kowtun, Nikiforow, Onopko; Solomatin, Karpin, Titow, Smertin (57. Bestschastnich), Semschow; Ismailow (52. Chochlow), Pimenow (46. Sitschew)
Zuschauer: 66 108 **Gelbe Karten:** Miyamoto, Koji Nakata, Nakayama – Pimenow, Solomatin, Nikiforow

TUNESIEN – BELGIEN 1:1

0:1 Wilmots (13.), 1:1 Bouzaiene (17.)
Tunesien: Boumnijel; Trabelsi, Jaidi, Badra, Bouzaiene; Ghodhbane, Bouazizi; Gabsi (67. Sellimi), Ben Anchour, Melki (88. Baya); Jaziri (78. Zitouni)
Schiedsrichter: Marc Shield (Australien)
Belgien: de Vlieger; Deflandre, de Boeck, van Buyten, van der Heyden, Vanderhaeghe, Verheyen (46. Vermant), Simons (74. Mpenza), Goor; Strupar (46. Sonck), Wilmots
Zuschauer: 39 700 **Gelbe Karten:** Gabsi (2), Ghodhbane, Trabelsi, Melki – van Buyten

TUNESIEN – JAPAN 0:2

0:1 Morishima (48.), 0:2 Hidetoshi Nakata (75.)
Tunesien: Boumnijel; Trabelsi, Jaidi, Badra, Bouazaiane (78. Zitouni); Melki (46. Baya), Ghodhbane, Bouazizi, Clayton; Ben Achour, Jaziri (61. Mhadhebi)
Schiedsrichter: Veissiere (Frankreich)
Japan: Narazaki; Matsuda, Miyamoto, Koji Nakata; Myojin, Toda, Hidetoshi Nakata (85. Ogasawara), Inamoto (46. Ichikawa), Ono; Yanagisawa (46. Morishima), Suzuki
Zuschauer: 45 213 **Gelbe Karten:** Bouazizi, Badra

BELGIEN – RUSSLAND 3:2

1:0 Walem (7.), 1:1 Bestschastnich (52.), 2:1 Sonck (78.), 3:1 Wilmots (82.), 3:2 Sitschew (88.)
Belgien: de Vlieger; Peeters, de Boeck (90. van Meir), van Buyten, van Kerckhoven; Verheyen (78. Simons), Vanderhaeghe, Walem, Goor; Mpenza (70. Sonck), Wilmots
Schiedsrichter: Nielsen (Dänemark)
Russland: Nigmatullin; Onopko, Solomatin, Nikiforow (43. Sennikow), Kowtun; Karpin (82. Kerschakow), Titow, Smertin (34. Sitschew), Alenitschew, Chochlow; Bestschastnich
Zuschauer: 46 640 **Gelbe Karten:** Vanderhaeghe – Solomatin, Smertin, Alenitschew

Vom Achtelfinale bis zum Endspiel auf einen Blick

Achtelfinale

DEUTSCHLAND – PARAGUAY 1:0
1:0 Neuville (88.)
Deutschland: Kahn; Linke, Rehmer (46. Kehl), Metzelder (60. Baumann), Frings, Schneider, Ballack, Jeremies; Bode, Klose, Neuville (90. Asamoah)
Schiedsrichter: Batres (Guatemala)
Paraguay: Chilavert; Gamarra, Ayala, Caceres, Acre, Caniza; Bonet (83. Gavilan), Struway (90. Cuevas), Acuna; Santa Cruz (29. Campos), Cardozo
Zuschauer: 25 176 **Gelbe Karten:** Ballack, Baumann, Schneider – Acuna, Cardozo
Rote Karte: Acuna (90.)

DÄNEMARK – ENGLAND 0:3
0:1 Ferdinand (5.), 0:2 Owen (22.), 0:3 Heskey (44.)
Dänemark: Sörensen; Helveg (6. Bögelund), Henriksen, Laursen, Niclas Jensen; Töfting (58. Claus Jensen), Gravesen; Tomasson, Rommedahl, Sand, Grönkjaer
Schiedsrichter: Merk (Kaiserslautern)
England: Seaman; Mills, Campbell, Ferdinand, Ashley Cole; Beckham, Butt, Scholes (49. Dyer), Sinclair; Owen (46. Fowler), Heskey (69. Sheringham)
Zuschauer: 40 582 **Gelbe Karten:** Töfting – Mills

SCHWEDEN – SENEGAL 1:2 n.V.
1:0 Larsson (11.), 1:1 Camara (37.), 1:2 Camara (104./Golden Goal)
Schweden: Hedman; Mellberg, Jakobsson, Mjällby, Lucic; Alexandersson (76. Ibrahimovic), Linderoth, Anders Svensson, Magnus Svensson (100. Jonson); Allbäck (65. Andreas Andersson), Larsson
Schiedsrichter: Aquino (Paraguay)
Senegal: Sylva; Coly, Diatta, Pape Malick Diop (66. Beye), Daf, Cisse; Faye, Papa Bouba Diop; Thiaw, Camara, Diouf
Zuschauer: 39 747 **Gelbe Karten:** Coly, Thiaw

SPANIEN – IRLAND 4:3 n.E.
1:0 Morientes (8.), 1:1 Keane (90./Foulelfmeter)
Elfmeterschießen: 0:1 Keane, 1:1 Hierro, Holland verschießt, 2:1 Baraja, Connoly scheitert an Casillas, Juanfran vergibt, Kibane scheitert an Casillas, Valeron verschießt, 2:2 Finnan, 3:2 Mendieta
Spanien: Casillas; Puyol, Hierro, Juanfran; Helguera, Luis Enrique, Valeron, Baraja, de Pedro (66. Mendieta); Morientes (71. Albelda), Raul (80. Luque)
Schiedsrichter: Anders Frisk (Schweden)
Irland: Given; Finnan, Breen, Staunton (50. Cunningham), Harte (82. Connolly), Kelly (55. Quinn); Holland, Kinsella; Kilbane, Duff, Keane
Zuschauer: 38 926 **Gelbe Karten:** Juanfran, Baraja, Hierro

MEXIKO – USA 0:2
0:1 McBride (8.), 0:2 Donovan (65.)
Mexiko: Perez; Vidrio (46. Mercado), Carmona; Marquez, Rodriguez, Torrado (78. Garcia Aspe), Morales (28. Hernandez), Luna; Blanco, Borgetti, Arellano
Schiedsrichter: Melo Pereira (Portugal)
USA: Friedel; Sanneh, Mastroeni (90. Llamosa), Pope, Berhalter; Lewis, Reyna, O'Brien, Donovan; Wolff (59. Stewart), McBride (79. Jones)
Zuschauer: 36 380 **Gelbe Karten:** Vidrio, Hernandez, Blanco, Garcia Aspe, Carmona – Pope, Mastroeni, Wolff, Berhalter, Friedel. **Rote Karte:** Marquez (88.)

BRASILIEN – BELGIEN 2:0
1:0 Rivaldo (67.), 2:0 Ronaldo (87.)
Brasilien: Marcos; Lucio, Edmilson, Junior, Cafu, Carlos; Gilberto Silva, Juninho Paulista (57. Denilson), Ronaldinho (81. Kleberson), Rivaldo (90. Ricardinho); Ronaldo
Schiedsrichter: Prendergast (Jamaika)
Belgien: de Vlieger; Peeters (73. Sonck), van Buyten, van Kerckhoven; Simons, Vanderhaeghe, Walem, Goor, Verheyen; Mbo Mpenza, Wilmots
Zuschauer: 40 440 **Gelbe Karten:** Roberto Carlos – Vanderhaeghe

JAPAN – TÜRKEI 0:1
0:1 Ümit Davala (12.)
Japan: Narazaki; Matsuda, Miyamoto, Koji Nakata; Myojin, Hidetoshi Nakata, Inamoto (46. Ichikawa, 86. Morishima), Toda, Ono, Alex Santos (46. Suzuki); Nishizawa
Schiedsrichter: Pierluigi Collina (Italien)
Türkei: Rüstü; Akiyel, Bülent, Alpay, Ünsal; Ümit Davala (74. Nihat), Tugay, Bastürk (90. Ilhan), Ergün; Sas (85. Tayfur), Hakan Sükür
Zuschauer: 45 666 **Gelbe Karten:** Toda – Alpay, Ergün, Hakan Sükür

SÜDKOREA – ITALIEN 2:1 n.V.
0:1 Vieri (18.), 1:1 Seol Ki-Hyeon (88.), 2:1 Ahn Jung-Hwan (117./Golden Goal)
Südkorea: Lee W.-J.; Choi Jin-Cheul, Hong (83. Cha Doo-Ri), Kim (63. Hwang); Song, Kim Nam-Il (68. Lee Chun-Soo), Yoo, Park, Lee Young-Pyo, Ahn; Seol Ki-Hyeon
Schiedsrichter: Byron Moreno (Ekuador)
Italien: Buffon; Pannuci, Maldini, Iuliano, Coco; Zambrotta (73. Di Livio), Tommasi, Zanetti; Totti, Del Piero (61. Gattuso), Vieri
Zuschauer: 38 588 **Gelb-Rote Karte:** Totti (103.) **Gelbe Karten:** Kim Tae-Young, Song Chong-Gug, Lee Chun-Soo, Choi Jin-Cheul – Coco, Tommasi, Zanetti

Viertelfinale

ENGLAND – BRASILIEN 1:2
1:0 Owen (23.), 1:1 Rivaldo (45.), 1:2 Ronaldinho (50.)
England: Seaman; Mills, Ferdinand, Campbell, Ashley Cole (79. Sheringham); Beckham, Scholes, Butt, Sinclair (56. Dyer); Heskey, Owen (79. Vassell)
Schiedsrichter: Felipe Ramos Rizo (Mexiko)
Brasilien: Marcos; Cafu, Lucio, Edmilson, Roque Junior; Gilberto Silva, Kleberson, Ronaldinho, Roberto Carlos - Ronaldo (70. Edilson), Rivaldo
Zuschauer: 47 436 **Gelbe Karten:** Scholes, Ferdinand
Rote Karte: Ronaldinho (57.)

DEUTSCHLAND -USA 1:0
1:0 Ballack (39.)
Deutschland: Kahn; Linke, Kehl, Metzelder; Frings, Schneider (60. Jeremies), Hamann, Ballack, Ziege; Klose (87. Bierhoff), Neuville (79. Bode)
Schiedsrichter: Dallas (Schottland)
USA: Friedel; Sanneh, Pope, Berhalter; Hejduk (65. Jones), Mastroeni (80. Stewart), O'Brien, Lewis; Reyna; McBride (58. Mathis), Donovan
Zuschauer: 37 337 **Gelbe Karten:** Kehl, Neuville – Berhalter (2), Mastroeni (2), Pope (2), Lewis, Reyna

SPANIEN – SÜDKOREA 3:5 n.E.
Elfmeterschießen: 0:1 Hwang, 1:1 Hierro, 1:2 Park, 2:2 Baraja, 2:3 Seol, 3:3 Xavi, 3:4 Ahn, Joaquin scheitert an Lee Woon-Jae, 3:5 Hong
Spanien: Casillas; Puyol, Hierro, Nadal, Romero; Joaquin, Helguera (93. Xavi), Baraja, De Pedro (70. Mendieta); Valeron (80. Luis Enrique), Morientes
Schiedsrichter: Ghandour (Ägypten)
Südkorea: Lee Woon-Jae; Choi Jin-Cheul, Hong Myung-Bo, Kim Tae-Young (90. Hwang Sun-Hong); Song Chon-Gug, Kim Nam-Il (32. Lee Eul-Yong), Yoo Sang-Chul (60. Lee Chun-Soo), Park Ji-Sung, Lee Young-Pyo; Ahn Jung-Hwan, Seol Ki-Hyeon
Zuschauer: 42 114 **Gelbe Karten:** De Pedro, Morientes

SENEGAL – TÜRKEI 0:1 n.V.
0:1 Mansiz (94./Golden Goal)
Senegal: Sylva; Coly, Diatta, Pape Malick Diop, Daf; Papa Bouba Diop, Cisse, Salif Diao, Fadiga; Camara, Diouf
Schiedsrichter: Oscar Ruiz (Kolumbien)
Türkei: Rüstü; Akyel, Alpay, Bülent, Ergün; Ümit Davala, Tugay, Emre Belözoglu (91. Arif); Bastürk; Sas, Hakan Sükür (67. Mansiz)
Zuschauer: 44 233 **Gelbe Karten:** Daf, Cisse – Belözoglu, Mansiz

Halbfinale

DEUTSCHLAND – SÜDKOREA 1:0
1:0 Ballack (75.)
Deutschland: Kahn; Frings, Linke, Ramelow, Metzelder; Schneider (85. Jeremies), Ballack, Hamann, Bode; Klose (70. Bierhoff), Neuville ((87. Asamoah))
Schiedsrichter: Urs Meier (Schweiz)
Südkorea: Lee Woon-Jae; Choi Jin-Cheul (56. Lee Min-Sung), Hong Myung-Bo (Seol Ki-Hyeon), Kim Tae-Young; Song Chon-Gug, Yoo Sang-Chul, Lee Chun-Soo, Park Ji-Sung, Lee Young-Pyo; Cha Du-Ri, Hwang Sun-Hong (54. Ahn Jung-Hwan)
Zuschauer: 65 256 **Gelbe Karten:** Ballack (2), Neuville; Lee Min-Sung

BRASILIEN – TÜRKEI 1:0
1:0 Ronaldo (49.)
Brasilien: Marcos; Cafu, Lucio, Edmilson, Roque Junior; Gilberto Silva, Kleberson (84. Belletti), Edilson (75. Denilson), Roberto Carlos; Ronaldo (67. Luizao), Rivaldo
Schiedsrichter: Nielsen (Dänemark)
Türkei: Rüstü; Akyel, Bülent, Alpay, Emre Belözoglu (62. Mansiz); Ümit Davala (74. Izzet), Tugay, Bastürk (88. Arif), Ergün, Sas; Hakan Sükür
Zuschauer: 61 058 **Gelbe Karten:** Gilberto Silva – Hasan Sas

Spiel um Platz 3

SÜDKOREA – TÜRKEI 2:3
0:1 Hakan Sükür (1.), 1:1 Eul-Yong Lee (9.), 1:2 Ilhan Mansiz (13.), 1:3 Ilhan Mansiz (32.), 2:3 Song (90.)
Südkorea: Woon-Jae Lee; Yoo, Hong (46. Tae-Young Kim), Min-Sung Lee; Song, Young-Pyo Lee, Eul-Yong Lee (65. Cha), Ji-Sung Park; Chun-Soo Lee, Ahn, Seol (78. Tae-Uk Choi)
Schiedsrichter: Mane (Kuwait)
Türkei: Rüstü; Bülent Korkmaz, Fatih Akyel, Alpay, Emre Belözoglu (41. Hakan Ünsal); Ümit Davala (76. Okan), Bastürk (86. Tayfur), Tugay, Ergün; Hakan Sükür, Ilhan Mansiz
Zuschauer: 63 483
Gelbe Karten: Eul-Yong Lee – Tugay, Rüstü

Finale

DEUTSCHLAND – BRASILIEN 0:2
0:1 Ronaldo (67.), 0:2 Ronaldo (79.)
Deutschland: Kahn; Frings, Linke, Ramelow, Metzelder; Schneider, Jeremies (77. Asamoah), Hamann, Bode (84. Ziege); Klose (74. Bierhoff), Neuville
Schiedsrichter: Pierluigi Collina (Italien)
Brasilien: Marcos; Lucio, Edmilson, Roque Junior; Cafu, Gilberto Silva, Kleberson, Roberto Carlos; Ronaldinho (85. Juninho Paulista), Ronaldo (89. Denilson), Rivaldo
Zuschauer: 69 029
Gelbe Karten: Klose – Roque Junior

WM in Zahlen

Torschützen

__8 Tore:__ RONALDO (BRA)
__5 Tore:__ RIVALDO (BRA), **KLOSE Miroslav (GER)**
__4 Tore:__ TOMASSON Jon Dahl (DEN), VIERI Christian (ITA)
__3 Tore:__ **BALLACK Michael (GER)**, WILMOTS Marc (BEL), DIOP Papa Bouba (SEN), MORIENTES Fernando (ESP), RAUL (ESP), LARSSON Henrik (SWE), MANSIZ Ilhan (TUR)
__2 Tore:__ RONALDINHO (BRA), GOMEZ Ronald (CRC), BORGETTI Jared (MEX), CUEVAS Nelson (PAR), INAMOTO Junichi (JPN), DAVALA Umit (TUR), DONOVAN Landon (USA), HIERRO Fernando (ESP), OWEN Michael (ENG), SAS Hasan (TUR), MC BRIDE Brian (USA), CAMARA Henri (SEN), AHN Jung Hwan (KOR)
__1 Tor:__ SANTA CRUZ Roque (PAR), BOUZAIENE Raouf (TUN), BATISTUTA Gabriel (ARG), RADEBE Lucas (RSA), BREEN Gary (IRL), **LINKE Thomas (GER)**, **BODE Marco (GER)**, **BIERHOFF Oliver (GER)**, DELGADO Agustin (ECU), WRIGHT Mauricio (CRC), WANCHOPE Paulo (CRC), MBOMA Patrick (CMR), ALEXANDERSSON Niclas (SWE), MATHIS Clint (USA), SEOL Ki Hyeon (KOR), PARK Ji Sung (KOR), ACIMOVIC Milenko (SVN), HESKEY Emile (ENG), HWANG Sun Hong (KOR), FERDINAND Rio (ENG), ROBERTO CARLOS (BRA), KORKMAZ Bulent (TUR), DIAO Salif (SEN), MOKOENA Teboho (RSA), HOLLAND Matt (IRL), **NEUVILLE Oliver (GER)**, BELOZOGLU Emre (TUR), DUFF Damien (IRL), ROMMEDAHL Dennis (DEN), SVENSSON Anders (SWE), KRYSZALOWICZ Pawel (POL), FORLAN Diego (URU), SYCHEV Dmitri (RUS), OLIC Ivica (CRO), MORALES Richard (URU), SONCK Wesley (BEL), VAN DER HEYDEN Peter (BEL), VALERON Juan Carlos (ESP), PARKS Winston (CRC), SUZUKI Takayuki (JPN), OLISADEBE Emmanuel (POL), ZEWLAKOW Marcin (POL), MENDEZ Edison (ECU), TITOV Egor (RUS), O BRIEN John (USA), AGHAHOWA Julius (NGA), EDMILSON (BRA), JUNIOR (BRA), **SCHNEIDER Bernd (GER)**, RAPAIC Milan (CRO), CRESPO Hernan (ARG), BLANCO Cuauhtemoc (MEX), CAMPOS Jorge (PAR), ARCE Francisco (PAR), CAMPBELL Sol (ENG), BECKHAM David (ENG), ETOO Samuel (CMR), MC CARTHY Benedict (RSA), FORTUNE Quinton (RSA), MENDIETA Gaizka (ESP), **JANCKER Carsten (GER)**, RUI COSTA (POR), BETO (POR), ORECOBA Alvaro (URU), CIMIROTIC Sebastjan (SVN), YOO Sang Chul (KOR), NAKATA Hidetoshi (JPN), MORISHIMA Hiroaki (JPN), DEL PIERO Alessandro (ITA), BESCHASTNYKH Vladimir (RUS), KARPIN Valery (RUS), WALEM Johan (BEL), TORRADO Gerardo (MEX), RODRIGUEZ Dario (URU), FADIGA Khalilou (SEN), NOMVETHE Siyabonga (RSA), SÜKÜR Hakan (TUR), LEE Eul-Yong (KOR), SONG (KOR)

Gelb-Rote Karten
ÜNSAL Hakan (TUR), PAREDES Carlos (PAR), BETO (USA), RAMELOW Carsten (GER), SUFFO Patrick (CMR)

Rote Karten
DIAO Salif (SEN), HENRY Thierry (FRA), OZALAN Alpay (TUR), SHAO Jiayi (CHN), PINTO Joao (POR), CEH Nastja (SVN), ZIVKOVIC Boris (CRO), CANIGGIA Claudio (ARG) MARQUEZ Rafael (MEX), ACUNA Roberto (PAR), RONALDINHO (BRA)

Tore
Insgesamt 161 (2,52 pro Spiel). Vor vier Jahren noch waren's 171 (2,67). Rekord: 1954 in der Schweiz (5,38). Minus-Marke: 1990 in Italien mit 2,21.

Zuschauer
2 708 538 Zuschauer verfolgten die 64 WM-Spiele. Das sind im Schnitt 42 320 pro Spiel. Der geringste Besuch seit der Weltmeisterschaft 1982 i n Spanien (35 698). Rekord: Die 68 991 von 1994 in den USA.

Rekorde
Brasiliens CAFU stand als erster Spieler dreimal im Finale, wurde zweimal Weltmeister.
Höchster Sieg: Deutschlands 8:0 gegen Saudi-Arabien.
Schnellstes Tor: Hakan SÜKÜR (Türkei) nach elf Sekunden gegen Korea.
Tollste Serie: Italiens Kapitän Paolo MALDINI mit 23 WM-Spielen in Folge (nie ausgewechselt).

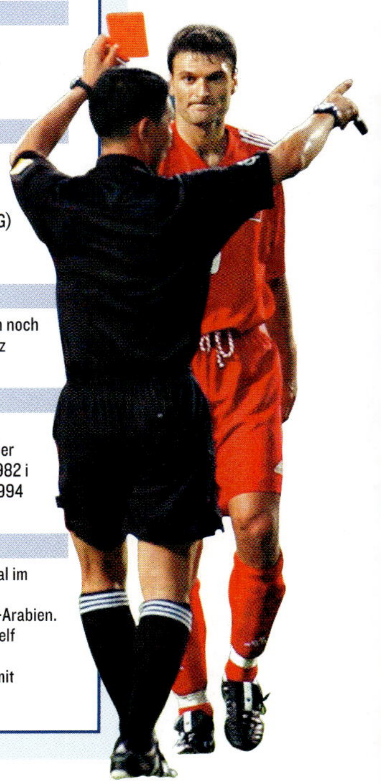

1930
in Uruguay

Endspiel in Montevideo
Uruguay – Argentinien
4:2

Deutschland nicht dabei

URUGUAY

1934
in Italien

Endspiel in Rom
Italien – Tschechoslowakei
2:1

Deutschland Platz 3 (Foto)

ITALIEN

1938
in Frankreich

Endspiel in Paris
Italien – Ungarn
4:2

Deutschland: Achtelfinale

ITALIEN

1950
in Brasilien

Das einzige WM-Turnier ohne Finale. Uruguay gewinnt die Endrunde der Gruppensieger vor Brasilien

Deutschland nicht dabei

URUGUAY

1954
in der Schweiz

Endspiel in Bern
Deutschland – Ungarn
3:2

DEUTSCHLAND

1958
in Schweden

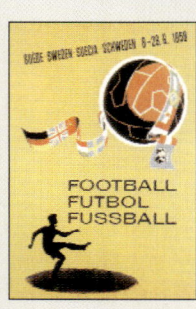

Endspiel in Stockholm
Brasilien – Schweden
5:2

Deutschland: Platz 4

BRASILIEN

1962
in Chile

Endspiel in Santiago de Chile
Brasilien – CSSR
3:1

Deutschland: Viertelfinale

BRASILIEN

1966
in England

Endspiel in London
England – Deutschland
4:2 n.V.

ENGLAND

1970
in Mexiko

Endspiel in Mexiko-City
Brasilien – Italien
4:1

Deutschland: Platz 3

BRASILIEN

1974
in Deutschland

Fußball-Weltmeisterschaft 1974

Endspiel in München
Deutschland – Holland
2:1

DEUTSCHLAND

1978
in Argentinien

Argentina '78

Endspiel in Buenos Aires
Argentinien – Holland
3:1

Deutschland 2. Finalrunde

ARGENTINIEN

1982
in Spanien

ESPAÑA

Endspiel in Madrid
Deutschland – Italien
1:3

ITALIEN

1986
in Mexiko

Endspiel in Mexiko-City
Deutschland – Argentinien
2:3

ARGENTINIEN

1990
in Italien

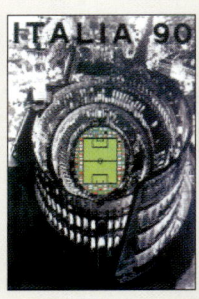

Endspiel in Rom
Deutschland – Argentinien
1:0

DEUTSCHLAND

1994
in den USA

Endspiel in Los Angeles
Brasilien – Italien
3:2 n.E.

Deutschland: Viertelfinale

BRASILIEN

1998
in Frankreich

Endspiel in Paris
Brasilien – Frankreich
0:3

Deutschland: Viertelfinale

FRANKREICH

2002
in Korea und Japan

Endspiel in Yokohama
Deutschland – Brasilien
0:2

BRASILIEN

Vize-Weltmeister

DEUTSCHLAND

**Franz Beckenbauer,
Präsident des Organisationskomitees für die WM 2006:**

„Wir laden die Welt zur WM nach Deutschland ein"

Deutschland freut sich auf die WM 2006! Finale in Berlin

Zwölf Städte im Fußball-Fieber

Und wo schauen Sie sich in vier Jahren ein WM-Spiel an?

Gespielt wird in zwölf Stadien vom 9. Juni bis 9. Juli. Wo genau welche Partien stattfinden, steht noch nicht fest. Als sicher gilt, dass die Eröffnung in München und das Finale in Berlin ausgetragen wird. Beste Chancen für die Halbfinals rechnen sich Dortmund und Stuttgart aus. Klar ist der feste Trainingsort der deutschen Mannschaft in der BayArena in Leverkusen. Den Zuschlag für das internationale Fernseh-Zentrum bekam München. Auch in Berlin, Sitz der FIFA während des Turniers, entsteht ein Pressezentrum.

Die heiße Phase der WM beginnt 2005. Dann erst startet der Ticket-Vorverkauf. Vorherige Bestellungen sind zwecklos. Für die 64 Spiele werden 3,2 Millionen Karten verkauft. Der DFB rechnet mit ausverkauften Stadien und verspricht allen Fans „volkstümliche" Eintrittspreise.

Ebenfalls 2005 wird als WM-Generalprobe der Confederations-Cup mit acht Mannschaften ausgetragen. Am Ende des Jahres erfolgt dann schließlich in Leipzig die Gruppen-Auslosung der Endrunde. Deutschland wird als Gastgeber gesetzt.

AOL-ARENA

Das ehemalige Volksparkstadion in Hamburg wurde für 97 Millionen Euro komplett neu gebaut. Alle Plätze sind überdacht, die Fans sitzen in der reinen Fußball-Arena dicht am Spielfeld.

50 000 PLÄTZE

ARENA AUFSCHALKE

Ein völlig neues Stadion wurde auch in Gelsenkirchen realisiert. Kosten: 192 Millionen Euro. Besonderheiten der Fußball-Arena: verschließbares Dach und ausfahrbarer Rasen.

52 000 PLÄTZE

WESTFALEN-STADION

Bis 2006 wird in Dortmund noch kräftig ausgebaut, die Kapazität für 36 Millionen Euro erweitert. Zudem entstehen vier Ecktürme mit Parkhäusern und Geschäften.

60 000 PLÄTZE

RHEINENERGIE-STADION

Das alte Müngersdorfer Stadion in Köln wird seit Dezember 2001 für 110 Millionen Euro umgebaut. Geplante Fertigstellung: 2004. Die Leichtathletik-Laufbahn entfällt. Das Schmuckstück wird komplett überdacht.

45 000 PLÄTZE

WALDSTADION

Im Frühsommer 2002 begann in Frankfurt der Bau der neuen Arena. 2005 soll das 126 Millionen Euro teure Projekt fertig werden. Es wird möglich sein, das Dach innerhalb von 15 Minuten zu schließen.

48 000 PLÄTZE

FRITZ-WALTER-STADION

Für 48,3 Millionen Euro erweitert Kaiserslautern sein legendäres Stadion. Bis 2003 werden die Ost- und West-tribüne umgebaut. Der Medienbereich auf der Nordtribüne wird größer.

48 500 PLÄTZE

GOTTLIEB-DAIMLER-STADION

Stuttgart hat sein Stadion bereits umfassend saniert. Die Laufbahn ist geblieben. Im letzten Schritt werden ab 2003 für 56 Millionen Euro die Gastro-Einrichtungen nochmals verbessert.

60 000 PLÄTZE

AWD-ARENA

Ab 2003 wird das Niedersachsenstadion in Hannover für 61 Millionen Euro umgebaut. Bis spätestens April 2005 sollen alle Plätze überdacht sein.

45 000 PLÄTZE

OLYMPIASTADION

In Berlin wird umfangreich bis Juni 2004 saniert. Dann sollen die komplette Überdachung, die Absenkung des Spielfeldes und die VIP-Logen fertig sein. Kosten: 242 Millionen Euro.

76 000 PLÄTZE

ZENTRALSTADION

Leipzig bekommt bis Mai 2003 ein neues, reines Fußball-Stadion. Die moderne Arena bietet dann größten Komfort und ist komplett überdacht. Kosten: 90,6 Millionen Euro.

44 000 PLÄTZE

FRANKENSTADION

Umbaubeginn in Nürnberg: 2002. Bis Juli 2005 werden die Sitzplatz-Kapazität erhöht, neue VIP- und 162 Logenplätze errichtet. Kosten: 56 Millionen Euro.

45 500 PLÄTZE

ALLIANZ-ARENA

Der komplette Neubau des reinen Fußball-Stadions in München soll bis Sommer 2005 fertig sein. Kosten: 280 Millionen Euro. Die drei Ränge werden von einer beleuchteten Außenhaut umschlossen.

66 000 PLÄTZE

Im Internationalen Stadion von Yokohama findet vor dem Endspiel die Abschlussfeier der 17. Fußball-Weltmeisterschaft statt. Auf der Rasenfläche zu sehen die riesigen Fahnen der beiden Final-Konkurenten und in kleiner die Flaggen der übrigen Teilnehmerländer sowie eine Nachbildung von Japans berühmtesten Berg, dem Fujiyama

Impressum

Der Ullstein Taschenbuchverlag ist ein Unternehmen der Ullstein Heyne List Verlag GmbH & Co. KG, München
Originalausgabe
© 2002 by BILD, Hamburg, und Ullstein Heyne List Verlag GmbH & Co. KG, München
Projektleitung: BILD
Realisation: Jürgen W. Mueller
Umschlaggestaltung: Volkmar Schwengle
Titelabbildungen und Fotos im Innenteil:
action press, ap, Bongarts, Camera 4, dpa, GES, firo, imago, Kosecki, Pohl, Reuters, Scheffen, Sportimage, SNAPS, Sven Simon, Ulmer, vario-press, Vieweg, Witters
Fotoredaktion: Gabriele Krüger, Christian Spreitz
Layout & DTP-Realisation:
Buch und Werbung, Berlin
Technische Abwicklung Hamburg: Eddi Zavrl
Koordination: BILD-Merchandising
Druck und Weiterverarbeitung:
MOHN Media · Mohndruck GmbH
Printed in Germany
ISBN: 3-548-42068-0

ARGENTINIEN

BELGIEN

BRASILIEN

CHINA

ENGLAND

FRANKREICH

IRLAND

ITALIEN

NIGERIA

PARAGUAY

POLEN

PORTUGAL

SLOWENIEN

SPANIEN

SÜDAFRIKA

SÜDKOREA